本书为2017年国家自然科学基金管理学部面上项目"基于指数分析的高校县域办学决策模型研究"(71774090)课题成果。

# 县域办学与高等教育地方化

## 浙江省高等教育布局调整研究

徐军伟　著

ZHEJIANG UNIVERSITY PRESS
浙江大学出版社

# 前　　言

　　布局优化调整是高等教育发展进程中的大事件,地方化是改革开放以来我国高等教育呼应区域经济社会发展的因应之策。在我国经济社会发展和高等教育发展进入新常态、中国特色社会主义进入新时代的大背景下,出现了以"县域办学"为重要特征的新一轮高等教育地方化现象。

　　在浙江、江苏、山东、广东等县域经济强省,一大批高校纷纷落户县域开展办学,杭州、苏州、青岛、宁波、潍坊、绍兴等市都积极推进"县县有大学"的计划。笔者统计,目前浙江省108所普通高校中,已有42所高校(含分校区)落户县域,占38.9%;江苏省有普通高校166所,共有35所高校(含分校区)落户县域,占21.1%。浙江省61个非中心城区的县(区)中,有25个县(区)已有高校(含校区)落户,约占41%;江苏省50个非中心城区的县(区)中,有21个县(区)已有高校(含校区)落户,约占42%。"县域办学"成为我国经济发达区域高等教育发展的新动态、新特征,成为市场机制影响高等教育布局调整的新探索、新实践。

　　浙江省是我国市场机制发展最完善的省份之一,也是以"县域办学"为特征的新一轮区域高等教育布局优化调整的排头兵。自恢复高考以来,浙江省高等教育布局经历了三次调整:20世纪80年代初到1999年,以中心城市办大学为主要特征开始了第一次布局调整;从1999年到2008年,以六大高教园区建设、国有民办二级学院兴办和高职院校的兴起为标志,进行了第二次布局调整,初步建立了以杭州为中心,宁波和温州为副中心的浙江省高等教育布局;自2008年以来,以高等学校"县域办学"为标志,开启了浙江省第三次高等教育布局调整的新历程、新探索。

　　本书按照高校为什么会选择落户县域,落户县域的高校有什么特征,存在什么问题，如何推动落户县域的高校更好发展这一逻辑主线，在教育的外部关系规律理论、高等教育后大众化理论和区域经济社会发展理论的观照下，作了深入研究。研究结果表明，市场机制与政策因素是推动高校"县域办学"的两大动因。与以往按照计划模式调整高等教育布局不同，市场机制在高校"县域办学"过程中发挥了重要作用。

针对浙江省"县域办学"高校进一步优化办学模式、强化办学特色的需要，结合国际高等教育发展过程中的有益经验，本书分析了美国赠地学院、英国多科技术学院、美国"相互作用大学"的办学特点，这些对浙江省"县域办学"高校进一步明确办学定位、优化学科专业、强化服务面向、完善资源渠道等具有较好的借鉴作用。

本书分析了浙江省高校"县域办学"过程中相关的遇阻案例，研究了高校"县域办学"在决策机制、规划布局、办学定位、管理体制、可持续发展等方面存在的现实问题。为帮助政府与高校科学决策，建立了以县域 GDP、常住人口、一般公共预算、交通条件为参数的县域高等教育发展理论指数和以办学类型、办学规模、办学时间为参数的县域高等教育发展现状指数。并且以这两类指数为基础，构建了浙江省高校县域布局的量化分析模型。还从区域高等教育布局规划、高等学校管理体制、县域高校办学模式、推进高校分类发展、聚焦应用型学科专业建设、社会参与高校内部治理机制等方面入手，对进一步完善高校"县域办学"提出政策建议。

在本书的写作过程中，得到了省领导、省教育厅、省科技厅的大力支持。感谢浙江省教育厅让我全面参与了全省高校县域校区的情况普查，让我能有最全面翔实的资料来开展本书的撰写。感谢省教育厅李峰、楼文嵘等同志的大力支持，感谢兄弟高校同行的大力帮助，也感谢学校领导给了我一个到省科技厅挂职的机会，使我能有幸与省领导，省发改委、省科技厅领导和地方政府主管领导一起探讨浙江省高等教育与区域经济社会互动发展问题，从地方科技创新、经济转型升级的视角来看待浙江省高等学校"县域办学"问题。同时，本书的核心研究成果还有幸得到了浙江省副省长成岳冲同志明确肯定的批示，省教育厅也将支持与规范高等学校"县域办学"问题提到了重要议事日程。作为一名高等教育研究人员，我备受鼓舞、深感欣慰。

　　由于能力所限,尽管对高等学校"县域办学"问题竭尽努力,力图构建一个系统而深入的研究架构,并使有关问题的研究能够深入,但我深知,本项研究还是初步的,随着高校"县域办学"实践的不断深化,很多新现象、新问题会不断涌现,本书难免有一些不成熟或值得商榷的观点。但这毕竟是对以"县域办学"为特征的新一轮区域高等教育布局调整的第一次较为系统全面的探索,正所谓抛砖引玉,恳请各位读者给予批评指正,共同为新时代中国高等教育事业的改革发展贡献智慧与力量。

徐军伟

2020 年 10 月

# 目　　录

第一章　高等教育地方化呈现新特征 …………………………… 1

第一节　"县域办学"与新一轮高等教育地方化 ……………… 2
　一、浙江省高等教育地方化呈现新特征 …………………… 2
　二、高校"县域办学"的现实动因与存在问题 …………… 4
　三、研究高等学校"县域办学"具有重要意义 …………… 4
第二节　"县域办学"与高等教育地方化研究概述 ………… 7
　一、研究现状 …………………………………………… 7
　二、研究述评 …………………………………………… 11
第三节　相关概念与研究范畴 ………………………………… 12
　一、县域 ………………………………………………… 12
　二、高等学校 …………………………………………… 13
　三、县域办学 …………………………………………… 14
　四、第三次布局调整 …………………………………… 14
第四节　高校"县域办学"实践的理论基础 ………………… 15
　一、教育的外部关系规律理论 ………………………… 15
　二、高等教育后大众化理论 …………………………… 18
　三、区域经济社会发展理论 …………………………… 20

第二章　浙江省高等教育布局调整的历史回顾 ……………… 24

第一节　恢复高考后的第一次高等教育布局调整 ………… 25
　一、第一次布局调整的背景 …………………………… 26

二、第一次布局调整的概况 ……………………………………… 27

三、第一次布局调整的成就 ……………………………………… 29

四、第一次布局调整的特点 ……………………………………… 31

第二节　恢复高考后的第二次高等教育布局调整 …………………… 38

一、第二次布局调整的背景 ……………………………………… 38

二、第二次布局调整的概况 ……………………………………… 40

三、第二次布局调整的成就 ……………………………………… 44

四、第二次布局调整的特点 ……………………………………… 47

本章小结 …………………………………………………………… 51

第三章　浙江省高等教育第三次布局调整的背景与特征 ………… 53

第一节　高等学校"县域办学"的背景分析 ………………………… 53

一、我国经济进入新常态发展阶段 ……………………………… 54

二、高等教育发展进入新常态阶段 ……………………………… 58

第二节　高等学校"县域办学"的类型分析 ………………………… 65

一、县域校园的建设时间分类 …………………………………… 65

二、县域校园的功能性质分类 …………………………………… 69

三、县域校园的建设出资分类 …………………………………… 71

第三节　高等学校"县域办学"的特征分析 ………………………… 73

一、市场化:高等学校"县域办学"的主要特征 ……………… 73

二、应用型:高等学校"县域办学"的群体特征 ……………… 76

三、多元化:高等学校"县域办学"的显著特征 ……………… 79

本章小结 …………………………………………………………… 81

第四章　"县域办学"高校个案研究 ……………………………… 82

第一节　我国早期"县域办学"高校 ………………………………… 82

一、基于国家发展战略需要的"县域办学"高校 ……………… 82

二、基于区域发展特定需求的"县域办学"高校 ……………… 86

第二节　浙江省"县域办学"高校 …………………………………… 91

一、浙江省普通本科高校县域校区 ……………………………… 91

　　二、浙江省独立学院县域校区 ……………………………… 96

　　三、浙江省高职院校县域校区 ……………………………… 101

　第三节　浙江省高校"县域办学"遇阻案例分析 …………… 107

　　一、案例一:A 校义乌分校建设遇阻 ……………………… 108

　　二、案例二:B 校迁建慈溪方案遇阻 ……………………… 110

　　三、案例三:C 校迁建岱山方案未获批准 ………………… 112

　　四、案例四:D 校落户县域方案两次遇阻 ………………… 114

　本章小结 …………………………………………………… 116

第五章　面向区域办学的英美高校特征分析 ………………… 118

　第一节　美国赠地学院办学特征 …………………………… 118

　　一、赠地学院的发展背景 ………………………………… 119

　　二、赠地学院的办学理念 ………………………………… 121

　　三、赠地学院的办学特点 ………………………………… 123

　第二节　英国多科技术学院办学特征 ……………………… 126

　　一、多科技术学院产生的背景 …………………………… 126

　　二、多科技术学院办学特点 ……………………………… 128

　　三、多科技术学院对英国高等教育的价值 ……………… 130

　第三节　美国"相互作用大学"办学特征 ………………… 133

　　一、"相互作用大学"的产生背景 ………………………… 133

　　二、"相互作用大学"的办学思想 ………………………… 135

　　三、"相互作用大学"的基本特征 ………………………… 136

　本章小结 …………………………………………………… 137

第六章　高等学校"县域办学"的问题与对策 ……………… 139

　第一节　高等学校"县域办学"的问题分析 ……………… 139

　　一、高校"县域办学"的决策机制 ………………………… 139

　　二、县域高等教育的宏观布局 …………………………… 140

　　三、落户县域高校的办学定位 …………………………… 141

　　四、高校落户县域的管理体制 …………………………… 142

　　五、县域高等学校的可持续发展 ……………………………… 143
　第二节　高等学校县域布局分析模型建构 ………………………… 144
　　一、构成县域高等教育发展理论指数的参数 …………………… 145
　　二、构成县域高等教育发展现状指数的参数 …………………… 147
　　三、高等学校县域布局分析模型建构 …………………………… 148
　第三节　完善浙江省高校"县域办学"的对策建议 ……………… 153
　　一、优化高校"县域办学"整体布局 …………………………… 153
　　二、推进县域高校管理体制改革 ………………………………… 155
　　三、加快县域高校办学模式转变 ………………………………… 156
　　四、建立高等学校分类发展机制 ………………………………… 158
　　五、县域高校聚焦应用型学科专业建设 ………………………… 159
　　六、建立社会参与的高校内部治理模式 ………………………… 160

参考文献 ………………………………………………………………… 164

附　录 …………………………………………………………………… 187

　附录一:独立学院设置与管理办法 ………………………………… 189
　附录二:关于引导部分地方普通本科高校向应用型转变的
　　　　　指导意见 ……………………………………………………… 198
　附录三:浙江省高校校区分布统计表 ……………………………… 206
　附录四:浙江省县域高等教育发展现状汇总表 …………………… 217
　附录五:浙江省县域高等教育发展理论指数汇总表 ……………… 221
　附录六:浙江省县域高等教育发展现状指数汇总表 ……………… 225
　附录七:浙江省县域高等教育发展理论指数与现状指数对比表
　　　　　………………………………………………………………… 228

后　记 …………………………………………………………………… 230

# 第一章　高等教育地方化呈现新特征

　　1977 年 10 月 12 日,国家教委提交国务院的《关于 1977 年高等学校招生工作的意见》获得批准,标志着自 1966 年以来,我国中断 11 年的高校统一考试招生制度正式恢复。恢复高考,不仅是许多个人的人生拐点,更是一个国家和民族的拐点。[①]

　　高考恢复至今,已有 40 多年时间。在这 40 多年中,随着经济的高速发展,中国高等教育也取得了举世瞩目的成就,完成了从精英化阶段向大众化阶段的历史性跨越,已进入后大众化发展阶段,正朝着普及化发展阶段大步迈进。2015 年,我国成为世界上高等教育规模最大的国家,高等学校在校生规模达到 3700 万人。中国高等教育用 10 多年的时间,实现了从精英化向后大众化高等教育发展阶段的跨越,极大地满足了广大人民群众"上大学"的愿望,为社会各行各业提供了强有力的人才保障。2015 年,中国有各类高校 2852 所,居世界第二位;高等教育毛入学率达到 40%,高于世界平均水平。高等教育发展与整体经济社会发展基本同步,并适度超前。[②]

　　地方化是我国高等教育过去 40 年发展历程中的重要特征。20 世纪 80 年代,以中心城市办大学为标志,启动了我国高等教育地方化的进程,有效地推进了精英化阶段高等教育的改革发展,也为大众化高等教育的发展奠定了重要的基础。自 2000 年以来,为适应经济社会发展需要,满足人民群众日益高涨的接受高等教育的需求,中国高等教育开始进入发展的快车道,布局结构也进一步优化。一大批新院校得到创建,与产业的对接更

---

　　①　刘海峰.中国考试发展史[M].武汉:华中师范大学出版社,2002:1.
　　②　资料来源:教育部高等教育教学评估中心发布的《2016 年中国高等教育质量报告》相关数据。

加紧密,推动了中国高等教育的转型发展。①

## 第一节　"县域办学"与新一轮高等教育地方化

2008年前后,随着我国经济发展"新常态"和高等教育发展"新常态"的到来,以浙江、江苏、山东为代表的我国县域经济发达省份出现了一批高等学校落户县域办学的现象,杭州、宁波、苏州、青岛、潍坊、绍兴等市都在积极推进"县县有大学"的计划。

### 一、浙江省高等教育地方化呈现新特征

浙江省是我国县域经济最为发达的省份,当前,以"县域办学"为重要特征的第三次区域高等教育布局调整正在浙江逐步展开。自恢复高考以来,浙江省高等教育经历了三次布局调整。第一次布局调整是20世纪80年代初期到1999年,以在宁波、温州等地市级中心城市兴办高等院校为主要标志,有力地促进了浙江省精英化高等教育的发展;第二次布局调整是1999年到2008年,以大学城建设、高等学校的合并办学、国有民办二级学院的兴起、民办院校与高职院校的兴办为主要标志,兴起了浙江省高等教育第二轮的布局调整,为浙江省大众化阶段高等教育的大发展奠定了重要基础。2008年前后,在浙江高等教育发展进入后大众化、即将迈入普及化发展阶段之时,出现了高等学校"县域办学"现象,这是高等教育地方化发展的新动向,以"县域办学"为特征的第三次高等教育布局调整也将对未来浙江县域经济社会的发展产生深远的影响。

笔者统计,截至2018年底,浙江省108所普通高校中,已有42所高校(含分校区)落户县域,占39%(参见表1)。浙江省61个非中心城区的县(区)中,有25个县(区)已有高校(含校区)落户,占41%(参见表2);江苏省50个非中心城区的县(区)中,有21个县(区)已有高校(含校区)落户,占42%。

---

① 资料来源:教育部高等教育教学评估中心发布的《2016年中国高等教育质量报告》相关数据。

表 1　浙江省"县域办学"高校数据

| | | 公办本科高校 | | 民办本科高校 | | 独立学院 | | 高职高专院校 | | 中外合作办学本科高校 | |
|---|---|---|---|---|---|---|---|---|---|---|---|
| 各类高校数 | | 32 | | 4 | | 21 | | 49 | | 2 | |
| 在县域有校区的高校 | 主校区数 | 13 | 4 | 3 | 1 | 11 | 11 | 15 | 9 | 0 | 0 |
| | 分校区数 | | 9 | | 2 | | 0 | | 6 | | 0 |
| 县域办学高校比率 | | 41% | | 75% | | 52% | | 31% | | 0% | |

数据来源:2018 年浙江省高等学校基本办学条件情况调查数据。

表 2　浙江省已有高校落户的县域

| 中心城市 | 有高校落户的县域 | 中心城市所辖县域总数(个) | 有高校落户的县域所占比重 |
|---|---|---|---|
| 杭州 | 富阳区、余杭区、建德市、临安市、桐庐县、淳安县 | 6 | 100% |
| 宁波 | 北仑区、奉化区、慈溪市(杭州湾)、宁海县、象山县 | 6 | 83.3% |
| 温州 | 洞头区 | 8 | 12.5% |
| 湖州 | 德清县、安吉县 | 3 | 66.7% |
| 嘉兴 | 海宁市、平湖市、桐乡市 | 5 | 60.0% |
| 绍兴 | 柯桥区、上虞区、诸暨市 | 5 | 60.0% |
| 金华 | 兰溪市、义乌市、东阳市 | 7 | 43.0% |
| 衢州 | (无) | 4 | 0.0% |
| 舟山 | 普陀区 | 3 | 33.3% |
| 台州 | 临海市 | 6 | 17.0% |
| 丽水 | (无) | 8 | 0.0% |
| 总计 | 25 个县域已有高校落户 | 61 | 41.0% |

数据来源:2018 年浙江省高等学校基本办学条件情况调查数据。

注:本表所统计的县域包括县(市)级行政区域和中心城市非中心城区。

## 二、高校"县域办学"的现实动因与存在问题

市场机制与政策因素是推动高校"县域办学"的两大动因。与按照计划模式调整高等教育布局不同,在本轮以"县域办学"为重要特征的高等教育地方化的探索中,市场机制发挥了重要作用。县域政府与高校通过协商谈判,使得高校落户县域,本质上是市场机制发挥了对高等教育资源配置的基础作用,这在一定程度上优化了浙江省高等教育的整体布局。同时,带有强制性的《独立学院规范设置与管理办法》和带有引导性的《关于引导部分地方普通本科高校向应用型转变的指导意见》也对推动浙江省高校"县域办学"发挥了重要作用。

目前,高校"县域办学"还缺乏顶层规划与制度设计。一方面,政府行政决策机制与市场机制存在冲突。在浙江、江苏等省,都出现了县级政府与高校之间协商好,高校拟落户到县域,但在报请省政府决策时,最后被否决的案例。如浙江省舟山市岱山县为了发展绿色石化产业,与浙江海洋大学东海科技学院达成协议,学院拟迁建到岱山县,但方案在上报省政府核准时,省级有关部门提出不同意见,方案最后被搁置。温州市政府在2012年向省政府提出了"县县办大学"的计划,也因种种原因,计划最后被搁置。省级政府对高校"县域办学"还缺乏整体性的规划,缺少客观的分析数据与决策模型。对个案的判定,主要依靠定性的经验判断,缺乏定量的数据支撑,这往往导致下级地方政府和高校对省级部门决策的质疑,管理上的矛盾由此产生。另一方面,当前落户县域的高校对经济社会发展的服务、支撑、引领能力较弱,需要结合区域发展的实际,进一步深化人才培养模式改革和管理体制机制改革,加强内涵建设,提升整体办学实力和服务社会发展的能力。

## 三、研究高等学校"县域办学"具有重要意义

布局调整是高等教育发展进程中的重大事件,地方化是恢复高考以来我国高等教育布局调整的总体趋势。在精英化高等教育阶段和大众化高等教育阶段的初、中期,高等教育地方化主要表现为在中心城市办大学,地(市)一级中心城市逐步创建高等学校。在进入后大众化和普及化高等教

育阶段之际,以高等学校"县域办学"为特征的高等教育布局调整开始呈现出不同以往的新特点。研究"县域办学"为特征的浙江省高等教育第三次布局调整的相关问题,需要通过理论先行来引导我国普及化阶段高等教育布局的优化调整,以推进新常态背景下我国经济发达县域经济社会的创新发展。

（一）理论意义

**1. 丰富后大众化高等教育理论**

日本广岛大学有本章教授在马丁·特罗高等教育大众化理论的基础上,结合日本高等教育大众化发展后期的一些特点,提出了后大众化高等教育理论。这一理论是对高等教育大众化理论的一种丰富和完善。后大众化高等教育定位于大众化阶段后期和普及化阶段的初期。通过研究以浙江省为代表的高等教育后大众化阶段出现的"县域办学"现象,有利于进一步丰富后大众化高等教育理论,推动有中国特色的高等教育发展理论的形成。

**2. 丰富高等教育地方化理论**

当前的高等教育地方化理论是以中心城市办大学为主要研究对象,主要研究我国高等教育在精英化阶段和大众化阶段的高等教育布局变化和由此带来的办学变化情况。当前,在高等教育迈进普及化发展阶段之际,结合浙江省一批高等学校落户县域办学的实际,通过对县域高等教育布局和高校落户县域后的办学模式等问题开展研究,有利于进一步丰富和完善有中国特色的高等教育地方化理论。

**3. 丰富应用型大学建设理论**

我国正在大力推进部分本科院校向应用型大学办学转型,目前我们还处于应用型院校发展的初期,需要建立理论层面的支撑体系。落户县域的高校大都是应用型办学定位,结合县域经济社会发展要求,推进高校与县域的深度融合发展,是研究的重点内容,这也将进一步完善应用型大学建设的相关理论。

(二)实践意义

## 1. 指导区域高等教育布局调整

通过研究,有针对性地提出浙江省区域高等教育布局优化的决策分析模型,以统筹规划全省高等教育的布局,优化浙江县域高等教育与经济社会的互动发展关系。同时,除浙江省以外,经济发达的江苏、广东、山东等省份都出现了高等学校落户到经济发达的县域的新现象。我们通过对全国经济"百强县"的统计发现,目前已经有152家高校(校区)分布在经济百强县当中。因此,本项研究也能为国内兄弟省份县域高校的改革发展提供有益借鉴。

## 2. 推动落户县域高校的转型发展

高校落户县域办学,很多仅仅是校址的变迁,并没有实现办学模式上的变革,与地方互动不强,服务、支撑、引领县域经济社会发展能力不足是最为突出的影响高校可持续发展的问题。地方高校的发展,必须立足地方、面向地方,针对本地区经济社会发展的现实和特点,为地方经济社会建设发展服务,在服务地方发展过程中形成各自的办学特色。① 因此,本研究将探索落户县域高校的新型办学模式,推进地方应用型大学建设,推进县域高校的转型发展。

## 3. 推进县域高校与经济社会有效协同

在经济社会发展新常态和高等教育发展新常态的背景下,落户县域是部分高校主动适应经济社会发展新要求,构建高等教育发展新模式的革新之路,但在实践过程中,也存在高校发展与县域经济社会发展脱节的现实问题。推动落户县域的高校真正融入地方,在融入地方的过程中优化办学模式、形成办学特色,关键是要在服务地方能力的提升上下功夫,以真正获得地方认可与长期支持。因此,只有帮助政府和高校把握县域高校与县域经济社会融合发展的状况,针对存在的问题研究出台相关配套政策,才能真正推动县域高校与经济社会的协同发展。

---

① 房剑森.高等教育发展论[M].桂林:广西师范大学出版社,2001:241.

# 第二节　"县域办学"与高等教育地方化研究概述

## 一、研究现状

高等教育布局调整和高等教育地方化研究是学术界研究的一个热点问题,相关研究资料也十分丰富,但主要集中在中心城市举办高等教育的研究上,有关县域高等教育的研究则主要是关于高等职业教育与县域经济互动发展问题。

(一)我国高等教育布局调整研究

党的十八届三中全会提出"坚持走中国特色新型城镇化道路",我国高等教育事业要适应新型城镇化建设要求,就需要深化改革,调整高等教育的区域布局和学科专业布局。同时,还要调整高等教育的结构,实现高等教育发展与新型城镇化建设的良性互动,不断完善服务城乡发展的高等教育结构体系。[①] 具体来看,在大众化中后期,高等教育布局调整的方式以增量改革为主。[②] 高等教育的布局结构本质是资源配置的一种过程,将主体功能区理论应用于高等教育布局结构的调整既是一种理论选择,也是实践导向。[③] 优化高等教育布局结构应秉持科学发展、公平发展的理念,恪守适度超前发展的原则,充分发挥学术、政府、市场力量和举办者、办学者、管理者主体的作用,制定实施补偿、差异并重的政策,建立科学的定期优化调整高等教育布局结构的机制。[④]

(二)中心城市举办高等教育研究

20世纪80年代以来,通过中心城市举办大学,推动了我国高等教育

---

[①]　雷培梁.适应新型城镇化建设的高等教育布局与结构调整[J].中国高等教育,2015(7):45.

[②]　郑利霞.大众化中后期高等教育布局结构调整的内外部动力分析[J].高等农业教育,2014(2):9.

[③]　刘红垒.基于主体功能区理论的我国高等教育布局结构调整[J].黑龙江高教研究,2017(5):31.

[④]　王振存.论当前我国高等教育布局结构的内涵、问题及其优化策略[J].河南大学学报(社会科学版),2017(4):134.

地方化进程，也由此产生了一批研究成果。高等教育地方化的推进，有力地推进了城市经济社会的繁荣发展，但也存在许多现实的问题，需要在办学体制机制上加以统筹解决。① 广东是中心城市举办大学的典型省份，大学的发展有力地推动了广东中心城市的发展。② 地级城市是中国区域重要的增长极，高等教育的引入对保持增长极的稳定发展起到了重要作用。③

（三）县域高等教育的发展历史研究

党的十六大报告提出"县域"这一概念，党的十六届三中全会又提出"要大力发展县域经济"，由此县域和县域经济问题开始受到关注。④ 经过若干年的发展，一些地方发达的县域经济已经成为国民经济发展的亮点，浙江、江苏、广东、山东等省涌现出一批县域经济发展的成功模式，县域经济的快速发展又推动了高等教育县域办学模式的产生。⑤ 新中国成立以来，我国的县域经济实现了"三次大解放"，县域经济从传统的主要依靠农业，逐步转向现代农业、现代工业和现代服务业协调发展。与此同时，国民经济也实现了"三次大提速"。在县域经济快速发展的过程中，高等教育开始向县域延伸发展，高等职业教育成为县域经济的"助推器"，是促进县域经济发展、优化高等教育结构、大力发展职业教育、拓展院校发展空间的新选择。⑥

（四）高等院校县域办学的动因和可行性研究

我国目前正处于新型城镇化战略发展的关键时期，省部属高校正扮演着"教育抽水机"的角色，学生毕业后大部分都留在一、二线城市发展，导致新型城镇化发展过程中人才短缺问题严重，进而带来一系列问题。县域高等教育是伴随着新型城镇化发展而生，能够全方位、立体式地助推新型城

---

① 陈彬.教育地方化：成就、问题与前瞻[J].教育与经济,1996(1):42.
② 秦国柱.中心城市与大学发展[M].北京:中国社会科学出版社,2006:42.
③ 薛泽海.中国区域增长极增长问题研究——基于对地级城市定位与发展问题的思考[D].北京:中共中央党校.2007:56.
④ 刘金玉.县域发展新型高等教育的时代意义[J].继续教育,2013(1):39.
⑤ 熊惠平.从"区域"到"县域"："全球"视域下中国高职教育发展新命题[J].职教通讯,2015(1):2.
⑥ 顾坤华,赵惠莉.高等职业教育向县域"前移"的思考与对策[J].中国高教研究,2011(1):71.

镇化的发展。① 根据发达国家的经验,每 50 万人口就需要办一所大学,我国一些经济较发达的县域已经具备了举办高等教育的条件,可优先在"百强县""长三角""珠三角""环渤海"等县区适度发展高等教育。② 在高等教育发达的国家,大力发展社区学院、拓展校园经济,以引领地方经济社会建设和发展,是一条已经获得实践成功的经验。在美国西部大开发时期,"赠地学院运动"和由威斯康星大学校长查尔斯·范海斯所倡导的大学服务社会的"威斯康星理念"及其所形成的办学模式,成功地开辟了大学服务社会的第三项职能,有力地促进了地方经济社会发展。③ 迈克尔·夏托克从美国高等教育结构出发,认为高等教育多样化的最基本的表现形式应该是创建和维持各种不同的高等教育形式。④

(五)县域高等教育布局的实践问题研究

县域高等教育可以采取独立办学或分校区办学的办学模式,专业和学科设置要紧贴县域经济发展实际,同时更要发挥县域高校的文化创新和传播功能。⑤ 在处理政府与大学关系的过程中,市场是调节高等教育运行的最有效方式,而政府政策只能处于从属地位。⑥ 在发展高新技术产业的过程中,实行"官产学"结合,即国际上所谓"政府、企业、学校"共同参与的"三重螺旋结构",形成一种新的组织形式,改变过去研究—运用—再研究的模式,促进高科技成果尽快实现产业化和"就地化"。⑦ 同时,在县域高等教育体系建设过程中,需要政府在政策和法规方面给予大力支持,以满足其特定的发展需求。⑧

---

① 崔国富.地方高校对城镇化的助推效能与实现对策[J].国家教育行政学院学报,2014(8):34.

② 蒋国良.社区学院之与区域发展之研究[D].苏州:苏州大学.2008:103.

③ 黄福涛."全球化"时代的高等教育国际化——历史与比较的视角[J].北京大学教育评论,2003(2):93-98.

④ [英]迈克尔·夏托克.高等教育的结构和管理问题[M].王义端,译.上海:华东师范大学出版社,1987:98.

⑤ 安继磊.新型城镇化视角下县域高等教育的发展研究[J].2016(02):24-25.

⑥ [美]伯顿·克拉克.高等教育系统:学术组织的跨国研究[M].王承绪,徐辉,译.杭州:杭州大学出版社,1994:56.

⑦ 史秋衡,张湘韵,矫怡程.高职院校"县校合作"发展模式研究[J].教育研究,2012(7):47.

⑧ 丁三青,张阳,张铭钟.江苏省县域高等教育研究[J].煤炭高等教育,2008(3):43-47.

（六）应用型大学建设研究

策应地方经济社会发展需要与化解特定高校生存发展困境是建设应用型大学的现实与实践逻辑。[1] 从地方院校转型发展的角度来看,目前,大批地方本科院校需要重新定位,通过转型成为应用型高校,以更好地满足社会发展对人才的需要。[2] 从科研角度来看,地方应用型大学科研团队建设存在团队组建流于形式、创新能力低下、团队文化呈现真空状态等突出问题。[3] 从学生培养角度来看,应用型大学生培养的实质是兼顾大学生专业知识结构、科研能力结构与应用能力结构教学,并实现三者之间的相互促进。[4]

（七）关于高等教育与区域经济协调发展的定性研究

从各个角度分析高等教育与区域经济发展的关系,使高等教育适应、促进区域经济发展的同时也有助于高等教育自身向普及化、特色化发展;最重要的是为制定正确的区域经济社会发展和高等教育发展政策提供参考。[5] 我国高等教育与区域经济发展存在的问题是:互动程度不高,表现在高等教育投入不足、高校毕业生就业困难以及区域产业结构升级乏力等方面。对此政府应发挥其宏观调控职能,为高等教育与区域经济互动提供环境保障;高等院校应发挥高等教育与区域经济互动的主导作用;企业应积极配合,促使高等教育与区域经济发展良性互动机制的形成。[6] 影响区域高等教育发展的省域经济理论包括省域经济综合力理论、非均衡增长理论等,而影响省域经济发展的区域高等教育理论则包括高等教育外部关系理论、三螺旋理论、生态区域发展理论等。所以,增强适应性是省域经济与区域高等教育发展的共同策略。[7]

---

① 胡天佑.建设"应用型大学"的逻辑与问题[J].中国高教研究,2017(4):26.

② 崔永红.应用型大学:地方本科院校转型发展之路[J].应用型高等教育研究,2016(2):3.

③ 何恩节,章毛连.科研视角下的地方高水平应用型大学建设现状与发展建议[J].安徽科技学院,2016(5):115.

④ 赵晋耀.论应用型大学生的培养[J].长治学院学报,2016(6):90.

⑤ 王守法,王云霞.高等教育与区域经济发展关系的理论探讨[J].北京工商大学学报(社会科学版),2006(3):89.

⑥ 徐文俊,刘志民.高等教育与区域经济互动发展的问题与对策[J].江苏高教,2011(3):51.

⑦ 贺祖斌,凌玲,张兰芳.省域经济与区域高等教育发展的适应性研究[J].高教论坛,2010(9):3.

（八）关于高等教育与区域经济协调发展的实证研究

通过构建评价指标体系，采用因子分析、相关分析等研究方法，对我国十大城市群的 107 个城市的高等教育与区域经济社会发展之间的协调度进行了实证研究。研究表明：107 个主要城市高等教育与区域经济的总体协调程度有所下降，但高等教育对区域经济社会发展的贡献还是非常显著。① 运用系统协调度和空间统计分析方法，从时间和空间两个维度研究了我国省域高等教育投入产出与地区经济发展的协调度及其空间分布特征。研究结果显示，高等教育与区域经济的协调度不断提升，但始终处于低水平状态。② 通过随机试验方法进行高等教育规模对区域人均 GDP 影响的显著性分析，提出一种"等级差异评定法"，用其进行协调性分析，得出和显著性分析相一致的结论，找出了高等教育规模与区域经济发展不协调的原因，并对各省份高等教育发展态势及潜力进行了分析。③ 应用主成分分析方法，采用 2004 年与 2011 年横截面数据对我国 31 个省、自治区、直辖市区域高等教育与经济发展水平的协调性进行了实证研究。研究表明，从整体上看，我国区域高等教育与经济社会发展之间的协调程度在逐渐加强，但高等教育发展超前与滞后的问题并存，同时发现，高等教育适度超前发展的省份的经济发展潜力更大。④

## 二、研究述评

纵观上述研究，我们发现，在现有的研究当中，关于中心城市办大学的研究相对较多，关于高等学校落户县域办学的研究相对较少。在关于县域高等教育的研究当中，主要从整理、归纳、解答县域高等教育发展的现象出发，进而深入到县办高等教育与社会经济发展的关系问题。这类研究既有宏观层面，也有微观层面，为本项研究提供了可资借鉴的观点和可以利用的论据。

---

① 高耀，顾剑秀，方鹏.中国十大城市群主要城市高等教育与区域经济协调综合评价研究——基于 107 个城市 2000 年和 2010 年的横截面数据[J].教育科学，2013(3):23.

② 夏焰，崔玉平.我国高等教育与区域经济协调发展的量化评价[J].重庆高教研究，2016(5):69.

③ 杨益民.区域高等教育规模与经济发展关系的实证分析[J].江苏高教，2006(3):41.

④ 许玲.区域高等教育与经济发展水平协调性研究——基于 2004 年和 2011 年横截面数据的分析[J].教育发展研究，2014(1):30.

　　浙江省是我国以"县域办学"为重要特征的新一轮高等教育布局调整的典型省份,但目前还没有系统地开展这方面的研究工作。目前,有限的关于高等学校"县域办学"的研究,主要是以定性研究为主,还缺乏量化分析研究。对不同类型的"县域办学"高校也没有进行区别分析,针对当前县域办学存在的共性问题还没有比较系统的分析,也缺少解决方案。同时,关于高校在落户县域过程中的政府决策机制的研究,目前还比较缺乏。因此,在我国高等教育迈入普及化发展阶段之际,研究建立县域高等教育发展的定量分析模型,结合定性分析判断,帮助省级政府教育主管部门、县域政府和相关高校作出更加科学的"县域办学"决策分析,这方面的研究工作具有现实需求与实践应用价值。

## 第三节　相关概念与研究范畴

　　"同一术语或概念,在大多数情况下,由不同境势的人来使用时,所表示的往往是完全不同的东西。"①本书涉及的核心概念包括县域、高等学校、县域办学、第三次布局调整等。

### 一、县域

　　县域是指以县为行政区划的地理空间。在我国,县为一级行政区划,同级行政区划还包括县级市和设区市的区,隶属于直辖市、副省级城市、地级市、自治州等。本书研究的县域,既包括县和县级市的行政区域,也包括设区市非中心城区的区级行政区域。

　　随着我国经济社会的快速发展,自20世纪90年代中期以来,我国大城市和特大城市周围的郊县"撤县设区"的比较多。撤县设区主要是直辖市、副省级城市、地级市通过行政手段将其所辖的县或县级市调整为地级以上中心城市的城市市区。但在实际中,由于城市化推进需要较长一个过程,新近由县或县级市转设成为中心城市下辖区的区域,其空间形态仍保留着原来县域的总体特征。这些新设区在空间上仍与中心城市的中心城区有着较大距离,在管理上仍保留着县级政府管理的诸多体制机制。因此,在本书关于浙江省县域的统计当中,我们仍把这些中心城市非中心城区的新设区按县域进行对待,对落户这些区域办学的相关高校按照"县域办学"高校进行统计、分析与研究。

目前撤县设区的依据,主要是依照1993年民政部提交国务院的《关于调整设市标准的报告》来设定的。由于近十多年来经济发展速度很快,各省市为统筹区域发展的资源要素,向国务院申请撤县设区的越来越多,为了适应新的发展形势,民政部就进一步完善我国市辖区的设置标准出台了征求意见,对于中心城市郊县、县级市改设市辖区,提出了具体化的基本标准。要新设市辖区,需要满足以下条件:在空间上,县(市)域的部分区域已纳入中心城市总体规划的市区范围,与中心城市城区的基础设施建设和国土开发利用要连为一体;在劳动力产业分布上,从事非农产业的县(市)就业人口不低于70%;在产业结构上,第二产业和第三产业的产值总和要占县(市)国内生产总值的75%以上;在经济发展指标上,申请改设市辖区的县(市),其人均财政收入和人均国内生产总值要求不低于上一年本市市辖区的平均水平,或者全县(市)财政总收入、国内生产总值不低于上一年本市市辖区的平均水平。

随着浙江省经济社会的快速发展和城市化进程的加快,近年来,浙江主要城市提出扩大中心城市范围,将中心城市郊县、县级市改设市辖区的申请较多,临安、富阳、余杭、奉化、洞头、绍兴、上虞等县(市)纷纷撤县设区,成为杭州、宁波、绍兴、温州等中心城市的市辖区。2001年,余杭市撤市设区;2013年,绍兴县撤县设区,设立绍兴市柯桥区;2013年,上虞市撤市设区,设立绍兴市上虞区;2014年,富阳市撤市设区,成为杭州的第九区;2015年,温州市洞头县撤县设区;2016年,奉化市撤市设区;2017年,临安市撤市设区,成为杭州的第十区。

## 二、高等学校

我国高等学校分为普通高等学校和成人高等学校两类。本书所研究的高等学校是指采取全日制学习方式的普通高等学校,提供可获得某种国家承认的学位或文凭的高等教育,包括大学、独立设置的学院、高等专科学校和高等职业学校。<sup>①</sup> 研究中统计的高等学校不包括广播电视大学、职工高等学校、农民高等学校、管理干部学院、教育学院、独立函授学院和普通高等学校举办的函授部（学院、班）、夜大学等成人高等学校。为了研究简便的需要，"高等学校"在本书中简称"高校"。

### 三、县域办学

"县域办学"是指普通高校落户到中心城市非中心城区的县（市、区）开展办学活动。办学是高等学校的职能，本项研究中"县域办学"的主体是高等学校，而不是县域政府或其他机构，是指高等学校落户到县级行政区域开展办学活动，包括高校从中心城市迁建落户到县域办学、高校在县域举办分校区办学、新建高校直接落户县域办学等多种形式。

在我国现行的教育法规中，县级政府不具有高等教育管理职能。《高等教育法》明确规定，我国实行中央统一领导，中央和省级政府两级管理、以省级政府为主的高等教育管理体制。在高等学校"县域办学"的实践中，县级政府主要是通过自身的资源条件与政策吸引，引导高等学校落户本县域办学，并通过参与高校办学管理，引导高校与区域经济社会发展协调融合。

在本书中，由高校"县域办学"衍生出"县域高校"这个概念，"县域高校"是指办学场所落户在县域的高校。

### 四、第三次布局调整

浙江省高等教育第三次布局调整是指恢复高考以来的浙江省高等教育所经历的以"县域办学"为主要特征的布局调整。自1977年恢复高考以来，随着高等教育事业的快速发展，浙江省高等教育布局大致经历了三次调整。第一次布局调整是20世纪80年代初期到1999年，以地市级中心城市举办高等院校为标志。在这一阶段，以1983年原温州大学创办成立和1986年原宁波大学创办成立为标志，浙江省开启了恢复高考后的第一次高等教育布局调整进程。第二次布局调整是1999年到2008年左右，以

① 顾明远.教育大辞典(增订合编本上)[M].上海：上海教育出版社,1998：407.

高教园区建设、高职院校的兴起与民办高校的兴办为标志,为浙江省高等教育大众化阶段的快速发展奠定了坚实的基础。第三次布局调整是以浙江省独立学院为贯彻教育部 26 号令要求开始实施"县域办学"为标志;同时浙江大学、浙江工业大学、宁波大学等一批浙江省内重点高校为加快提升水平和实力,也开始在县域建设新校区;浙江省一批高职高专院校为加快与地方产业发展的对接联动,也开始寻求落户县域办学。由此,当浙江省高等教育进入大众化发展阶段后期之际,以高等学校"县域办学"为主要标志,开启了浙江省新一轮的高等教育布局调整。

## 第四节　高校"县域办学"实践的理论基础

以"县域办学"为重要特征的浙江省高等教育第三次布局调整带有极强的实践性。现象背后必有规律,在浙江省高等教育发展进入后大众化阶段,并向着普及化阶段迈进之际,出现以"县域办学"为主要特征的高等教育布局调整现象,其背后有着高等教育与经济社会发展的客观规律。

### 一、教育的外部关系规律理论

教育是适应社会发展的需要而产生的,并对社会发展起到促进和推动作用。根据系统论的观点,教育是构成社会大系统的一个子系统,教育和政治、经济、文化、生态等子系统之间存着密切的联系,教育和人口、民族、宗教、地理、环境等各种社会因素之间也存在着不可分割的必然联系,教育既能对其他子系统和诸多因素起作用,也要受社会其他子系统和诸多因素的制约。[①] 教育作为一种社会活动,在它的活动过程中,也要遵循一定的规律。在诸多规律中,有两条规律是最基本的,一条是教育的外部关系规律,即教育与社会发展关系的规律;一条是教育的内部关系规律,即教育和人的发展关系的规律。

教育外部关系规律可具体表述为,"教育要受社会的经济、政治、文化

---

① 潘懋元.新编高等教育学[M].北京:北京师范大学出版社,2009:5.

等制约,并对社会的经济、政治、文化等的发展起作用"①。潘懋元教授指出,对教育外部规律的运用要把握两个基本的原则:第一个原则是要全面适应,不要片面适应;第二个原则是要主动适应,不要被动适应。② 以"县域办学"为特征的浙江省高等教育第三次布局调整较多地受到国家政策、区域经济、社会文化、交通条件等外部因素的影响,这一调整也更多地反映了浙江省高等教育在主动适应外部环境变化的过程中积极寻求自身办学的转型发展,符合教育外部关系规律理论。

（一）政策因素

在我国,政府是高等教育布局调整的主要动力,政府通过教育政策的制定直接或间接地对高等教育布局产生影响。在新中国高等教育发展的历史中,政府的教育政策往往直接决定了高等教育布局调整变化的方向。新中国成立至今,我国高等教育布局调整的几次重大变化主要是由国家政策而引起的。政府根据不同时期社会发展的需要,通过政策对高等教育布局作出相应的调整,导致高校办学发生重大变革。我国的高等教育管理体制决定了,政府政策对高等教育布局的变化起着决定性的作用。由政府政策因素引起的高等教育布局调整的方式主要有两种:一种是突进式的,另一种是渐进式的。突进式的变革主要表现在,高等教育布局在程度、内容、幅度等各方面出现较大变动,往往会对高等教育的发展带来严重的影响。渐进式的变革较为温和,变化的幅度较小,更容易被接受。

（二）经济因素

高等教育布局也是社会经济发展的产物。就教育水平与经济发展的关系来看,经济发达的地区的高等教育水平不一定很高,但高等教育发达的地区一般都是国家或区域的经济文化中心。高等教育与区域经济发展水平的相关性较强,区域经济实力越雄厚,办学能力就越强,高等教育发展基础就越好。③ 出于我国区域经济社会发展转型升级的现实需要,以深圳、杭州、合肥、青岛、宁波为代表的区域经济中心也越来越强调发展优质高等教育。这说明高等教育与经济发展水平密不可分,高等教育在服务和

---

①　潘懋元.新编高等教育学[M].北京:北京师范大学出版社,2009:8.

②　陈慧青.中国高校布局结构变革研究[D].厦门:厦门大学,2009:28.

③　谢安邦,赵文华.高等教育空间布局的系统观[J].上海高教研究,1998(2):22.

支撑城市经济转型升级方面正发挥着越来越重要的作用,新常态背景下城市经济的创新发展从客观上增强了对高等教育的需求,同时也为高等教育加快发展提供了更好的物质条件。

因此,经济因素对高等教育布局调整的影响是非常大的。概括来讲,经济因素对高等教育布局的影响主要包括社会生产力的分布状况、生产力发展水平与速度、经济结构的发展变化等诸多方面。根据经济学家马洪的划分,经济结构主要包括经济组织、所有制、产业、产品、投资、价格、就业、地区和城乡等十大类结构因素,它们对高等教育布局的影响各不相同,其中产业结构对高等教育布局的影响最为显著。

（三）文化因素

文化因素主要是指社会历史、文化传统等方面对人们思维方式的影响,包括历史传统形成的文化特点、人们的传统观念、社会总体文化水平等。作为一项社会事业,高等教育的发展更容易受到文化传统的影响和制约。文化因素对高等教育布局变化的影响主要表现在两个方面:一是历史文化传统对高等教育布局的影响;二是社会价值观念对高等教育布局的影响。

在高等教育发展的过程中,若社会对历史文化传统加以重视,则高等教育就发展得快、发展得好;反之,高等教育就发展得慢、发展水平也低。在相同的经济环境下,历史上、传统上越重视文化因素、越重视人们的学习,高等教育的发展就越受到重视,发展水平也会相应较高。同时,社会发展的价值观念也将最终影响高等教育的价值观,影响高等教育布局的变革。随着我国社会主义市场经济体系建设的不断深化,社会价值观和价值体系正在持续调整与重构,市场化、效率化、多元化的社会价值标准已逐渐取代行政大一统的价值标准,这同样反映在当前我国高等教育布局的优化调整当中,市场逻辑正逐渐取代行政逻辑成为我国区域高等教育布局调整过程中的首要因素。

（四）交通因素

高校是人流、物流、信息流极为密集的社会组织,交通条件是影响高校布局调整的重要因素之一。2016 年,我国有普通高等学校 2596 所(含独立学院 266 所),普通高等学校校均规模 10342 人,其中,本科学校 14532 人,高职(专科)学校 6528 人。普通高等学校教职工 240.48 万人。① 这么庞大的一个社会组织有其运行的特殊性，每年的暑假、寒假、新生报到和毕业生离校等诸多时段，都需要有便利的交通条件予以充分保障。高等教育布局调整过程中的一个重要考量因素就是区域的交通条件，便捷的交通条件不仅有利于吸引学生报考与求学，也有利于吸引高素质的人才来学校从教任职，有利于推进高校与社会产业的产教融合，有利于推动新时期高校的国际化办学。因此，不论县域经济社会的发展程度如何，与中心城市半小时交通圈范围内的县域往往成为高校落户县域办学的首选之地，最先享受到中心城市高等教育的溢出效应。县域内有无高速公路、有无高铁动车站点等成为高校在新校区选择过程中的核心考量因素。

## 二、高等教育后大众化理论

高等教育大众化理论是美国学者马丁·特罗在总结分析第二次世界大战以后美国和欧洲国家高等教育快速发展现象过程中形成的一种理论，探讨了高等教育发展过程中由大学生毛入学率的量变导致高等教育发展质变的问题。他以高等教育毛入学率为指标，将高等教育发展分为"精英化、大众化、普及化"三个阶段。他认为当高等教育毛入学率在 15% 以下时，是精英化高等教育阶段；毛入学率在 15%～50% 区间时，就进入了大众化高等教育发展阶段；超过 50% 以后，就进入普及化高等教育发展阶段。

高等教育后大众化理论是日本广岛大学有本章教授在马丁·特罗高等教育大众化理论的基础上所提出来的一种高等教育阶段划分理论。20世纪 90 年代中后期，日本的高等教育正处于大众化发展阶段的后期，在政治、经济、文化等因素的综合影响下，日本高等教育在外部管理体制、内部运行机制、办学经费来源、学校发展道路等方面产生了重大变化，很多现象均无法用马丁·特罗的高等教育大众化理论来解释。有本章通过考察日本高等教育后大众化阶段的发展特征，将 20 世纪 90 年代日本高等教育出现的变化，总结形成"高等教育后大众化理论"，高等教育后大众化发展阶

---

① 教育部.2016 年全国教育事业发展统计公报[EB/OL].教育部.(2017-07-10)[2020-09-15]. http://www.moe.gov.cn/jyb_sjzl/sjzl_fztjgb/201707/t20170710_309042.html

段定位于大众化阶段的后期和普及化阶段的初期。①

有本章教授指出,各国高等教育体系有着相似的发展历程,即由精英化走向大众化,由大众化走向成熟进而进入到后大众化发展阶段,一个国家的高等教育在从大众化向后大众化发展的过程中会出现以下一些明显的变化:(1)国家财政预算紧缩,将迫使政府的高等教育管理部门出台强有力的高校"绩效"制度,推动大学功能的社会经济理性化改革。(2)后大众化阶段高等教育体制发生重大变化,私有化的成分进一步增加,公立高校日益依赖学费资助,私立高等教育规模进一步扩大。(3)政府对高等教育的管理和控制日益减弱,高等教育机构的办学自主权日益加大。(4)市场因素成为高等教育发展的主导因素,对高校的办学规模、学费价格等方面将起到决定性的作用。(5)随着政府管制作用的下降和高校市场化办学机制的增强,为确保高等教育的办学质量,社会公共机构和媒体舆论会寻求新的对高等教育质量的评估鉴定办法。(6)办学质量成为评估高校办学绩效的重要因素。(7)在高等教育实现从大众化向后大众化发展阶段的跨越后,大学内部变革的压力将变得十分强大,大学在教学与科研、组织结构、学术效率、教学方法、教师管理、学生录取等方面将发生一系列的变革。②

杨移贻教授结合我国高等教育发展的特点研究后认为,"后大众化阶段的高等教育发展既有调整也有增长,调整的重点是高等教育的结构与体系,高等教育发展新的增长点可能在民办高等教育、高等职业技术教育、继续教育和终身教育"。③ 他同时指出,有必要重视美、日等发达国家"无界限化与高质量核心的形成"的经验,在后大众化阶段重新构建精英教育,以期在高等教育边界扩充的同时,强化高等教育的核心价值观和核心质量。

高等教育后大众化理论提示我们,大众化的过程并非是持续稳定上升的过程,当高等教育发展达到后大众化发展阶段之时,其办学规模会出现一个稳定期,此时高等教育的发展会面临诸多新的变化。后大众化理论的提出将带来高等教育发展观的转变,将促进高等教育发展方式的转型。④

① 潘懋元,谢作栩.试论从精英到大众高等教育的"过渡阶段"[J].高等教育研究,2001(2):1.
② 张文格.高等教育后大众化理论的全面认识及其启示[J].现代教育科学,2011(6):28.
③ 杨移贻.后大众化阶段高等教育的审视[J].深圳大学学报(人文社会科学版),2009(9):146.
④ 王洪才,曾艳清.后大众化与我国高等教育发展战略选择[J].华中师范大学学报(人文社会科学版),2010(5):134.

### 三、区域经济社会发展理论

国内外高等教育与区域经济社会互动发展的轨迹证明,互动发展、相互促进是社会经济和高等教育发展到一定阶段的必然现象。在这一过程中,高等教育与区域经济社会发展的关系也逐渐由被动适应转向主动服务和支撑引领,高等教育推动区域经济社会发展的内涵、方式也日趋多元,涉及人才培养、科学研究、成果转化、技术咨询与服务、创建大学科技园区带动区域经济发展等多个方面。有多个理论论证了高等教育对区域经济社会发展的显著作用。

#### (一)转型发展理论

发展高等教育是推进区域经济转型升级发展的重要途径,推动高等教育区域布局调整,既是推进区域经济社会转型发展的现实要求,也是实现高等教育自身转型的需要。当前,我国经济社会的转型发展是多重转型叠加的复合型转型。这种转型发展有两条主线:一条是从计划经济体制转向中国特色社会主义市场经济体制;另一条是从传统型社会转向现代型社会。随着中国特色社会主义市场经济体系的逐步建立,第一条主线正在逐渐完成,这意味着由传统型社会向现代型社会转型的第二条主线将被置于更重要的位置,中国的转型将进入一个新的阶段,即从原来的单线式的经济型转轨转向以经济社会共同发展的复合型转变。这种转型内容更丰富,意义更重大,任务更繁重。

当前,我国已进入改革发展的关键时期,国家经济体制正发生着深刻变革,社会结构也出现了重大变化,社会整体的利益格局面临着深度调整,人们的思想观念正发生着深刻转变。这说明当代中国的转型发展是全方位的转型发展,这种全方位的转型发展包括了经济体制从计划经济向社会主义市场经济的转变,社会形态由农业社会向工业社会、信息社会的转变,城乡结构由乡村社会向城市社会的转变,社会治理由伦理社会向法制社会的转变,等等。在全方位转型发展中,经济体制转型是先导,社会体制转轨是重点,政府体制改革是突破,党的领导方式转变是关键。[①] 简而言之,全

---

①　王永平.转型发展论[M].广州:广东经济出版社,2014:85.

方位转型发展就是经济、政治、文化、社会等领域的全面性变革。高等教育将在促进这一转型过程中发挥更为积极的作用。

（二）区域竞争力理论

哈佛商学院迈克尔·波特教授把一个国家或地区竞争优势的发展分为生产要素驱动、投资驱动、创新驱动和财富驱动四个阶段，前三个阶段属于产业国际竞争力的上升时期，后一个阶段则属于衰落时期。迈克尔·波特教授认为，一个国家或地区在这四个不同的发展阶段中，其社会、经济发展和竞争力的提高受到不同因素的影响，每一个阶段形成核心竞争力的关键因素不一样，针对不同发展阶段所制定的发展战略也应不同。[①]

区域竞争力是一个区域为其自身发展在其从属的大区域中进行资源优化配置的能力，是区域多种能力合成的结果，包括对大区域中资源的吸引力和对市场的争夺力。区域竞争力强，就能获得更多的发展资源，区域就能更有效地优化配置资源，区域经济社会就能获得更好更快的发展。区域之间的分工也是按照区域的竞争力进行的，区域竞争力是体现该区域是否具有可持续发展能力的关键因素。[②] 在经济全球化的环境中，区域竞争力主要表现为一个国家或地区经济的国际竞争力。以高等教育为基石的"国民素质与科学技术"是提升一个国家或地区国际竞争力的核心要素。在与国民素质竞争力相关的 44 项指标中，有 22 项与教育有关；在与科技竞争力相关的 26 项指标中，有 19 项与教育尤其是高等教育有关。

（三）新增长理论

20 世纪 80 年代中期，以罗默、卢卡斯等为代表的一批经济学家，在对新古典增长理论重新思考的基础上，发表了一组以"内生技术变化为核心，推动经济增长"的论文，提出了经济长期可持续增长的可能方案，掀起了一股"新增长理论"的研究热潮。作为经济学的一个分支，新增长理论想着力解决"增长的根本原因是什么"这样一个重要且令人困惑的问题。新增长理论强调经济增长是经济体系内部力量作用的产物，而不是由外部力量所决定的。新增长理论重视对人力资本投资、技术的研发、知识的外溢效应、

① ［美］迈克尔·波特.国家竞争优势［M］.李明轩，邱如美，译.北京:华夏出版社,2002:43.
② 陈德宁.区域竞争力理论的提出与发展［J］.广州大学学报(社会科学版),2003(12):22.

劳动分工和专业化、开放经济和垄断化等问题的研究，为世界经济的长期增长提供了一幅全新的图景。[①]

将知识、人力资本等内生技术变化因素引入经济增长的分析模式是新增长理论获得的最重要的突破，新增长理论认为经济增长主要取决于知识积累、科技发展和人力资本投入与提升，人力资本水平高的国家和地区其经济增长就快、科技创新能力就强，相应的人均收入水平就高。世界各国在知识、科技和人力资本积累方面存在的巨大差异，是导致各国经济增长和人均收入差距越来越大的核心原因。[②] 新增长理论认为，以高等教育为核心的技术进步是区域经济增长的内生因素，是区域经济增长的动力源。

（四）城市化理论

城市化是农业人口转化为非农业人口、农村转化为城市、农业生产转化为非农生产的过程。在城市化的发展过程中，社会的城市人口比重不断提高；产业结构不断变化，第二产业、第三产业比重不断上升；居民消费水平不断提升，恩格尔系数不断下降；广大乡村日益接受城市文明的渗透和传播；区域人口的整体素质不断提升，平均受教育年限不断提高。提升城市化水平是提高区域发展综合实力的一个重要因素，高等教育通过人才培养、科学研究、社会服务、文化传承、国际合作等多种途径，能够有效提升区域城市化发展水平。而城市化水平的提升，也能为高等教育发展创造更好的外部环境条件。城市化的过程伴随着产业结构的快速升级，第一产业比重加速下降，第二产业、第三产业比重快速上升，高等教育的发展也有助于消除初级劳动力过度拥挤的现象，从而提升整体人口素质，推动实现高质量的城市化发展；我国城市经济的持续、快速增长也将在很大程度上取决于能否通过高等教育的强劲扩张和质量提升来满足巨大的高级劳动力市场需求。[③]

高等教育的发展既是城市化进程中的重要内容，也是城市化进程中的重要保证。在城市化进程中，教育特别是高等教育已成为加快推进城市化的重要动力。这一方面是因为随着经济社会的加快发展，高等教育必然深

---

① 朱跃.新增长理论与中国经济增长[J].上海行政学院学报,2002(3):57-64.

② 庄子银.新增长理论研究[J].经济评论,1998(5):42-46.

③ 朱镜德.高等教育强劲扩张对城市化进程及经济增长的影响[J].中国人口科学,2003(1):33.

度参与和融入经济社会的各个领域,发挥日益重要的作用;另一方面,科学技术作为第一生产力,是我国建立和发展社会主义市场经济体系的重要支撑,而科学技术的发展必须以教育特别是高等教育作为保障。① 城市化是当今世界发展的普遍趋势,是一个国家现代化程度的重要标志。世界各国大城市和城市群的形成与发展,高等教育发挥了至关重要的作用。同时,世界各国的城市化水平与高等教育发展水平也呈现出高度的正相关性,城市化水平成为影响一个国家高等教育规模的重要因素。这充分说明,高等教育与经济社会发展具有相互促进的作用,发展高等教育能促进经济社会发展,高等教育的发展水平又要受经济社会发展水平的制约。②

① 赵士谦,康翠萍.高等教育与城市化进程关系辨析[J].沈阳师范大学学报(社会科学版),2007(2):79.
② 何志方.高等教育规模与城市化联动发展的国际经验[J].比较教育研究,2001(9):27.

# 第二章　浙江省高等教育布局调整的历史回顾

　　新中国成立前夕,浙江省有国立浙江大学、国立英士大学、国立艺术专科学校、省立医学院、私立体育童子军专科学校、私立之江大学、私立重辉商业专科学校杭州分校等 7 所高校。1949 年 5 月至 7 月,浙江省陆域相继解放,军管会接管了相关高校。为改革旧的高等教育体制,1949 年下半年至 1951 年底,华东军政委员会教育部对浙江境内的大专院校进行了局部调整。1950 年 3 月,浙江中苏友好协会举办了浙江中苏友协俄文专科学校。12 月,国立杭州艺专改为中央美院华东分院。1951 年暑期,省文教厅为培养急需的中学师资,又与浙江大学联合创办浙江师范专科学校。①

　　1952 年上半年起至 1955 年底,根据"以培养工业建设人才和师资为重点,发展专门学院,整顿和加强综合大学"的方针,浙江省进行了高校院系调整工作。1952 年 8 月,原浙江大学文学院的人类学系及理学院的数学、物理学、化学、生物学系调至复旦大学,理学院的地理学系调至华东师范大学,药学系并入上海医学院;农学院的森林学系调至东北林学院,畜牧兽医学系调至南京农学院;工学院的土木工程学系水利组调至华东水利学院,航空工程学系调至南京航空学院。此外,将浙江大学文理学院的一部分、私立之江大学的文理学院、浙江师范专科学校及省中苏友协俄文专科学校合并,组成浙江师范学院;将浙江大学农学院与分别从南京大学、金陵大学、安徽大学、福建农学院、江苏浒关蚕桑专科学校 5 所院校中分出的部分农业系科合并,组成浙江农学院;国立杭州艺术专科学校在调整少数系

---

　　①　张彬.浙江教育史[M].杭州:浙江教育出版社,2006:663-664.

科后于 1950 年 1 月改名为中央美术学院华东分院；私立之江大学将工学院各系分别并入浙江大学及在上海的同济大学，将文理学院改组并入浙江师范学院，将经济学院独立改组为浙江财经学院（后并入上海财经学院）。[①] 至 1955 年底，全省共有 5 所高等学校。1956 年，杭州、宁波、温州 3 市又各办起 1 所师范专科学校。到 1957 年底，浙江省普通高校增至 8 所。

由于十年"文革"的影响，从 1966 年到 1969 年全省高校连续 4 年没有招生；1970 年之后虽然恢复招生，但实行工农兵学员"上大学、管大学、改造大学"。十年"文革"，使浙江省少培养数万名大学生，造成各条战线专门人才青黄不接、后继乏人的严重后果。[②]

上述浙江省高等教育的发展，由于办学规模和高校数量总体较少，还没有涉及大的高等教育布局调整。自 1977 年恢复高考以后，随着党的十一届三中全会全面吹响我国改革开放的号角，浙江经济社会发展取得了巨大的进步，高等教育事业也步入了加快发展的轨道。浙江省域内高等教育的布局伴随着经济的快速发展和社会强劲需求，也出现了三次较大规模的布局调整。第一次布局调整是 20 世纪 80 年代初期到 1999 年，以中心城市兴办高等院校为标志；第二次布局调整是在 1999 年到 2008 年左右，以高教园区建设、国有民办二级学院和高职院校的兴办为标志；本书所研究的"第三次布局调整"，则是 2008 年以后以高校落户县域办学为标志的新一轮布局调整。

## 第一节　恢复高考后的第一次高等教育布局调整

1977 年恢复高考以后，伴随着改革开放带来的浙江区域经济社会的快速发展，浙江高等教育事业也获得了较快发展。20 世纪 80 年代初期到 90 年代后期，以宁波、温州等地市级中心城市兴办高等院校、扩大高等教育办学规模为标志，开始了浙江省第一次高等教育布局调整，较好地优化了省内高等教育的合理布局，促进了区域经济社会的快速发展。

---

① 张彬.浙江教育史[M].杭州:浙江教育出版社,2006:703.
② 张彬.浙江教育史[M].杭州:浙江教育出版社,2006:821-822.

## 一、第一次布局调整的背景

（一）经济因素

浙江虽然山川秀丽、风景优美，但与全国许多资源大省相比，浙江资源禀赋不足；虽为鱼米之乡、丝绸之府，但陆域面积不大，人均耕地只有 0.55 亩。在 20 世纪 50、60 年代，浙江由于特定的发展历史和国家战备的考虑，国家重点建设项目布局较少，国有经济基础十分薄弱。[①]

改革开放以来，浙江利用区位优势，发挥文化长处，获得了高速发展，迈进了经济大省行列。浙江省生产总值和人均生产总值，分别由 1978 年的 124 亿元和 331 元，增加到 1998 年的 4980 亿元和 11230 元；城镇居民人均可支配收入和农村居民人均纯收入分别达到 7837 元和 3815 元。[②] 浙江成为全国经济发展最快，以公有制为主体、多种所有制经济共同发展最为活跃的省份之一。

（二）政策因素

浙江省委、省政府为实现现代化建设宏伟目标，在科学分析世界经济与社会发展历史与趋势的基础上，从我国国情和浙江省情出发，提出"科教兴省"的重大发展战略，把科技和教育摆到经济社会发展的核心位置，全面落实科学技术是第一生产力的指导思想，增强科学技术及向现实生产力转移转化的能力，加速实现浙江省的繁荣富强。[③]

浙江省委、省政府于 1992 年 7 月 30 日发布《关于大力推进科技进步、加速经济发展的决定》。这项决定指出，为迎接世界新科技革命和国内外市场激烈竞争的严峻挑战，要确立和实施"科教兴省"战略，把加快经济发展真正转移到依靠科技进步和提高劳动者素质的轨道上来，打基础、上水平、增效益，由粗放型向集约型转变，推动浙江省经济再上新台阶。这项决定提出了六项举措：明确指导思想和总体目标，全面实施"科教兴省"战略，强化科学技术与经济社会发展的结合度，建立富有活力的科技研发

---

① 张彬.浙江教育史[M].杭州：浙江教育出版社，2006：906.
② 浙江省统计局.关于 1998 年全省国民经济和社会发展的统计公报[J].浙江统计，1999（3）：5-9.
③ 张彬.浙江教育史[M].杭州：浙江教育出版社，2006：907.

与转化机制；充分调动科技人员的积极性，加强科研队伍建设；多渠道筹措资金，加大对科技和教育的投入；加强和改善领导，形成"科教兴省"的合力。①

## 二、第一次布局调整的概况

进入 20 世纪 80 年代后，根据《中共中央关于教育体制改革的决定》，浙江省高等教育事业在管理体制、经费渠道、招生制度、教育结构等方面不断地进行改革。1983 年，根据教育部在武汉召开的全国教育工作会议精神，浙江省在当年和次年先后召开了两次全省高等教育工作会议，制订了接下来几年发展高等教育的方案及措施，强调既注意挖掘原有高校潜力，也逐年增加省财政对高等教育的投入，积极而又慎重地进行改革，在改革中求质量，在改革中求发展。②

1989 年全省高校数量比 1980 年增加 15 所，中国计量学院、浙江水利水电专科学校、浙江广播电视专科学校、浙江财经学院、浙江公安专科学校、浙江政法专科学校、杭州高等专科学校、浙江农业大学附属杭州农业专科学校、宁波大学、宁波高等专科学校、温州大学、舟山师范专科学校、嘉兴高等专科学校、绍兴高等专科学校、绍兴师范专科学校等一批高校在这期间纷纷兴办。

1989 年全省有全日制普通高等学校 37 所，其中位于杭州 20 所，位于宁波 4 所，位于温州 3 所，位于舟山 2 所，位于嘉兴 2 所，位于绍兴的 2 所，金华、湖州、台州、丽水各自拥有 1 所，衢州暂无（参见表 3）。按管理体制分，属中央有关业务部门主管的有 8 所，属省教委和省有关部门主管的有 16 所，属市和地区主管的有 13 所。

恢复高考后的浙江省高等教育第一次布局调整，在高校数量上的发展大致可以分为两个阶段：第一阶段主要是在 20 世纪 80 年代，浙江省高校数量呈现逐步增长的状态，1989年浙江高校数量达到37所，比1980年增

---

①　张彬.浙江教育史[M].杭州:浙江教育出版社,2006:907-908.

②　余起声.浙江省教育志[M].杭州:浙江大学出版社,2004:68.

表 3    1989 年浙江省高校区域分布

| 地区 | 学校数 | 校　名 |
|------|--------|--------|
| 杭州 | 20 | 浙江大学、杭州大学、浙江农业大学、浙江医科大学、中国计量学院、浙江工学院、浙江丝绸工学院、杭州电子工业学院、浙江水利水电专科学校、浙江林学院、浙江中医学院、浙江广播电视专科学校、杭州商学院、浙江财经学院、浙江公安专科学校、浙江政法专科学校、浙江美术学院、杭州高等专科学校、浙江农业大学附属杭州农业专科学校、杭州师范学院 |
| 宁波 | 4 | 宁波大学、宁波师范学院、宁波高等专科学校、浙江农村技术师范专科学校 |
| 温州 | 3 | 温州医学院、温州大学、温州师范学院 |
| 舟山 | 2 | 浙江水产学院、舟山师范专科学校 |
| 嘉兴 | 2 | 浙江冶金经济专科学校、嘉兴高等专科学校 |
| 绍兴 | 2 | 绍兴高等专科学校、绍兴师范专科学校 |
| 金华 | 1 | 浙江师范大学 |
| 湖州 | 1 | 湖州师范专科学校 |
| 台州 | 1 | 台州师范专科学校 |
| 丽水 | 1 | 丽水师范专科学校 |
| 衢州 | 0 | 无 |

数据来源：余起声.浙江省教育志[M].杭州：浙江大学出版社,2004.

加 15 所,在杭高校由 12 所增加到 20 所,在甬高校由 2 所增加到 4 所,绍兴地区高校数从无到有,全省高等教育获得了稳步发展。第二阶段是在 20 世纪 90 年代,自 1993 年开始,浙江省根据国家的"共建、调整、合作、合并"方针对高等教育管理体制进行了改革。1995 年,浙江省教委完成了浙江工业大学与浙江经济管理干部学院、浙江农业大学与浙江农村经济管理干部学院的合并工作,联合办学、合并办学从此在全省大规模地展开;1996 年,原宁波大学、宁波师范学院、浙江水产学院宁波分校三校合并;1998 年原浙江大学、杭州大学、浙江农业大学、浙江医科大学四校合并;截至 1998 年底,经过部分高校合并办学之后,浙江省有全日制普通高等学校 32 所,其中杭州有 17 所,宁波有 3 所,温州有 3 所,舟山有 2 所,嘉兴有 2 所,绍兴、金华、湖州、台州、丽水各自拥有 1 所,衢州暂无(参见表 4)。

**表 4  1998 年浙江省高校区域分布**

| 地区 | 学校数 | 校　名 |
|---|---|---|
| 杭州 | 17 | 杭州大学、浙江大学、浙江丝绸工学院、杭州电子工业学院、中国计量学院、浙江工业大学、浙江水利水电专科学校、浙江农业大学、浙江林学院、浙江医科大学、浙江中医学院、浙江广播电视专科学校、杭州商学院、浙江财经学院、浙江公安高等专科学校、中国美术学院、杭州师范学院 |
| 宁波 | 3 | 宁波大学、宁波高等专科学校、浙江农村技术师范专科学校 |
| 温州 | 3 | 温州医学院、温州师范学院、温州大学 |
| 舟山 | 2 | 浙江水产学院、舟山师范专科学校 |
| 嘉兴 | 2 | 浙江冶金经济专科学校、嘉兴高等专科学校 |
| 绍兴 | 1 | 绍兴文理学院 |
| 金华 | 1 | 浙江师范大学 |
| 湖州 | 1 | 湖州师范专科学校 |
| 台州 | 1 | 台州师范专科学校 |
| 丽水 | 1 | 丽水师范专科学校 |
| 衢州 | 0 | |

注:表格中数据出自各地区年鉴。

## 三、第一次布局调整的成就

调整高等学校管理体制是浙江省第一次高等学校布局调整过程中取得的重要办学成就。1978 年 5 月,经国务院批准,国家对高等学校实行双重领导、归口管理。由教育部和各省、自治区、直辖市教育行政部门共同领导管理综合性大学、多科性工业大学、高等师范学校;由中央或各省、自治区、直辖市的有关业务部门负责管理工、农、医、财经、艺术、体育类高等学校。1978 年 9 月,中共浙江省委批转省委教卫部《关于调整浙江省普通高等学校领导管理体制的意见》,对全省高等学校的领导管理体制作出规定:全国重点高等学校和国务院部属高等学校的领导体制,按国务院文件规定的精神执行。面向全省的高等学校,由省委、省革命委员会统一领导,省有关部门和地区分工管理;主要面向本地区的高等学校,由所在地区党委直接领导。文件还规定省教育局是全省教育行政领导机构,要负责检查督促全省高等学校贯彻执行党的教育方针政策情况,以及招生、教师管理等工作。1978年下半年,全省20所普通高等院校中,由中央业务部(院)为主管理的有3所,由省级有关部门为主管理的有11所,由地区(市)为主管理的有6所。①

1979年9月,中央批转教育部党组提交的《关于建议重新颁发〈关于加强高等学校统一领导,分级管理的决定〉的报告》,肯定和重申了1963年《关于加强高等学校统一领导、分级管理的决定》中的有关规定。据此,浙江省重新恢复了"统一领导、分级管理"的高校管理体制。

1984年12月21日,浙江省人民政府印发的《浙江省教育事业领导管理体制的暂行规定》指出:普通高等学校,凡面向全省的由省人民政府领导,有关厅局管理;面向市(地区)的,由市(地区)领导管理。高等师范学校除浙江师范学院和浙江教育学院由省领导外,其余院校实行省、市(地区)双重领导,以市(地区)为主进行管理。建立和撤并高等学校的审批权限:普通高等学校(含高等师范院校)的建立和撤并,由省教育厅会同有关部门审查后,报省人民政府批准,其中本科高等学校由省人民政府报国务院审批。②

1985年,《中共中央关于教育体制改革的决定》明确提出实行国家、省、中心城市三级办学体制。浙江省根据《中共中央关于教育体制改革的决定》的精神,调整了省内高校的领导管理体制,面向本省举办的高校(如杭州大学、浙江农业大学、浙江医科大学、浙江师范大学、浙江工学院、浙江中医学院、浙江林学院、浙江水产学院、温州医学院)由省人民政府领导、省教育委员会负责管理;省级有关部门举办的高校由有关部门直接管理;面向市(地区)的高等师范学校实行省、市(地区)双重领导,以市(地区)为主管理;市(地区)直接领导管理面向市(地区)、由市(地区)举办的高等专科学校。浙江省还根据国务院颁发的《高等教育管理职责暂行规定》,具体规定了各级行政机关和部门的管理权限。高校三级办学的领导管理体制明确之后,充分调动了中心城市、省级有关部门和各市(地区)发展高等教育

① 余起声.浙江省教育志[M].杭州:浙江大学出版社,2004:212.
② 余起声.浙江省教育志[M].杭州:浙江大学出版社,2004:214.

的积极性,但在客观上也存在着管理上多头领导、行政上"条块分割"的问题。①

　　1986 年 3 月,国务院发布《高等教育管理职责暂行规定》,明确了由国家教委主管全国高等教育工作,国务院有关部门在国家教委指导下管理其直属的高等学校,省级人民政府管理本地区内的高等学校。②

　　1986 年 12 月 15 日,国务院发布《普通高等学校设置暂行条例》。《条例》规定:普通高等学校的设置,由国家教育委员会审批。由学校主管部门邀请有关部门和专家共同进行论证,认定确需设置后,再由省、自治区、直辖市人民政府或国务院有关部门向国家教委提出筹建普通高校的申请书。经批准筹建后,再提出正式建校招生申请,由国家教委审定。③

　　1992 年,在邓小平同志南方谈话之后,国家颁发了《中国教育改革和发展纲要》,改革之风吹进了高等教育领域,浙江省高校在管理体制改革方面出现了共建、合并等形式。1998 年,浙江丝绸工学院、杭州商学院、浙江经济高等专科学校 3 所原中央部委所属院校调整办学管理体制,实行"部省共建、以省为主"的新管理体制;1998 年 9 月,原浙江大学、杭州大学、浙江农业大学、浙江医科大学 4 校合并办学,组建新的浙江大学。1999 年 11 月,教育部与浙江省人民政府签署共建协议,共同重点支持浙江大学建设发展。2000 年,中国美术学院、杭州电子工业学院、中国计量学院等 4 校也先后实行"部省共建、以省为主"的管理体制。在国家有关部门直管高校下放管理权给浙江省、实行新的办学体制的同时,浙江省对省内高校也开始实行省市共建共管的管理体制改革,如浙江省与宁波市共建共管宁波大学,浙江省与舟山市共建共管浙江海洋学院等。④

## 四、第一次布局调整的特点

　　中心城市办大学是浙江省第一次高等教育布局调整的特点,也是这一时期我国高等教育地方化的显著特点。中心城市是指下辖一定数量的县

---

　　①　余起声.浙江省教育志[M].杭州:浙江大学出版社,2004:215.
　　②　余起声.浙江省教育志[M].杭州:浙江大学出版社,2004:217-218.
　　③　余起声.浙江省教育志[M].杭州:浙江大学出版社,2004:210.
　　④　张彬.浙江教育史[M].杭州:浙江教育出版社,2006:953-954.

(区),拥有几百万人口的地区政治经济文化中心。在改革开放初期,高层次人才的缺乏使中心城市在发展地方经济过程中遇到瓶颈制约,当经济由人力密集型向技术密集型转型发展之际,高水平技术人才对经济发展的重要性日益凸显。而仅靠国家和省两级举办的高校培养出的人才往往供不应求,难以满足广大中心城市经济社会发展的强烈需求。同时,地方经济发展也必然对所在地区人民群众文化素质的提高提出新要求。因此,有一定经济基础的中心城市为获得更好的发展,就有了举办高等教育的内在需求。20 世纪 80、90 年代,我国中心城市举办高等学校的积极性很高,纷纷出资举办高校。这些举办高校的中心城市,改革开放以来经济社会发展也较为迅速,获得了较好的教育与经济相互促进的正向效应。①

广东省是我国中心城市办大学的典型省份。伴随着改革开放后浙江经济社会的快速发展,浙江省除省会城市杭州外,以宁波、温州、绍兴为代表的中心城市办大学成为浙江省第一次高等教育布局调整中的重大事件。

(一)宁波

### 1. 创办宁波高等专科学校

1983 年,宁波市创办宁波高等专科学校,宁波高等专科学校前身为宁波大学(筹),1983 年 2 月成立筹备领导小组,5 月省政府发文批准,9 月即招建筑工程、经济管理 2 专业 123 名学生,借宁波市少年体校开学。同年,教育部确定学校为联邦德国援助我国合作建设的四所高专项目之一。随后,学校更名为宁波高等专科学校。1985 年 9 月,西郊文化路后河巷校区建成,占地 140 亩,建筑面积 45456 平方米。②

宁波高等专科学校是一所以工科为主的综合性地方大学,学校主要开设地方急需的具有特色的应用性学科,为宁波经济和社会发展服务。招生纳入全国高校统一考试,向市区和市辖县(市)定向招生,与当地大企业联合办学。接受工矿企业、市地委托(协作)代培;资金由国家拨款为主,并开辟社会资助、集资建造学生公寓、创收和争取外援等多种渠道。立"团结、创新、讲实、求精"为校训。学生毕业时,坚持全面质量考核,以德、智、体综

---

① 杨移贻.新大学运动——广东省中心城市办高等学校的经验、问题、对策[J].高教探索,1995(3):10-14.

② 夏明华.宁波市教育志[M].杭州:浙江教育出版社,1996:215-216.

宁波高等专科学校

合测评之总成绩,作为择优推荐录用的依据。1997 年,学校被教育部确定为全国示范性高等工程专科重点建设学校。

## 2. 侨资捐建宁波大学

1984 年 5 月,国务院确定宁波为沿海对外开放城市,邓小平同志作出"把全世界'宁波帮'都动员起来,建设宁波"的重要指示。宁波市委、市政府为了解决改革、开放和发展经济人才的急需,决定筹建宁波大学。但根据当时宁波市的财力和人才的实际情况,要迅速筹建一所具有一定规模的综合性大学,不是一件容易的事。1984 年 10 月,包玉刚先生来到家乡宁波,慨然允诺捐资人民币 5000 万元,兴建宁波大学。1985 年省政府批复同意宁波大学建设先期征地 1000 亩,所征耕地免缴造地费,学校总规划用地控制在 1500 亩以内。

宁波大学奠基典礼

宁波大学

　　宁波大学的建设，在中央和省的关怀下，在宁波市政府的直接组织下，由于全市方方面面的通力支持，经过 2000 余名建设者的艰苦努力，用十个月时间如期建成开学。1986 年 9 月 10 日，宁波大学在浙江大学、北京大学、复旦大学、中国科学技术大学、杭州大学 5 校对口援建帮助下，正式建成办学，首批招生 280 人。以 1986 年宁波大学的创办为标志，宁波的高等教育事业得到了加快发展。1996 年，浙江省和宁波市根据实际需要将宁波师范学院、浙江水产学院宁波分院、原宁波大学三所院校合并办学，创建新的宁波大学。

　　(二)温州

　　创办温州大学。1984 年，以温州大学的筹备创办为标志，加快了温州建设浙江高等教育副中心的步伐。1984 年 1 月，浙江省委、省人民政府为了适应温州改革开放和经济建设对人才的需求，决定创办"温州市高等专科学校"。4 月，温州市被列为 14 个对外开放沿海城市之一，各界人士一致认为温州应办一所综合性的大学，而不仅是专科层次的高校。7 月，经省府批准成立温州大学筹备领导小组。12 月，正式批准建立温州大学，并聘请温州籍著名数学家苏步青教授为名誉校长，由温州市副市长魏萼清兼任校长。

温州大学

温州大学校址初设在温州市蛟翔巷原温州市经济干校，1985 年 10 月经省计委批准在学院西路征地建造新校舍。1986 年 9 月，教学大楼落成，迁入新址。全校设 6 个系 8 个专业，有 30 个班级，在校学生 821 人，教职

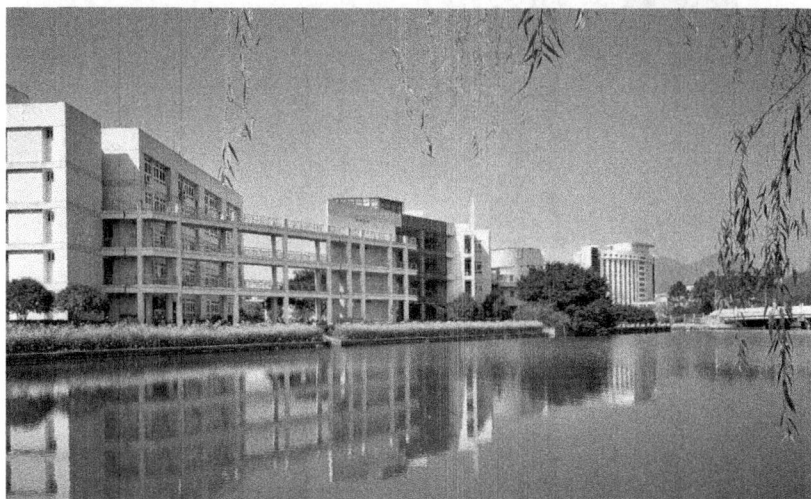

温州大学校园

工 215 人,其中专任教师 122 人,非教学人员 33 人。校园占地 121 亩,建筑面积 31040 平方米。[①]

（三）绍兴

1. 建立绍兴师范专科学校

1980 年 5 月 8 日,国务院批准建立绍兴师范专科学校,学校规模 1200人。1984 年,学校迁移至市区环城西路 5 号,建设新校园。1986 年,为普及九年义务教育,缩短师资培养周期,省教育厅决定从当年秋季招收的新生开始,学制由三年改为两年。1988 年 8 月,由于"为基础教育培养合格师资,方向明确,成绩显著",受到国家教委表彰,获奖状和 30 万元奖金。1989 年,共设 6 个系（科）,8 个专业,有教职工 303 人,其中专任教师 171人,政工人员 18 人;专任教师中有副教授 27 人,讲师 77 人,助教 67 人。有毕业生 508 人,招收新生 498 人,在校学生 1098 人。办学 12 年,累计招收学生 4794 人,累计培养毕业生 3728 人。[②]

绍兴师范专科学校旧址

---

①　李方华.温州市教育志[M].北京:中华书局,1997:383.

②　章玉安.绍兴市教育志[M].上海:上海教育出版社,1994:234-235.

### 2. 筹建绍兴高等专科学校

1983年,为适应地方经济发展的需要,绍兴市着手筹建绍兴高等专科学校。是年秋,以绍兴师范专科学校名义,借用市教师进修学院校舍,开办文秘、外语两个专业。1984年12月,浙江省人民政府指示:先开设机械设计与制造、文秘、外语三个专业,其他专业根据绍兴市经济发展需要逐步开设。1985年1月,筹建领导小组成立。当年,列入省普通高等学校统一招生计划。1986年,中共绍兴市委、市政府决定:高等专科学校(筹)、职工大学、电大分校,"实行一套班子,统一领导"。1987年4月,浙江省教委批文"同意正式建立绍兴高等专科学校"。1988年6月,确定学校定点和畅堂,发展规模为在校生800人,并承担职工教育和广播电视教育任务。同年,面向社会、面向乡镇企业办学试点工作开始起步。2月,成立文书服务所和职工培训部。接受省机械厅委托,举办企业物资管理培训班。此后,相继举办企业管理、高级电工、乡镇企业班组长等培训班。1989年,共设4个系、5个专业,有毕业生99人,招收新生185人,在校学生537人。教职工195人(含电大、职大数,下同),其中专任教师86人,专任教师中有副教授6人,讲师29人。办学7年来,累计招收学生864人(内代培生97人),累计培养毕业生321人。[①]

1993年10月,绍兴市决定在绍兴师专、绍兴高专基础上筹办"绍兴大学";1996年4月,经国家教育部批准,绍兴师专与绍兴高专正式合并成立市属绍兴文理学院。时至今日,在绍兴文理学院基础上创办绍兴大学一直是绍兴历届市委、市政府和绍兴各界的强烈吁求,也是绍兴文理学院努力追求的发展目标。

通过恢复高考后第一次高等教育布局的调整,浙江省初步形成了以杭州为中心,各地市基本都有高等学校的布局,到1998年,宁波、温州、嘉兴、舟山等地都有2所以上高校,这为未来浙江省高等教育事业的进一步发展奠定了较好的空间布局基础。

---

① 章玉安.绍兴市教育志[M].上海:上海教育出版社,1994:226-227.

绍兴文理学院

## 第二节　恢复高考后的第二次高等教育布局调整

1999 年到 2008 年前后，伴随着国家高等教育大扩招政策的实施，浙江省以高教园区建设、国有民办二级学院的兴办与高职院校的兴起为标志，开展了第二次高等教育布局调整，高等教育进入到跨越式发展的新阶段，以杭州为中心、宁波和温州为副中心，其他中心城市"一本一专"或"一本多专"的办学格局基本形成，浙江省高等教育布局得到了优化，这为浙江省高等教育在大众化阶段的快速发展奠定了重要的基础。

### 一、第二次布局调整的背景

（一）国家实施高等教育扩招计划

从改革开放到 1997 年上半年，我国经济保持了高速增长的发展态势，年均 GDP 总量增长 9.6％，年人均 GDP 增长 8.2％。[①] 但由于受亚洲金融危机的影响，自 1997 年下半年开始，我国经济发展的增幅出现明显下滑，需求不足成为经济发展的主要问题，这就促使中国考虑通过拉动内需以抵

---

① 吴燕青.我国普通高等教育扩招情况及其对毕业生就业影响分析[J].西北人口,2007(01)：20-23.

抗经济疲软。20 世纪 90 年代末,我国高等教育的发展也出现扩大规模和体制改革的呼声,亚洲开发银行经济学家汤敏于 1998 年 11 月以个人名义向党中央提出《关于启动中国经济有效途径的思考——扩大高校招生量一倍的建议》,建议扩大高校招收自己生比例,用来自城乡居民的收入与储蓄交纳学费,以形成高等教育市场的巨额国内消费。[①]

基于刺激消费、拉动内需、促进经济增长、缓解就业压力等目标,国务院总理办公会议通过了大幅度扩大高校招生规模的决定,1999 年 6 月中旬在中共中央、国务院召开的全国教育工作会议上宣布实施。实施高等教育扩招政策的基本缘由包括:为经济社会的可持续发展积累人力资本;扩大国内教育消费,满足人民群众接受高等教育的强烈愿望;对照世界高等教育发达国家和友邻发展中国家经验,提升接受高等教育的人口比例;缓解当时中学毕业生面临的就业压力。[②]

1999 年全国高校共招本、专科学生 275.45 万人,其中普通高等教育招生 159.68 万人,成人高等教育招生 115.77 万人,分别比上年增加 51.32 万人和 15.63 万人,增幅达 47.37% 和 15.61%,高考录取率达 49%。[③] 2000 年普通高校招生达 200 万人左右,高考录取率达 50%。[④] 2001 年,我国普通高等教育招生 268.28 万人,比 2000 年增加 47.67 万人,增幅 21.6%,高等教育规模持续扩大,但增长速度较前两年有所放缓。从 2002 年开始,我国高等教育的扩招速度逐渐放慢。[⑤]

(二)经济大省与高教小省的现实矛盾

浙江自古为富庶之地,改革开放以来,浙江的经济更是得到了快速发展。1998 年,浙江省实现地区生产总值 4980 亿元,人均地区生产总值 11230 元,两项指标都位居全国各省(区、市)第四位,是名副其实的经济大省。浙江的民间资本也相对富足,1998 年全省工业总产值中个私经济占 45.9%,城镇居民可支配收入达 7887 元,农村居民可支配收入

① 李延保.中国独立学院调查报告[M].广州:中山大学出版社,2013:3-4.
② 王晓燕,刘健,高瑞.中国高等教育扩招与经济振兴[J].大学教育科学,2012(2):81-89.
③ 中国教育年鉴编辑部.中国教育年鉴 2000[M].北京:人民教育出版社,2000:91.
④ 郭梅.高校扩招与我国高等教育可持续发展研究[D].重庆:西南师范大学,2001:68.
⑤ 吴燕青.我国普通高等教育扩招情况及其对毕业生就业影响分析[J].西北人口,2007(1):20-23.

为 3815 元,城市居民储蓄存款余额为 2847.3 亿元,人均 6403 元。<sup>①</sup> 经济的发展需要人才,而富裕起来的浙江人民自己出钱接受高等教育的意识与需求也越来越强烈。

然而,由于历史的原因,浙江高校数量与其他省份相比差距很大,与经济大省的地位也极不相称。以 1998 年为例,浙江省只有高校 32 所,全省 10 万考生参加高考,仅有 3.52 万人被录取,另有 6 万多考生被挡在高校门槛之外。每年,浙江省高校各批次录取分数线往往要高于国内其他省市,大批本应接受高等教育的考生只能加入复读的行列,或直接参加工作,这是人力资源的巨大浪费。浙江省政协科教委员会在一份报告中尖锐地指出:人才的匮乏,已严重制约了浙江经济社会的发展,突破高等教育规模瓶颈已成为浙江高教事业发展的当务之急。<sup>②</sup>

## 二、第二次布局调整的概况

1999 年全国教育工作会议召开之后,浙江省委、省政府立即行动,于 2000 年 2 月召开全省教育工作会议,提出了浙江省教育发展的目标:到 2005 年里,基本实现高标准"普九",基本普及学前 3 年教育,基本普及高中段教育;浙江省要建成 10 所万人大学,高等教育毛入学率要达到 20%。为加快教育发展,必须加大教育投入,浙江省决定自 1999 年起至 2003 年的 5 年里,在省本级财政支出中教育经费所占的比例每年提高不低于 1.2 个百分点。<sup>③</sup>

同年 3 月,《浙江省教育现代化建设纲要(2000—2020 年)》和《浙江省高等教育改革和发展规划(2000—2020 年)》发布。两个文件确定了未来浙江省高等教育发展的总体目标:到 2002 年,浙江省要进入高等教育大众化发展阶段,高等教育毛入学率达到 15%;到 2005 年,毛入学率达到 20%,全日制在校生数达到 40 万人;到 2010 年,毛入学率达到 25%,全省全日制在校生数达到 66 万人,研究生占本科生比例达到 10% 以上;到

① 浙江省统计局.关于 1998 年全省国民经济和社会发展的统计公报[J].浙江统计,1999(3):5-9.
② 曹屯裕.打造民办高等教育的新品牌[M].宁波:宁波出版社,2002:2.
③ 参见:教育部.浙江省教育概况[EB/OL].[2020-09-15].http://www.moe.gov.cn/jyb_sjzl/moe_364/moe_258/moe_431/tnull_5425.html.

2020 年，毛入学率达到 40％，全省全日制在校生数达到 80 万人，浙江省基本实现高等教育现代化，发展水平居全国前列。[①]

2002 年，浙江省第十一次党代会确立了建设"教育强省"的战略目标，并把它作为建设经济强省、科技强省和文化大省的基础工程来抓，全省上下形成了"党以重教为先、政以兴教为本、民以支教为荣"的良好局面。浙江省按照国家有关大学、学院、专科学校和职业技术学院的设置标准，新建、迁扩建和调整重组了一批高等学校，高等教育的发展布局与层次结构得到了很大优化。通过推进高校布局调整工作，挖掘潜力，盘活存量，优化资源配置，进一步扩大高等教育的办学规模，基本建立了多层次、多形式的高等教育发展体系。[②]

在第二次高等教育布局调整过程中，浙江省通过高教园区建设，有效拓展了高等教育发展空间。在杭州下沙、滨江、小和山和宁波、温州等地以及浙大紫金港设立了六大高教园区，集中建设了一批高校，极大地扩展了高等教育办学资源。同时，浙江省创新高等教育办学体制机制，在全国率先创办国有民办二级学院，通过体制创新，22 所国有民办二级学院在较短的时间内成立并获得快速发展，有效缓解了浙江省高等教育资源不足的现实矛盾。经过不到 10 年的时间，浙江省高等教育事业发生了根本性的变化，取得了巨大的发展成就。[③]

（一）高教园区建设推动浙江高教集约化发展

1999 年 7 月，浙江省委、省政府作出了大力发展高等教育的战略决策，其中一项重要举措就是集中力量建设高教园区。从 2000 年 11 月杭州下沙高教园区打下第一根桩开始，到 2007 年，全省相继建成了下沙、滨江、小和山、宁波、温州和浙大紫金港六大高教园区，建成校舍面积 1025 万平方米，累计完成投资近 300 亿元，共有 36 所高校、37 万名学生入驻高教园区。高教园区的建成，全面改善了浙江高等教育的发展环境和办学条件，有力地推动了浙江高等教育事业的集约化发展，使浙江高等教育办学规模

---

① 张彬.浙江教育史[M].杭州:浙江教育出版社,2006:917.
② 张彬.浙江教育史[M].杭州:浙江教育出版社,2006:909.
③ 张彬.浙江教育史[M].杭州:浙江教育出版社,2006:909-910.

得到大幅度扩张。[①]

(二)创办国有民办二级学院优化全省高校布局

1999年4月,浙江省人民政府批复浙江省教委和宁波市人民政府,同意宁波大学用其西校区土地、校舍等资产置换,筹措社会资金,建立国有民办性质的二级学院——宁波大学科学技术学院。

宁波大学科学技术学院

这是一种以全日制普通高校为依托,与市场经济接轨的新型办学模式。这种新型办学模式既不同于新兴的民办高校,也不同于传统的公立高校,而是兼有两者的优势,是对公办和民办两种办学模式的重组和创新。从此,浙江省各地人民政府、各本科院校和社会力量的办学热情空前高涨,纷纷提出了举办国有民办二级学院的申请。在本省优质本科教育资源奇缺,而社会对本科层次高等教育需求又十分强烈的背景下,为了切实缓解浙江高等教育面临的紧迫压力,保护高校和社会的办学热情,浙江省人民

---

① 参见:浙江省教育厅《浙江高等教育发展情况简介》(2009年9月26日发布).

政府决定扩大国有民办二级学院办学试点。在 1999 年 7 月 5 日至 1999 年 10 月 10 日间,全省涌现了 12 所二级学院。到 2000 年,浙江省共有 20 所国有民办二级学院获准建立,成为浙江省本科层次高等教育的中坚力量。2002 年,全省二级学院在校生达 6 万余人,占全省普通高校在校生总数的 30%。2003 年,国家将国有民办二级学院改名为独立学院,浙江省普通高校独立学院进一步扩大规模,全省独立学院的招生数和在校生数分别达到 3 万人和 8.64 万人,分别占全省本科招生数的 36.7%和在校生数的 34.3%,浙江新增近一半的本科招生计划是由独立学院完成的。①

(三)高等职业教育异军突起

1998 年,新组建的教育部高度重视高等职业技术教育,提出可以多渠道、多规格、多模式发展,当年拨出了 11 万个招生指标,在 20 个省市用于发展高等职业技术教育。在此背景下,经教育部批准,浙江省第一所独立设置的高等职业技术学院——金华职业技术学院正式筹办成立,当年招收高职学生 1500 人。②

金华职业技术学院

1999 年,教育部、国家计委联合印发《试行按新的管理模式和运行机

---

①　张彬.浙江教育史[M].杭州:浙江教育出版社,2006:942.

②　张彬.浙江教育史[M].杭州:浙江教育出版社,2006:940.

制举办高等职业技术教育的实施意见》，随后，浙江省政府办公厅转发了省教委、省计经委关于《浙江省试办高等职业技术教育实施意见》，提出要按照国家关于职业技术学院的设置要求，组建若干所上规模、上水平的职业技术学院和普通高校举办的二级高等职业技术教育机构，各市（地区）在增加投入、办好现有所属普通高校的前提下，可集中力量建1所职业技术学院。自1999年起，浙江省高标准地建设了一批高等职业技术学院，以满足浙江快速发展的制造产业对应用型人才的巨大需求。全省先后新建了高等职业技术学院45所，校均占地面积529亩。到2008年，已有6所国家级示范性高职院校，20所省级示范性高职院校和2所重点培育高职院校，浙江的高等职业教育走在了全国的前列，成为浙江省高等教育发展中一支不可忽视的重要力量，既满足了本省经济社会发展对高层次实用型、技能型人才的急需，也满足了一大部分人接受高等教育的愿望。高等职业教育对加快浙江省高等教育大众化进程起到了重要作用。①

### 三、第二次布局调整的成就

浙江省通过第二次高等教育布局的调整，既盘活了高教存量，又大大增加了发展的增量，极大地提高了高等教育的办学规模，从总体上解决了人民群众上大学难的问题，实现了历史性的跨越式发展。高等教育毛入学率由1998年的8.96％上升到2008年的40％，高考录取率已从1998年的35％上升到2008年的75％，快速提升的高考录取率和高等教育毛入学率不仅改变了许多青年学子的人生轨迹，也缓解了社会就业压力，提升了人才层次，促进了经济发展。与此同时，高等教育布局调整大幅度实施，基本形成了以杭州为中心，以宁波、温州为副中心的三大高教中心，其他设区市基本形成"一本一专"或"一本多专"的高校设置格局。高等学校办学体制和管理体制改革深入进行，办学条件得到极大改善，高校师资队伍规模与素质得到全面提升，有力地推动了浙江高等教育现代化建设，也为浙江社会经济现代化建设提供了强有力的智力支持和人才保障。

从1998年到2008年，浙江省高等教育不仅实现了从精英化教育大众

---

① 参见：浙江省教育厅《浙江高等教育发展情况简介》（2009年9月26日发布）。

化教育的跨越,也开始迈入大众化高等教育发展阶段的后期。2008 年全省共有普通高等学校 99 所,其中大学建制的高校 11 所,普通本科学院 19 所,独立学院 22 所,普通高等专科学校 4 所,高职院校 43 所(见表 5)。高等教育全日制本专科招生数和在校生数持续增加。2008 年共招生 26.57 万人,研究生招生 13691 人,其中博士生招生 1864 人,硕士生 11827 人,本科招生 12.99 万人,高职(高专)招生 13.58 万人;在校生 83.22 万人(参见图 3),毕业生 20.32 万人,普通高等学校(不含独立学院)校均规模为 10808 人,是 1998 年校均 3335 人规模的 3 倍;全省普通高等学校教职工 7.6 万人,其中专任教师 4.78 万人,生师比 17.4∶1;普通高校校舍建筑总面积 2681.59 万平方米,生均校舍建筑面积 32.2 平方米;藏书 6623.36 万册,生均 79.6 册;仪器设备值 89.53 亿元,生均仪器设备值 10759 元。高等教育的快速发展,也极大地提升了浙江人口的整体素质,到 2008 年,浙江每万人中本专科生数达到 163 人,比 1998 年的 25.5 人增长 6.4 倍。[①] 以上各分类统计数据详见表 6~表 8。

表 5　2008 年浙江省普通高校分类　　　　　　单位:所

| 按办学类型分 | 大学 | 学院 | 独立学院 | 专科 | 高职 |
|---|---|---|---|---|---|
| | 11 | 19 | 22 | 4 | 43 |
| 按隶属关系分(不含独立学院) | 部属 | 省属 | | 市属 | 民办高校及合作办学 |
| | 2 | 38 | | 24 | 13 |

数据来源:浙江省教育厅《浙江高等教育发展情况简介》(2009 年 9 月 26 日发布)。

表 6　1998—2008 高等教育毛入学率、普通高考录取率统计表

| 项　目 | 1998年 | 1999年 | 2000年 | 2001年 | 2002年 | 2003年 | 2004年 | 2005年 | 2006年 | 2007年 | 2008年 |
|---|---|---|---|---|---|---|---|---|---|---|---|
| 浙江省高等教育毛入学率/% | 8.96 | 11.5 | 13 | 15 | 20 | 25 | 30 | 34 | 36 | 38 | 40 |
| 全国高等教育毛入学率/% | 9.8 | 10.5 | 11.5 | 13.5 | 15 | 17 | 19 | 21 | 22 | 23 | 23.3 |

数据来源:a.浙江省教育厅《浙江高等教育发展情况简介》(2009 年 9 月 26 日发布)。b.教育部发布的 1998—2008 年《中国教育事业发展统计公报》数据。

---

① 　数据来源:浙江省教育厅《2008 年浙江教育事业发展统计公报》(2009 年 2 月 26 日发布)。

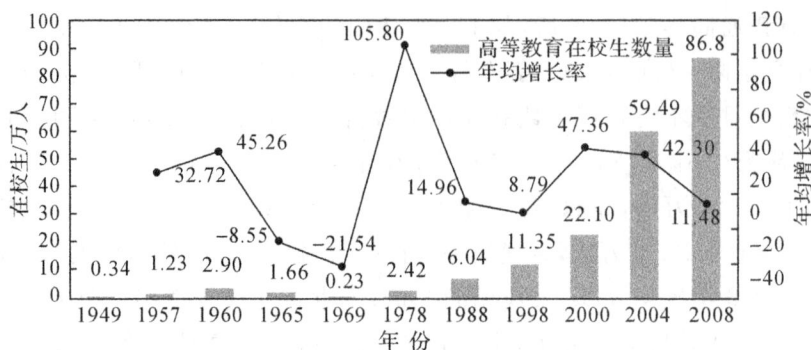

图 3    浙江省高等教育在校生人数变化图

资料来源:浙江省教育厅《浙江高等教育发展情况简介》(2009 年 9 月 26 日发布)。

**表 7    2008 年浙江省普通高等教育招生、在校生分类**

| 分类方法 | 类别 | 招生数 | | 在校生数 | |
|---|---|---|---|---|---|
| | | 人数 | 占比/% | 人数 | 占比/% |
| 按办学层次分 | 研究生 | 13691 | 4.9 | 35812 | 4.1 |
| | 本科 | 129863 | 46.5 | 466909 | 53.8 |
| | 专科 | 16166 | 5.8 | 49596 | 5.7 |
| | 高职 | 119667 | 42.8 | 315719 | 36.4 |
| 按办学体制分 | 公办 | 196622 | 70.4 | 593805 | 68.4 |
| | 民办 | 82765 | 29.6 | 274231 | 31.6 |

数据来源:浙江省教育厅《浙江高等教育发展情况简介》(2009 年 9 月 26 日发布)。

**表 8    浙江高等教育关键性教育指标数值变化**

| | 1949 年 | 1957 年 | 1978 年 | 1998 年 | 2008 年 |
|---|---|---|---|---|---|
| 普通高校数 | 4 所 | 8 所 | 20 所 | 32 所 | 99 所 |
| 普通本专科在校生数 | 3400 人 | 12370 人 | 2.4 万人 | 11.35 万人 | 83.22 万人 |
| 每万人普通本专科生数 | 1.49 人 | — | 6.4 人 | 25.5 人 | 163 人 |
| 普通高校专任教师数 | — | 1816 人 | — | 1.18 万人 | 4.78 万人 |

数据来源:浙江省教育厅《浙江高等教育发展情况简介》(2009 年 9 月 26 日发布)。

### 四、第二次布局调整的特点

高教园区建设是浙江省第二次高等教育布局调整的鲜明特点。浙江省是我国高教园区建设的先行省。20世纪90年代,浙江省的高校普遍规模较小,占地较少,很多是"袖珍大学",占地面积在100亩以下,最小的只有41亩,这批高校校均规模不到3000学生。[①] 要加快浙江省高等教育事业发展,就必须扩大办学规模,而要扩大办学规模,就要先解决办学空间问题。浙江省委、省政府主要领导在多次调查研究后,决定建设若干高教园区。1999年7月,时任浙江省委书记的张德江带队到省内14所高等学校进行调研,调研意见认为,浙江省高等教育严重滞后于经济社会发展,必须要下大决心来解决这一制约浙江经济社会长远发展的大问题;建议通过建设"大学城",集中解决一批高校的办学空间问题,在"大学城"内实现教育设施的共享,优化教育资源的配置。[②]

2000年2月,浙江省决定在杭州的下沙、滨江、小和山和宁波、温州等地集中建设6大高教园区。规划占地总面积3.95万亩,校舍建筑面积1138万平方米。[③] 会议要求把园区建设项目列为重点工程,各级领导应高度重视,鼎力支持,有关部门在土地征用、项目审批、规费减免等方面应予特事特办,优先优惠。2000年2月11日,浙江中医学院率先告别闹市迁入高教园区,拉开了浙江省高教园区发展的序幕。[④]

（一）下沙高教园区

下沙高教园区位于下沙杭州经济技术开发区,是浙江省规模最大的高教园区。2000年12月,下沙高教园区正式启动建设,规划建设用地10.91平方公里,总建筑面积480万平方米,项目总投资86亿元人民币,计划安排15所高校,能容纳在校大学生16万人。2001年9月,高教园区一期工

① 季诚钧,雷炜,杨德广.关于浙江省新制二级学院的考察与分析[J].浙江高等教育,2004(1):29.

② 张彬.浙江教育史[M].杭州:浙江教育出版社,2006:944.

③ 侯靖方.日出江花红胜火——1999—2002年浙江教育发展报告[M].杭州:浙江教育出版社,2004:58.

④ 张彬.浙江教育史[M].杭州:浙江教育出版社,2006:945.

程西区 4.03 平方公里建设完工,总建筑面积 220 万平方米,其中院校教学行政用房面积 121.69 万平方米,学生生活后勤用房 67.7 万平方米,教师宿舍 15 万平方米,完成总投资 34.6 亿元。杭州电子工业学院、浙江工程学院、中国计量学院、浙江广播电视高等专科学校、浙江警官职业学院、杭州职业技术学院等高校正式入驻高教园区并开始对外招生。2002 年,下沙高教园区二期东区 6.88 平方公里用地开始建设,总建筑面积约 300 万平方米,总投资 46.8 亿元。二期工程安排杭州商学院、浙江财经学院、杭州师范学院、浙江水利水电专科学校、浙江经贸职业技术学院(筹)、浙江金融职业技术学院(筹)、浙江经济职业技术学院(筹)、浙江育英职业技术学院 8 所高校入驻。到 2011 年,下沙高教园区入住师生接近 35 万人。

(二)小和山高教园区

小和山高教园区位于杭州城西留下镇,处于西溪湿地的覆盖范围。2001 年,小和山高教园区建设正式启动实施,园区规划总面积 8000 亩,先期投资 23 亿元。小和山高教园区风光秀丽,林泉辉映,国家级森林公园镶嵌其中。目前,入驻园区的学校有浙江工业大学、浙江外国语学院、浙江科技学院、杭州外国语学校、浙江特殊教育职业学院、浙江长征职业技术学院等院校。园区从 2001 年开建,一直处于边建设、边教学、边管理的状态。目前浙江工业大学屏峰校区还未全部建成,土地使用率约五成。园区目前约有学生 4.5 万余人,教工 5000 余人。

(三)滨江高教园区

滨江高教园区位于杭州市滨江区浦沿镇,坐落在钱塘江大桥南岸,与我国著名风景名胜——六和塔与九溪遥遥相对。园区用地规模 1.73 平方公里,是浙江最早建成的省级高教区。园区内有浙江中医药大学、浙江医学高等专科学校、浙江警察学院、浙江艺术职业学院、浙江商业职业技术学院与浙江机电职业技术学院 6 所高校,师生 4 万余人。各高校所设专业涉及理、工、文三大门类,涵盖商业、法律、管理、机电、计算机、医、药、公安、艺术等学科,入园高校之间在文献资料收藏上也有很强的互补性。[①]

---

① 钟贤,朱宇峰,潘艳云等.从兼职类型看校园打工族在高校中扮演的角色——以杭州滨江高教园学生为例[J].成功(教育),2012(11):51-52.

（四）浙大紫金港高教园区

浙江大学紫金港高教园区位于杭州城西部塘北地块，毗邻西溪风景区。在世纪之交，浙江大学前后投资近60亿元建了一座现代化、网络化、园林化、生态化的大学校园——紫金港校区。紫金港校区分东、西两区，其中东区于2001年9月开工兴建，占地面积3192亩，总建筑面积约107万平方米；西区建设于2009年开始启动，规划建设用地约2420亩，总建筑面积约157万平方米。整个紫金港校区容纳浙江大学27个院系，约2.6万学生。其中西区主要承载高水平科研、高层次教学和社会服务与辐射功能，建筑按照学科群的特点采用"组团式"结构加以规划，以研究平台、交叉中心为基础组织学科群建筑空间，生活区与学科群就近布置、与教学区滚动发展，形成"研究型社区"模式。紫金港校区建设工程高起点规划、高水平设计、高标准建设，硬件设施先进、齐全、实用，实现了"现代化、园林化、网络化、生态化"的建设目标。

（五）宁波高教园区

宁波高教园区分南区和北区两大部分，南区位于鄞州中心区首南街道，与宁波鄞州南部商务区相邻；北区位于甬江中游北岸，处在江北区、镇海区交界区域，围绕宁波大学原校园规划建设。1999年9月，宁波市委、市政府作出实施"科教兴市"一号工程的战略决策，进一步加大对教育和科技的投入，把建设宁波高教园区作为实施"科教兴市"一号工程的重中之重。2000年3月，高教园区南区率先规划建设，到2002年12月，建筑面积110余万平方米，总投资38亿元的宁波高教园区南区基本建成，浙江万里学院、浙江大学宁波理工学院、宁波诺丁汉大学、宁波城市职业技术学院、宁波卫生职业技术学院、浙江医药高等专科学校6所院校先后落户其中。[①] 随着宁波鄞州区中心城区的建设，宁波南高教园区现已与鄞州中心城区融为一体。高教园区北区以宁波大学为主体，现有宁波大学科学技术学院、宁波工程学院、浙江纺织服装职业技术学院等4所高校，有师生6万余人。随着宁波城市整体建设进程的加快，目前宁波北高教园区也与宁波城市融为一体。

--------

① 陈敏.宁波建起全国第一个高教园区[N].宁波日报,2008-10-21(A06).

（六）温州高教园区

温州高教园区于 2000 年 12 月动工建设,位于瓯海区茶山街道,在金丽温与甬台温高速的出口,交通十分便利。园区规划面积 5000 亩,其中中心区占地 600 亩,布置图书中心、演艺中心、商务中心、学子广场、大型绿地等公建设施,通过共建共享、分建共享,以实行教育资源的优化配置,最大限度地发挥教育资源的使用效益,集中体现"大学城"的建设理念。目前有温州医科大学、温州大学、温州肯恩大学、温州商学院、温州医科大学仁济学院、温州大学瓯江学院、温州职业技术学院 7 所院校入驻办学,在校生5.5 万多人,教职工 5000 余人,专业涵盖文、法、教、管、理、工、医、艺术等多个学科门类,成为温州高等教育人才培养的核心基地。

浙江省通过六大高教园区建设,在高等教育的硬件方面,极大地改变了高校过去存在的规模小、空间小、办学效益低的状况,为 21 世纪初浙江高等教育办学规模的快速扩张和浙江省高等教育大众化进程的快速推进提供了强有力的保障。从建设机制上来看,在高教园区的建设过程中,社会各方面大规模、多形式地参与高教园区的建设,为浙江高等学校建设体制机制的改革探索了一条新路。高教园区的建设,对浙江高等教育的发展产生了深远的影响。

浙江省高等教育通过 1999—2008 年十年时间的快速发展,依托六大高教园区建设,形成了以杭州为中心,以宁波、温州为副中心,其他设区市具有"一本一专"或"一本多专"的高校分布格局。高教园区的建设进一步强化了以杭州为中心、以宁波、温州为副中心的浙江省高等教育的核心布局,促进了浙江省高等教育资源在三个中心城市的集聚。但与浙江省全省活跃的经济社会发展对高等教育的需求相比,这一高教布局结构还不能够充分满足区域经济社会发展的需求。一方面,高等教育资源尤其是优质高等教育资源主要集中在杭州,在杭高校 48 所,占全省高校总数的 48％;高教资源近 70％集中于杭州、宁波、温州三个中心城市。另一方面,绍兴、金华、嘉兴等地市也都急切希望发展高等教育,打破现有高等教育资源布局。同时,以慈溪、诸暨、义乌、富阳、上虞、海宁、临海、桐乡、德清等为代表的经济强县出于县域经济社会转型发展与可持续发展的考量,也都表现出愿意出地、出资引进高等学校,推动县域经济社会创新发展的强烈愿望,这使得浙江省传统的高等教育布局结构面临新的挑战。

第二次调整后的浙江省高等教育布局总体还较为集中,与兄弟省份相比,江苏省不但南京、苏州、无锡、常州、徐州五大中心城市是高教强市,南通、淮安、镇江、扬州、盐城等一般城市的本科院校也均在 2 所以上,另外还拥有不同数量的高职院校。安徽省不但省会合肥和中心城市芜湖、蚌埠是高教强市,马鞍山、淮南、淮北等城市的高等教育也均强于浙江省的大多数设区市。山东省除济南、青岛、烟台等中心城市外,泰安、威海、济宁、潍坊等城市也均是高教强市。在江苏,部分经济强县已经有高校落户办学,在经济强县适度发展高等教育,已经成为一种成功的办学实践。如昆山有苏州托普信息职业技术学院、昆山登云科技职业学院、硅湖职业技术学院等高校,江阴有江阴职业技术学院等高校,张家港有沙洲职业工学院、江苏科技大学(张家港校区)等高校,常熟有常熟理工学院等高校。

2008 年后,随着由美国次贷危机引发的全球经济危机的爆发,浙江省经济发展面临着结构优化和转型升级的迫切要求。与此同时,随着人民生活水平的提高,人民群众对高质量高等教育的需求日趋旺盛。虽然经过十多年时间的快速发展,浙江省高等教育取得了巨大的办学成就,但与经济社会发展的巨大需求相比,尤其是与各设区市和各经济强县引进、发展高等教育的强烈需求相比,浙江省高等教育在整体布局、发展质量、办学模式等方面还需要推进改革、持续发展。2008 年以后,随着经济发展新常态和高等教育发展新常态的到来,以绍兴、嘉兴为代表的其他设区市和以"百强县"为代表的经济强县都产生了引进高等学校落户本地的强烈愿望,浙江省高等教育发展已进入一个以地方政府出地、出资,高校落户县域发展为特征的第三次布局调整期。

## 本章小结

从 1952 年上半年至 1955 年底,我国进行了大规模的高等学校院系设置调整工作,对以原浙江大学为重点的高校院系进行了调整。到 1957 年底,浙江省仅有普通高校 8 所。十年"文革"期间,浙江省高校从 1966 年到 1969 年连续 4 年没有招生;1970 年之后实行工农兵学员上大学制度。

恢复高考后,浙江省高等教育获得了稳定发展。20 世纪 80 年代初期到 90 年代后期,以宁波、温州等地市级中心城市兴办高等院校为标志,开始了浙江省恢复高考后的第一次高等教育布局调整,有力地推动了精英化时代浙江省高等教育的发展。中心城市办大学是浙江省第一次高等教育布局调整的特点。

从 1999 年到 2008 年左右,以六大高教园区建设、国有民办二级学院兴办和高职院校的兴起为标志,浙江省完善了以杭州为中心,宁波和温州为副中心的高等教育布局,并在其他中心城市形成了"一本一专"或"一本多专"的办学格局。高教园区建设是浙江省第二次高等教育布局调整的鲜明特点。

# 第三章　浙江省高等教育第三次布局调整的背景与特征

　　2008 年以后，以高等学校大规模落户县域办学为标志，浙江省高等教育进入第三次布局调整期。在这一阶段，随着高等教育大众化前期部分中心城市高等教育的快速发展和不断壮大，高校办学场地紧张的问题再次成为制约其进一步发展的重要因素，通过整体搬迁或部分搬迁，拓展新的办学空间，解决老校区办学场地紧张、事业发展受限的问题，成为杭州、宁波等高校相对集中城市的必然选择，中心城市的高校呈现出向周边县域外迁的趋势。

　　尤其是对独立学院而言，由于教育部 2008 年 4 月 1 日起施行的 26 号令明确规定，独立学院需提供 500 亩土地并拥有国有土地使用证，但浙江省大部分独立学院都满足不了这个条件，在中心城区很难找到适合高校扩展的大面积发展用地。在这样的情况下，许多独立学院不得不谋求向外发展，加速了以"县域办学"为特征的第三次高等教育布局调整的进程，浙江省以杭州为中心，以宁波、温州为副中心，其他设区市"一本一专"或"一本多专"的高等教育布局结构正在被日渐打破。

## 第一节　高等学校"县域办学"的背景分析

　　"县域办学"是浙江省自高考恢复以来的第三轮高等教育布局调整最鲜明的特征。据笔者统计，2008 年以后是浙江省高校"县域办学"的高峰期，有 8 所公办本科高校的县域校园、3 所民办本科高校的县域校园、12 所独立学院的县域校园和 11 所高职高专院校的县域校园都是在 2008 年以后建设的，占浙江省全部 42 所高校县域校园的 81%。

高校布局结构的形成与演化是一个极其复杂的过程，受到高教系统内外各种错综复杂因素的影响，"高等教育的历史很多是由内部逻辑和外部压力的对抗谱写成的"①。就浙江省高等学校"县域办学"而言，这是在内外部多重因素影响下形成的办学现象，而经济发展新常态和高等教育发展新常态是两大主要背景。

## 一、我国经济进入新常态发展阶段

### （一）国家经济发展呈现出"新常态"

改革开放 40 多年来，我国经济高速发展，已经成为世界第二大经济体和第一贸易大国。随着国民经济总量的不断增大，支撑经济社会高速发展的自然资源、人力资源、制度安排和经济政策等要素正在发生重大变化。这些内在影响，加上外部因素的影响，使我国经济自进入 21 世纪以来呈现逐级放缓的态势。2003—2007 年的 5 年间，经济年均增长 11.6%；2008—2011 年的 4 年间，经济年均增长 9.6%；2012 年经济增长率为 7.8%，下滑明显；2013 年 7.7%，2014 年 7.4%，2015 年 6.9%，2016 年 6.7%。从图 4 可见，自 2010 年以后，我国经济增长率逐年下降。其实，这种下滑在时间上应该从 2008 年算起，2010 年的经济增长的根本动力是国家大幅度增加投资，是靠投资拉动的暂时性增长，并不是经济发展的内在客观逻辑。

"新常态"是习近平同志 2014 年 5 月在考察河南的行程中提出的一个新命题。他说："中国发展仍处于重要战略机遇期，我们要增强信心，从当前中国经济发展的阶段性特征出发，适应新常态，保持战略上的平常心态。"②从我国经济增长数据及增长方式的变化来看，2008 年左右，我国经济发展呈现出"新常态"特征，新常态意味着不同以往，新常态也意味着经济发展进入到一个新的时期。经济发展新常态就是指经济增长从高速增

---

① ［美］克拉克·克尔.高等教育不能回避历史——21 世纪的问题[M].王承绪，译.杭州：浙江教育出版社，2001：32.

② 新华网.习近平首次系统阐述"新常态"[EB/OL].（2014-11-09）[2020-08-22].http://www.xinhuanet.com/world/2014-11/09/c_1113175964.htm.

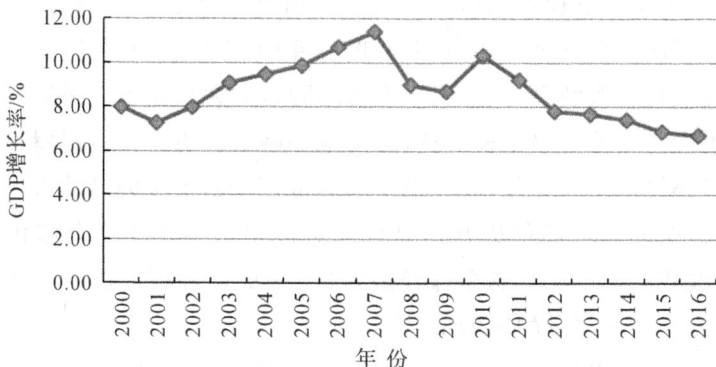

图 4 2000—2016 年中国 GDP 年增长率

数据来源：国家统计局发布的 2000—2016 年国民经济与社会发展统计公报。

长转为中高速增长，经济结构面临优化升级，从规模速度型粗放增长转向质量效率型集约增长；经济结构从增量扩能为主转向调整存量、做优增量并举的深度调整；发展方式从要素驱动、投资驱动转向创新驱动，概括地说就是"速度变化、结构优化、动力转化"。

新常态往往也伴随着新矛盾、新问题、新挑战。经济发展方式的变化对高等教育发展与布局提出了新要求，习近平总书记特别强调，要更加注重加强教育和提升人力资本素质，更加注重科技进步和全面创新。李克强总理特别指出，没有高素质的人才资源，实现转型升级、全面建成小康社会就缺乏根基。刘延东副总理明确提出，认识新常态、适应新常态、引领新常态，是当前和今后一个时期经济发展的主旋律，也是教育工作的大逻辑。必须认识到高等教育是科技第一生产力和人力第一资源的重要结合点，也是经济社会发展的智力基础。高等教育既要适应和引领经济发展的新常态，又要分析自身发展面临的新阶段、新特征、新常态。[①]

（二）次贷危机加速了经济新常态的到来

次贷危机是 2007 年夏季开始由美国次级房屋信贷行业违约问题而引发的国际金融危机。美国自从 2005 年第二季度以后，国内住房市场开始

---

① 杜玉波. 把握新常态下的高教发展[N]. 光明日报，2015-03-02(02).

大幅降温,民众通过投资购房进行资产保值增值的意愿大幅下降,房地产价格随之回落。在截至 2006 年 6 月的两年时间中,美国联邦储备委员会连续 17 次加息,将利率从 1% 提升到 5.25%,大大加重了美国贷款购房者的还贷压力。随着住房价格下跌,美国很多购房者更难以将房屋出售或者通过抵押获得贷款。受此影响,很多次级抵押贷款市场的借款人无法按期偿还借款,次级债市场危机开始显现并愈演愈烈。在经济全球化的背景下,美国次贷危机迅速影响全球经济发展,并从金融领域扩散到实体经济领域,酿成了一场严重的国际金融危机。[①]

由次贷危机引发的国际金融危机给我国经济社会发展带来了严重影响,对我国以出口导向型经济为主的沿海发达地区影响尤为严重。投资、出口、消费是拉动我国经济并保持高速发展的三驾马车,长期以来,出口的高速增长一直是拉动我国经济增长的重要因素。2007 年,出口占国内生产总值的比重达到 37.15%。但 2008 年,中国的出口实际增长率大幅回落到 8%~9% 的水平。随着金融危机影响的不断扩大,发达国家居民消费信心严重不足,进口需求大幅回落,这对中国出口产生不利影响。与此同时,2008 年人民币升值近 7%,国内原材料价格和劳动力成本也保持上涨态势,导致中国出口商品的国际竞争力下降,2008 年以后中国的出口增速明显放缓。[②] 同时,金融危机对我国实体经济和社会就业也影响巨大,实体经济受金融危机影响,企业用工需求明显下滑,国内就业压力进一步加大。

面对日益严峻的金融形势,我国政府迅速调整政策,采取积极措施加以应对。一方面国家实施积极的财政政策和适度宽松的货币政策,通过增加政府支出来扩大社会总需求,通过宽松的货币政策来拉动作为经济发展"三驾马车"之一的国内消费,努力实现由出口拉动型经济向内需推动型经济转换。同时,国家大力发展县域经济,引导富余劳动力向非农产业和城镇有序转移,推动乡镇企业和小城镇发展。国家密集出台了加快自主创新和结构调整的系列产业发展政策,支持高技术产业化建设和产业技术进

---

① 徐克恩,鄂志寰.美国金融动荡的新发展:从次贷危机到世纪性金融危机[J].国际金融研究,2008(10):1.

② 陈洁民.美国次贷危机引发的金融危机对我国的影响及对策[J].北京城市学院学报,2009(4):21.

步。政府发布了汽车、钢铁、石化、船舶、纺织、轻工、有色、装备、电子信息、物流十大产业的调整和振兴规划。帮助这些产业应对国际金融危机的不利影响,促进经济平稳较快发展,增强中国国民经济的可持续发展能力。[①]

(三)浙江省经济发展提前进入"新常态"

浙江省是经济大省、市场强省,但在 2008 年国际金融危机中,浙江省资源短缺、产业粗放、过度依赖外贸的经济发展短板被充分暴露,由于缺乏大产业、大型国有企业等承接国家应对金融危机的投资平台,浙江省在 2008 年早于全国进入到经济发展新常态阶段。2008 年以来,浙江经济发展从高速增长转为中高速增长。2008 年浙江省 GDP 增长率为 10.1%,比 2007 年的 14.7% 大幅下降 4.6 个百分点(见图 5)。经济结构面临优化升级,发展方式正从要素驱动、投资驱动转向创新驱动。

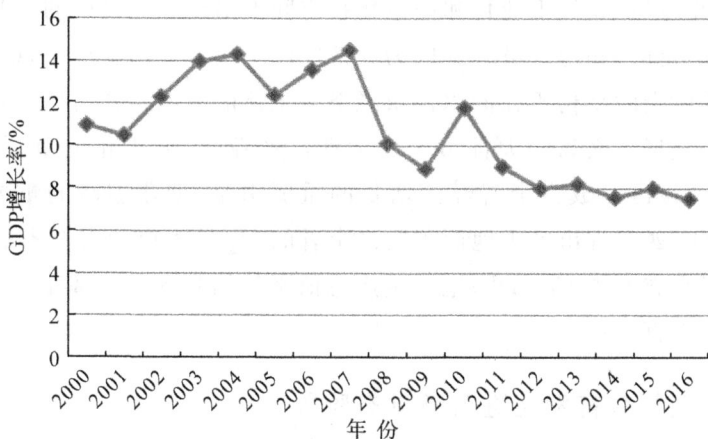

图 5　2000—2016 年浙江省 GDP 年增长率
数据来源:浙江省人民政府发布的 2000—2016 年浙江省国民经济与社会发展统计公报。

浙江省劳动密集制造业和出口经济规模较大,在国际金融危机中受到的冲击影响也较大。浙江经济发展以出口型、加工型和中小型为主要特征,对出口依存度较高。2008 年以后,浙江省经济下行的趋势更加明显,从表面上或短期来看,外部环境的急剧变化尤其是由美国次贷危机引发的

---

① 陈志武.中国如何应对美国金融危机[J].中国新闻周刊,2008(9):1.

全球经济增长减缓是重要原因,其实质则是产业层次低、企业规模小、自主创新能力弱的内在反映。以往那种"高投入、高消耗、高污染、低产出"的粗放发展模式已经难以为继,经济若不转型就会面临生存和发展问题,产业若不升级就会在激烈的市场竞争中被淘汰,浙江的经济就不可能实现平稳可持续发展。在国际市场需求大幅萎缩的情况下,产能过剩与产业竞争力不足的矛盾凸显。因此,无论是应对国际金融危机,还是保持经济可持续增长,浙江都必须坚持转型发展,即通过结构调整、产业升级、技术创新与节能减排,解决浙江经济自身存在的劳动密集型产业和出口经济规模过大,产业及产品层次偏低的问题。

推动产业集聚、促进县域经济向都市型经济转型发展成为浙江省应对国际金融危机的重要办法。县域经济为浙江经济的起飞作出了巨大贡献,但 2008 年以后,浙江工业化和城市化在空间上出现融合发展的新趋向,都市圈和城市群已超越经济强县成为经济空间集聚发展的新形态,以县域经济为主体的空间结构正在向以都市经济为主体的空间结构转型。杭州、宁波、温州、金华—义乌四大都市区成为浙江产业化、城市化的重要空间载体,产业集聚区已成为全省经济增长的重要引擎、创业创新的重要高地。到 2016 年,四大都市区土地面积约占全省的 38%,人口约占全省的 46%,但集中了全省 65% 的 GDP;地区生产总值平均增长 8.3%,高出全省平均水平约 1 个百分点。[①]

## 二、高等教育发展进入新常态阶段

改革开放 40 多年来,特别是从 20 世纪末开始,我国高等教育经历了历史性的跨越式发展,高等教育的大众化水平持续稳步提升。到 2008 年,我国高考报名人数达到 1050 万人的顶峰,之后逐年下降,而随着高考人数的逐年下降,高等教育发展的后大众化特征也逐步显现。

(一)高等教育发展进入到后大众化发展阶段

就全国而言,1999 年是中国高等教育大众化的起点,其标志是国家高

---

① 浙江在线. 经济转型升级的浙江经验[EB/OL]. (2017-06-01)[2020-09-15]. https://zjnews. zjol. com. cn/ztjj/zjddh/dlfj/201706/t20170601_4153297. shtml.

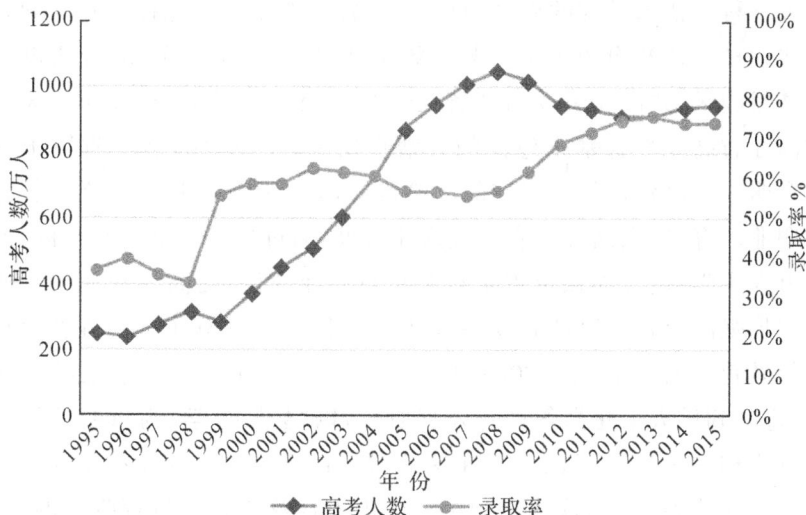

图 6　1995—2015 高考人数与录取率折线图

数据来源：2017 年高考招生调查报告。

校扩招政策的出台，并由此引发了高等教育基于办学规模扩张需求而产生的变革。高教园区建设在全国各地开始涌现，地方高等教育、高等职业教育、民办高等教育获得了快速发展，作为高等教育新型办学组织形式的国有民办二级学院开始在全国各地涌现。经过近 10 年的高速发展，2008 年中国的高考毛入学率达到 25％，当年高考考生数量达到峰值（参见图 6），教育行政部门和社会对规模高速扩张后的高等教育开始从对量的扩张要求转向关注对质的提升。2008 年，教育部出台了《独立学院设置与管理办法》，对扩大高等教育起到了重要作用，但对办学质量与办学规范存在较多问题的独立学院办学提出了规范性政策措施。2008—2012 年是我国高等教育从规模高速扩张期转向以质量提升为重点的大众化后期的过渡时期。2012 年，中国的高考毛入学率达到 30％，开始全面进入到高等教育后大众化发展阶段，高等教育发展的量的扩张压力已经减轻，而提升办学质量成为高等教育发展的核心问题。为此，教育部出台了《关于全面提高高等教育质量的若干意见》（教高〔2012〕4 号），以全面加强高校内涵建设，鼓励高校特色发展，提升中国高等教育发展质量。

　　浙江省高等教育在大众化阶段获得了快速的发展。1999 年 4 月，以宁波大学科学技术学院的创办为标志，浙江省在全国率先探索独立学院办学模式改革。1999年9月，宁波市委、市政府率全国之先，决策建设宁波市南高教园区，并由此引发浙江省几大高教园区建设工程，推动了大众化阶段浙江省高等教育基本建设的大踏步发展。2002年，浙江省第十一次党代会明确提出建设教育强省的战略目标，通过加快发展普通高等教育和高等职业教育，提高高等教育的大众化程度；通过建成一批高教园区，形成一批万人大学；通过加强重点学科和重点专业建设，提高教育质量。通过一系列加强高等教育改革和发展举措的实施，浙江实现了从高等教育小省到高等教育大省的转变。2008年浙江省高等教育毛入学率就已经达到40％，进入到后大众化高等教育发展阶段，以"县域办学"为重要特征的高等教育机构进一步下沉也正好在这一时期出现。2012年，浙江省高等教育毛入学率达到50％，成为全国第一个迈入普及化高等教育阶段的省份。见图7。

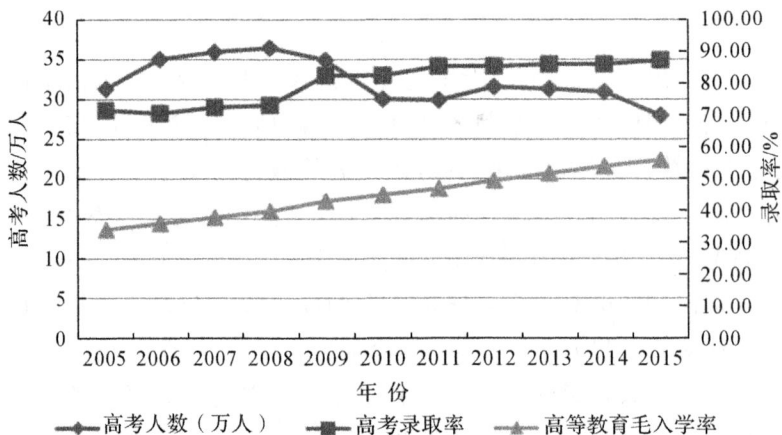

图7 浙江省2005—2015年高考人数、高考录取率与高等教育毛入学率折线图

数据来源：浙江省教育考试院以及浙江省历年教育统计公报。

大众化初期高等教育的变革是以高等学校招生规模的扩张为导向的变革，而后大众化阶段高等教育变革的重点在提高高校人才培养的质量，以及推动不同类型高校办学特色的形成。在后大众化高等教育阶段，高等教育规模扩张面临终结，发展方式从外延式发展向内涵式发展转型，高等教育机构进一步下沉。后大众化阶段的我国高等教育,人才市场的供需关系由高校为主导的供给驱动向行业企业为主导的需求驱动转变;高等教育的角色定位从支持服务逐步转向服务和引领同步。[①] 在这一阶段,高等教育的发展已从"量的扩张为主"转向"质的提升为重",优化高等教育发展布局,克服高校办学同质化倾向,探索建立高校分类发展体系,促进高校找准定位、办出特色,成为后大众化阶段高等教育改革发展的重要内容。把握这一阶段高等教育的发展特征,对更好地推进我国高等教育事业的改革发展具有重要的意义。

(二)教育行政部门推动高校分类发展

推进高校找准办学定位、实现分类发展是国家教育综合改革的重要任务,国家推动高校分类发展是这一轮高校"县域办学"的重要因素。当前,我国高等教育的发展已经从注重量的扩张转向注重质的提升,"全面提高高等教育质量"成为我国高等教育在新的发展阶段的根本任务和终极目标。[②] 在这一发展背景下,推动高等学校分层分类发展成为高校"县域办学"的重要影响因素。《国家中长期教育改革和发展规划纲要(2010—2020年)》提出,高等教育应当优化结构,建立高校分类体系,实行分类管理,以促进高校在不同层次、不同领域办出特色;《中共中央关于深化改革若干重大问题的决定》指出,应当"加快现代职业教育体系建设,深化产教融合、校企合作,培养高素质劳动者和技能型人才。创新高校人才培养机制,促进高校办出特色、争创一流"。以高校分类发展为指导,全国部分省份出台了具体的、有针对性的高校分类发展指导与评价意见。

上海是国家教育综合改革的试点市,2015 年 12 月 28 日,《上海高等教育布局结构与发展规划(2015—2030 年)》正式发布,为上海未来 15 年的高教发展指明了方向。规划提出,上海将立足人才培养需求,调整优化高校布局结构。围绕经济转型升级、产业结构调整和未来发展需要,将除军事学以外的 12 个学科门类归集为哲文史教、经管、法学、理工农、医学、艺术学 6 大类别。到 2030 年,上海高等教育全面进入普及化发展阶段,人才培养规模达到 140 万人。上海将构建高校分类发展体系,推进教育治理

---

① 杜玉波.把握新常态下的高教发展[N].光明日报,2015-03-02(02).

② 史秋衡.国家高校分类体系及其设置标准实证研究[M].北京:科学出版社,2016:5.

现代化。按照高校人才培养主体功能和承担科学研究类型等差异性,将高校划分为"学术研究""应用研究""应用技术"和"应用技能"四种类型(表9);按照高校主干学科门类(本科与研究生)或主干专业大类(专科)建设情况,将高校划分为"综合性""多科性""特色性"三个类别(表10),并由此形成二维"十二宫格"的上海高校分类发展指导体系。同时,上海将通过合并组建、调整撤并、新设增设、中外合作、二级学院独立运行等多种方式,进一步优化高等教育布局与结构,提升学科专业发展水平,促进上海高等教育分类发展、特色发展和多样化发展。

表 9　上海高等学校"二维"分类标准

| 指标 | 指标表述 | 学术研究型 | 应用研究型 | 应用技术型 | 应用技能型 |
|---|---|---|---|---|---|
| 研本比 | 研究生在校生/本科生在校生数 | ≥0.7∶1 | ≥0.2∶1 | ≥0 | 0 |
| 应用型研究生比例(预期) | 应用型研究生数/研究生总数 | >25% | >50% | >75% | 0 |
| 博士点集中度(一级学科) | 博士学位点数/学校学位点(含本硕博)总数 | ≥30% | >0 | ≥0 | 0 |
| 基础性科研投入占比 | 基础研究投入经费/当年科研投入经费 | ≥30% | ≥10% | ≥0 | — |
| 师资结构特点 | | 拥有一批具有国际影响力的一流教研人员 | 拥有一批具有海外研习经历的高水平教研人员 | 拥有一批具有行业、产业实践经历的高水平"双师双能型"教师 | 以符合"双师双能型"要求的教师为主体 |
| 人才培养目标定位 | | 以培养学术研究人才为引领,可授予博士、硕士和学士学位 | 以培养应用研究与开发人才为重点,可授予博士、硕士和学士学位 | 以培养专业知识和技术应用人才为主体,一般可授予专业研究生和学士学位 | 培养专科层次操作性专业技能人才 |

资料来源:《上海高等教育布局结构与发展规划(2015—2030年)》(沪教委发〔2015〕186号)。

表 10　按学科门类(专业大类)集中度情况的分类标准

| 分类 | 学科结构类型 | 综合性 | 多科性 | 特色性 |
|---|---|---|---|---|
| 指标 | 学科的主干学科(门类) | ≥7 个 | 3～6 个 | 1～2 个 |

资料来源:《上海高等教育布局结构与发展规划(2015—2030 年)》(沪教委发〔2015〕186 号)。

浙江省在推动高校分类发展上也作了积极探索。2014 年 12 月,浙江召开全省高等教育工作会议,提出要按照"分层分类、精准定位、突出特色、错位发展"要求,鼓励高校在不同层次、不同领域加快建设,形成特色,提升办学水平,一批高校跻身全国同类前列。为贯彻落实浙江省高等教育工作会议精神的要求,引导促进高校在不同层次、不同领域办出特色、办出一流,浙江省教育厅出台了《浙江省普通本科高校分类评价管理改革办法(试行)》,以推动高校科学定位,集聚优势,特色发展,努力优化浙江省高等教育结构,加快构建现代高等教育体系,实现"不同类型的高校,不同的建设任务、不同的政策支持、不同的考核要求",不断提升高等教育发展水平。浙江版的高校分类发展基本思路是将本科高校按二维结构分类,根据人才培养、学科建设、师资队伍等,分为研究为主型、教学研究型、教学为主型;根据学科门类、专业数量等分为多科性和综合性。全省本科高校分为六种类型。不同的办学类型定位由学校结合自身实际,认真研究,统筹考虑后自主申报,学校类型一旦确定,原则上 3 年内不作调整。省教育厅按照不同的类型对高校进行分类评价,按照研究为主型、教学研究型、教学为主型三类评价指标体系,对各种类型高校相关指标经一定程序进行评价赋分,并汇总形成各个学校的总分。每种类型中的高校,按分数高低排序分出 2～3 个等级,并与财政绩效拨款挂钩,以此来鼓励高校在省内外同类型院校中争先创优。

(三)独立学院面临规范设置与管理的需要

独立学院的规范设置是我国高等教育发展进入新常态阶段所特有的办学现象。独立学院的创办是新形势下高等教育办学机制与模式的一项探索和创新,对扩大高等教育办学规模,满足人们接受高等教育的需求和争取高等教育办学资源起到了积极作用。截至 2009 年 6 月,全国共有独立学院 322 所,在校生数逾 200 万人,成为我国民办高等教育事业的一支主力军。浙江省是我国独立学院的先发地,自 20 世纪 90 年代末以来,伴随着浙江经济社会的快速发展，社会各界对高等教育扩大办学规模的呼声越来越高。以 1998 年为例，作为位居全国第四的经济大省，全省 10 万考生参加高考，仅有 3.52 万人被录取，有 6 万多考生被挡在高校门槛之外。高等教育发展滞后问题严重制约了浙江经济社会的发展，面对经济发展与高教规模倒挂的现实困境，浙江省通过举办独立学院，在全国率先探索了中国高等教育办学体制改革创新之路。2009 年，浙江省的独立学院数达到 22 家，独立学院本科招生数 4.28 万人、在校生数 16.97 万人，分别占全省普通本科招生数和在校生数的 32.2% 和 34.2%，独立学院成为浙江省高等教育的重要组成部分。[①]

"浙江模式"的独立学院是典型的内生型独立学院，所谓内生型的独立学院是指以普通公办高校作为举办主体，主要依托母体学校的教育资源来实施办学的独立学院。浙江省的独立学院一般都是由高校国有民办二级学院转设成立，2008 年，浙江省 22 所独立学院中，内生型独立学院占 19 所。独立学院的"浙江模式"实质上就是高校"国有民办"办学模式，即学校的资产属国家所有，按民办高校的运行机制进行管理，学校按教育成本收取学费，国家不再投入。独立学院共享母体高校的部分师资，并把学费收入的一部分上缴母体，作为土地、校舍、师资等办学资源的使用费，独立学院与母体高校之间合作办学、互利互惠。由于内生型独立学院办学过程中母体学校处于主导地位，大多数这类独立学院走的是一条"依附发展"的办学道路，独立学院在专业学科、师资队伍、教学管理、质量监控等方面大都依附母体学校进行办学。这种"依附发展"在独立学院的创办初期表现出了很大的办学优势。通过依托母体学校的办学品牌、师资队伍、特色专业、管理体系等资源，独立学院在办学初期就能够很快进入规范发展的轨道，办学质量能够得到较好保证，招生规模能够得到快速扩张。[②]

但在进入高等教育后大众化阶段之际，内生型独立学院依附办学的不足之处较为明显地暴露出来。大部分内生型独立学院都是借用母体公办高校的校园开展办学，使得独立学院的法人财产权长期得不到落实，无法保证独立学院科学、可持续的发展。由于长期依托母体办学，独立师资队

---

① 数据来源：浙江省教育厅《2009 年浙江教育事业发展统计公报》（2010 年 3 月 18 日发布）。

② 徐军伟.独立学院"浙江模式"的探索与思考[J].中国高教研究,2010(8):78.

伍严重不足，自身的学科专业建设缺乏，办学内涵建设无法得到持续推进，内生型独立学院要真正实现与母体之间的错位发展十分困难。同时，独立学院以办学资源占用费名义上缴给母体高校的经费一般占到学费收入的30％～60％，剩余能够用于自身发展的办学资金十分紧张。同时，独立学院大部分的办学指标无法达到普通高等学校的设置条件，办学面临着现实的困境。[①]

2008 年 4 月，为规范独立学院的办学行为，教育部出台《独立学院规范设置与管理办法》，要求全国独立学院充实办学条件，规范办学行为，准备用 5 年时间，对全国独立学院办学进行一次规范清理。独立学院要在 5 年过渡期内提出考察验收申请，经省级教育行政部门审核后报教育部组织考察验收，重新核发办学许可证。对符合普通本科高等学校设置标准的独立学院，可申请转设民办高等学校。其中，拥有独立的法人财产权、独立拥有 500 亩办学用地成为独立学院规范设置的核心条件。这使得原来在省会城市和中心城市中靠依附母体公办高校取得办学资源的部分独立学院面临生存危机，而必须寻求新的办学空间，以获得生存与发展。独立学院办学政策的调整与变化也成为这一类高校寻求"县域办学"的直接推动力量。

## 第二节　高等学校"县域办学"的类型分析

落户县域办学是处于高等教育后大众化阶段的浙江高校寻求新发展的现实选择。寻求新的办学空间、推进应用型人才培养、通过服务区域经济社会发展获得更多的办学资源是浙江高校落户县域办学的重要动因。落户县域办学的高校有共同的特点，也有个性化的特点，其办学类型呈现出多元化的特征。

### 一、县域校园的建设时间分类

从高校县域校园的建设时间上来看，大致可以分为高等教育大众化之

---

① 徐军伟.独立与依附：内生型独立学院的两难选择[J].教育发展研究,2013(5):25.

前、大众化开始和后大众化这三个阶段，对应时间大致可以按1999年之前、2000—2007年和2008年之后这三个时间阶段来划分。

（一）1999年前建设的县域校区

在浙江省42所"县域办学"的高校中，有4所高校是在1999年之前就在县域建设校区的，占全部县域办学高校数的9.5％。这一批高校县域校区的建设，都是为了满足特定区域经济社会发展和特定的办学需求而在县域建设的，如浙江农林大学1958年落户临安，公安海警高专1983年落户北仑，宁波职业技术学院1999年落户北仑，义乌工商职业技术学院1993年在义乌创办等。

浙江农林大学

（二）2000—2007年间建设的县域校区

在浙江省42所"县域办学"的高校中，有6所高校是在2000—2007年间在县域建设校区的，占全部县域办学高校数的14.3％。这一批高校县域校区的建设，处在高等教育大扩招之后的高等教育大众化的前期，而浙江省高等教育大众化所需要的办学空间，主要通过高教园区建设来集中解决。这一批高校县域校区的建设基本上是部分县域通过创办高职院校和原中专层次学校合并到高校而完成的，如浙江广厦建设职业技术学院

公安海警高专（现公安海警学院）

义乌工商职业技术学院

宁波职业技术学院

2003年在东阳创建，浙江汽车职业技术学院2006年在临海创建等；原上虞师范学校2000年合并到绍兴文理学院、原校区成为绍兴文理学院上虞分院，原平湖师范学校2000年合并到嘉兴学院、原校区成为嘉兴学院平湖校区等。

浙江广厦建设职业技术学院

（三）2008 年后建立的县域校区

在浙江省 42 所"县域办学"的高校中,有 32 所高校是在 2008 年之后在县域建设的校区,占全部"县域办学"高校数的 76.2%,浙江省有 8 所公办本科高校的县域校园、3 所民办本科高校的县域校园、10 所独立学院的县域校园和 11 所高职高专院校的县域校园都是在 2008 年以后建设的,浙江省高等学校落户县域办学主要也是在这一阶段开展的。这一批高校的县域校区建设,处于 2008 年世界经济危机发生和高校招生规模相对稳定之后,是经济发展新常态和高等教育发展新常态来临之际进行的高校县域校区建设,主要是为了满足高等教育和区域经济社会双重转型发展的需要。

## 二、县域校园的功能性质分类

"县域办学"高校的县域校园分主校区和分校区两种不同的定位,其中主校区又分县域建校主校区和县域迁校主校区两种类型。浙江省 42 所"县域办学"高校中,县域建校的主校区有 10 所;县域迁校的主校区有 15 所,独立学院是县域迁校的主体;县域分校区的有 17 所,大部分公办本科院校的县域校区都是按分校区模式来建设的。

县域建校是指学校在创建之初就把校址选定在县域,这类学校的主校区在建校之时就落户在县域。如浙江农林大学的前身天目林学院于 1958 年创建,在建校之际就把校址选择在县城临安,主要就是考虑到学校能更靠近浙江林业资源丰富的天目山区域。天目山位于临安城北,地质古老,植被完整,历史文化悠久,于 1956 年被国家林业部划为森林禁伐区,作为自然保护区加以保护。1958 年,中共浙江省委决定创办一所高等林业院校,定名"天目林学院",其目的就是为研究与保护天目山的森林资源。义乌工商职业技术学院也是落户在县域的高校,是浙江省第一所由县级市举办的高校,其前身是创办于 1993 年的杭州大学义乌分校。1993 年 2 月,义乌市与杭州大学签订联合办学协议,杭州大学在义乌设立分部。1998 年浙江大学四校合并后,义乌分校如何办学成为一个现实问题。1999 年 7 月,义乌市决定独立筹建义乌工商职业技术学院,设置英语、计算机、文秘、市场营销、旅游管理和工业民用建筑等与义乌区域经济社会发展密切相关

浙江农林大学前身天目林学院

的 6 个专业,开始了由县级市独立举办高校的历史。

县域迁校是指原来在中心城市办学的高校把校园主体迁移到县域进行办学,县域迁校的校园也是按主校区定位的。受国家独立学院规范设置政策的影响,独立学院成为县域迁校的主体。浙江省 15 所县域迁校的主校区当中,有 12 所是独立学院校区。这主要是因为浙江省独立学院大都依附母体高校发展,大都缺乏独立的办学校园或者原有的校园面积达不到教育部独立学院规范设置所要求的最低 500 亩的标准。而独立学院在举办之时,往往都选择在中心城市的母体学校周边,但随着中心城市土地价格的不断上涨和城市化的快速推进,独立学院要在现有办学空间周边扩大校园建设已没有可能。因此,独立学院只能选择离开,利用周边经济强县有意愿出资出地吸引高等学校落户发展的机遇,把校区整体迁移到县域进行发展。浙江财经大学东方学院是浙江省第一所迁址落户到县域的独立学院。1999 年浙江财经大学东方学院经浙江省人民政府批准设立,2004 年由国家教育部确认为全日制本科独立学院。2010 年 9 月,浙江财经大学东方学院从杭州市文华校区整体迁址至浙江省海宁市连杭经济开发区长安新校区。东方学院原有的在杭州市文一路上的文华校区面积只有 200 亩,满足不了学院发展的需要和教育部验收的要求。迁到海宁办学后,由海宁市政府出资建设完成新校园,占地近千亩,建筑面积 31 万余平方米。东方学院离浙江财经大学下沙校区、杭州临平直线距离 10 余公里,学院教学设施齐全,生活设施优良,校园环境幽雅。

浙江财经大学东方学院

县域分校区是指高校的本部校区仍在中心城市,但根据学校发展的需要,在县域建设分校区。大部分公办本科高校的县域校区都是按分校区功能来定位建设的,这类高校经历了高等教育大众化阶段的快速发展之后,办学规模快速扩大,原有在中心城市的办学空间已满足不了未来发展的需要,但同样由于中心城市地价的快速上涨和城市化的快速发展,要在中心城市现有主校区周边通过大规模征地来扩大主校区建设十分困难,结合县域政府发展高等教育的迫切需求,公办本科学校往往愿意把某些功能性校区放到县域办学,如浙江大学的海宁国际校区。为进一步服务国家人才强国战略和创新驱动发展战略,提高浙江高等教育水平和国际影响力,加快浙江大学建设世界一流大学进程,浙江大学于 2013 年 2 月启动筹建浙江大学国际联合学院(海宁国际校区),与嘉兴海宁签署了在海宁共建浙江大学海宁国际校区的合作协议,2017 年 8 月浙大国际联合学院全面竣工交付。

### 三、县域校园的建设出资分类

高校县域校园的建设一般由地方政府无偿提供建设用地,校园建设的投入分地方出资型、高校筹资型、共同出资型、混合出资型这几种类型。

(一)地方出资型

这一类高校县域校区的整体投入都由地方来负担。一般而言,县域经济实力越雄厚、落户县域高校的整体实力越强,则地方政府在高校县域校园建设中的出资比例就越高。如浙江工业大学的德清校区、宁波大学的梅山校区全部由地方政府出地出资完成建造,相关校区资产全部登记在学校名下。

（二）高校筹资型

这一类高校的县域校区,除土地由地方政府无偿或廉价提供外,其校区基本建设投入都由高校多方筹措资金来解决。高职高专类院校在县域校园的建设中往往以自筹经费为主,如浙江医药高等专科学校迁建宁波奉化校区、浙江工贸职业技术学院迁建温州瓯江口校区的基本建设资金大都由自筹解决。

（三）共同出资型

这一类高校的县域校区建设,土地一般由地方政府无偿提供,校区基本建设投入由地方政府和高校按照协议比例来共同负担。地方政府和高校共同出资建设县域校区,是当前高校县域校区建设的主体。地方政府出资比例的多少,往往受地方政府财政实力和高校办学实力所影响,由高校和地方政府按照市场机制谈判商定。中国计量大学现代科技学院迁址桐庐办学,由地方政府与高校共同投入,双方在合作协议中明确,桐庐校区的6.13亿元工程建设资金中,3.27亿元由地方政府承担,其余由学校自筹解决。宁波大学科学技术学院迁址慈溪办学,新校区建设经费以地方政府为主投入,其中慈溪市投入校区建设经费约14亿元,科技学院则投入1亿元建设经费和1亿元校区实验与设备建设经费。

（四）混合出资型

这一类高校的县域校区建设,土地一般由地方政府无偿提供,校区基本建设投入由地方政府、高校和社会出资方按照协议比例来共同负担。目前,这种混合出资型的县域校区在建设还比较少见,其主要原因是作为公益型办学定位的普通高校,社会出资方无法通过正常的途径获得回报收益。社会出资方对学校办学的投入,更多的是通过捐赠形式,在捐赠协议内容中明确合作办学的具体内容方式。① 如宁波大学科学技术学院慈溪

---

① 阙明坤.独立学院混合所有制办学模式研究[J].高等教育研究,2017(3):66.

校区在建设过程中,有校友捐赠 2000 万元,明确用于与其水处理企业相关的共建实验室建设和相关人才培养工作。

在高校县域校区的建设过程中,由于受相关投资政策的限制,地方政府往往不能直接以政府名义出资建设或助建县域校区,一般都通过地方政府全资的国有建设开发公司、教育发展公司等对高校县域校区进行投资建设。但无论县域校区建设是哪一种出资类型,地方政府出资占多大比例,出于高校办学需要,一般县域校区的资产都需要全部注入高校名下,高校拥有县域校区的全部资产(含土地)的法人财产权。但出于对地方利益的合理保护,往往在地方与高校的合作办学协议中作出相关规定,如高校县域校区因故停办,则高校对县域校区的法人财产权自行终止,建设用地由地方政府收回处置,其他校区用房和教学设施设备等根据各方出资情况另行处置。

## 第三节　高等学校"县域办学"的特征分析

对中国这样一个人口大国和高等教育规模世界上最大的国家来讲,由于国情和教情的不同,高等教育的发展有着自身的规律和不同于其他国家的特点。以"县域办学"为重要特征的浙江省第三次高等教育布局调整正在逐步展开,这是我国高等教育发展从大众化进入到普及化发展阶段之际一些县域经济发达省份出现的重要办学现象,是高等教育地方化发展的新动向。高等学校"县域办学"也呈现出市场化、应用型、多元化的特征。

### 一、市场化:高等学校"县域办学"的主要特征

以"县域办学"为特征的浙江省第三次高等教育布局调整,有着与前两次布局调整明显的区别,就是以前的高等教育布局调整主要是受政府计划模式的调控,而高等学校"县域办学"现象的出现,是市场机制主导下的高等教育区域布局调整,市场化特征成为我国后大众化阶段高等学校"县域办学"的最大特征。

市场机制是通过市场竞争配置资源的方式,即资源在市场上通过自由

竞争与自由交换来实现配置的机制,也是价值规律的实现形式。市场机制是一个有机的整体,它由价格机制、供求机制、竞争机制和风险机制等构成。在高校"县域办学"的过程中,市场机制发挥了极为重要的作用,来自市场的推动力量是促使高校落户县域的核心力量,这种市场动力来自高校和地方政府两个市场主体之间的"推拉作用"。

(一)有明确的市场主体

高校和县域政府是高校落户县域过程中的两个市场主体。在经济发展新常态和高等教育发展新常态的大背景下,县域政府出地、出资引进高校落户是基于自身对人才、科技、文化等方面的现实需求。通过引进高校,集聚县域创新资源,助力县域经济转型升级,推进县域新型城市化的建设,带动新建校区周边土地升值开发,吸引高素质年轻群体落户,带动县域创新创业等,是地方政府在引进高校落户过程中的重要考量,是高校选择落户县域的外部拉动力量。同时,在高等教育进入后大众化发展阶段之际,部分高等院校同样面临着寻求新增办学资源、向应用型转型发展、寻找新的办学亮点等一系列现实问题,这是高校选择落户县域的内在推动力量。因此,地方政府与高校之间通过协商谈判,使得高校落户县域,本质上是市场机制发挥了对高等教育资源配置的重要作用。高校与地方政府之间形成的市场动力成为这一轮高等教育地方化的核心驱动力量,市场动力也成为高校办学多样化、个性化的驱动力量,市场化特征成为高等学校"县域办学"的主要特征。

(二)按市场机制协商谈判

高校落户县域的具体政策条件,一般实行"一校一策",这是高校与地方政府两个市场主体之间按照市场化机制协商谈判的结果。在浙江省,根据学校的办学水平、办学层次、办学规模、整体实力的不同,高校在落户县域过程中获得的地方政府优惠条件也大不一样。如浙江大学和宁波大学、浙江工业大学、浙江师范大学这类省属重点建设大学,其县域校区建设一般全部由地方政府买单,县域新校区建设完成后,校区资产全部转到学校名下。同时,地方政府为吸引高校优秀教师也落户县域,鼓励学校面向地方经济社会发展所需加强相关学科专业建设,一般还会在教师人才住房、学科专业建设经费等方面给予这些高校县域校区一定的补助。而民办高校、高职高专院校的县域新校区建设就很难享受到重点高校如此优惠的引进政策。在高校与县域政府的协商谈判过程中，也存在两个主体之间讨价还价、竞价落户等市场谈判的典型特征。如为实现宁波大学科学技术学院落户县域办学，一方面为满足教育部 26 号令对独立学院办学的空间要求，另一方面也为母体宁波大学建设省重点大学腾出必要的办学空间，学校于2014 年决定启动独立学院迁建计划。2014 年暑假，学校与宁波市下辖的慈溪、余姚、象山、奉化等县（市）展开了广泛的协商谈判，提出 800 亩县域校园用地和至少 8 个亿校区建设资金的条件。起初，象山县对引进宁波大学科技学院落户办学、带动象山大目湾新城开发有着浓厚的兴趣，初步答应了学校提出的办学条件；后来，区位优势更为明显、产业基础与整体实力更强的慈溪市提出愿意在慈溪市区文化商务区新开发地块提供学校建设用地，同时解决校区建设资金问题，促使宁波大学最终选择了落户慈溪迁建科学技术学院新校区的方案。

（三）存在现实的市场风险

按照市场机制实施的高校"县域办学"行为，有许多成功的实践，也有一些不成功的案例。高校"县域办学"对高校和县域政府而言，都存在着现实的市场风险，这也是高校"县域办学"市场化特征的重要表现。A 校在2015 年与义乌市达成意向，拟在义乌市建设国际学院，但到了 2016 年 6月，国际学院项目被义乌市召开的专家咨询论证会否定，最终该项目被搁置。B 学院 2009 年时与富阳市达成意向要迁建富阳办学，但由于富阳给出的引进条件较差，学校在 2012 年 12 月与桐乡市达成意向，拟迁址到桐乡办学，但到 2014 年 11 月，桐乡市政府由于财政问题，突然放弃协议，迫使 B 学院再次寻找另外的办学地点，最终与上虞市达成协议，迁址到上虞市开发区建设新的校区。C 校为达到专升本的办学条件，需要扩大办学空间，先期准备签约慈溪，并已经达成办学意向，但慈溪市政府结合慈溪产业发展需求，最终取消了引进 C 校落户慈溪计划，转而与其他学校达成协议，引进其落户慈溪。诸多事例表明，浙江省高校在选择落户县域的过程中，都存在着现实的市场风险。即使是在高校落户到县域之后，高校能否真正发挥出为地方培育人才、服务引领地方经济社会转型发展的功能，对地方政府而言，也存在着现实的引进风险。浙江省有一个县成功引进了一所高校,但连续三年该校留在该县工作的大学毕业生不到 2%,这使得高校能否真正发挥推动县域经济社会转型发展的作用受到较强的质疑。

高等教育的市场化特征,不仅在高校县域办学的过程中得到充分体现,同样也在当前我国部分区域中心城市加大对优质高等教育资源的汇聚过程中得到充分体现。近年来,以"南深圳、北青岛"为重点,出现了一波我国部分中心城市大力发展和引进高等教育办学机构落户本市的做法。2016 年 9 月,深圳市出台了《关于加快高等教育发展的若干意见》,把引进高校作为城市引智的重要举措,提出要在未来 10 年内发展 20 所高校,达到全日制在校生 20 万人,以解决高等教育与城市经济社会发展不匹配的问题。2016 年年初,青岛市设定了一个雄心勃勃的高等教育发展计划,出台了《关于加快引进优质高等教育资源的意见》,大力引进国内外优质高等教育机构,到 2020 年落户青岛的高等教育机构总数要实现翻番,由 25 所增加至 50 所以上。

## 二、应用型:高等学校"县域办学"的群体特征

在当前转型发展时期,科技与人才之于城市,无疑是至关重要的资源。县域城市引进高等学校,往往都是基于县域经济社会发展的现实需求。浙江省落户县域的高校,基本上都是以应用型为办学定位的。主动适应我国经济发展新常态,主动融入县域的产业转型升级和创新驱动发展,加强产教融合、校企合作,培养应用型技术技能型人才,增强学生就业创业能力,全面提高学校服务县域经济社会发展的能力,是众多落户县域高校的共同选择。

(一)有明确的应用型办学类型定位

1. 学校文件明确应用型办学定位

从"县域办学"高校的"十三五"规划和学校章程可见,众多"县域办学"高校确立了应用型的类型定位和培养应用型技术技能型人才的职责使命,并将学校类型定位和转型发展战略通过学校章程、发展规划、党代会、教代会决议的形式予以明确。即使是一些传统的以人文社科见长的文科类高校,也把发展应用型的人文社科专业学科作为自己未来转型发展的重要方向。

### 2. 加快融入区域经济社会发展

落户县域的高校通过与地方建立密切的合作关系,使学校更好地与当地创新要素资源对接,与所在县域的经济开发区、产业聚集区发展要求对接,与重要行业的人才培养和重点企业的技术创新需求对接。通过与地方共建协同创新中心、工业研究院、创新创业基地等载体,通过推动高校科研、医疗、文化、体育等基础设施与社会的共建共享,形成高校和县域经济社会的深度联动发展。如浙江工业大学之江学院迁建到绍兴市柯桥区之后,确立了"建设一流的区域性应用型大学"的办学定位,为推动"面向需求、产教融合、开放办学、共同发展"的办学理念的实施,学院与绍兴、柯桥全方位开展合作。之江学院与柯桥区人民政府共同组建了柯桥创新研究院,研究院实行企业化运作,双方共同投资 500 万元;研究院实行"创新技术研发、创新成果转化、创新企业孵化、创新人才培养和创新公共服务"五位一体,要在 3 年内建成 5 个校企联合研究中心。

### 3. 有向应用型发展的新思路

落户县域的部分高校为增强办学实力,增强把握社会经济技术重大变革趋势的能力,加强学科专业发展的战略谋划和布局,积极分析地方新产业、新业态和新技术发展的重大机遇,努力适应、融入、服务、引领所服务县域新产业、新业态的发展,瞄准县域经济社会发展的新增长点,努力形成高校在人才培养和技术创新上的新格局。同时,高校通过学生创新创业、继续教育、科普宣传等多种方式,努力促进新技术向生产生活广泛渗透、应用,推动"互联网＋"战略在县域深入推进,以形成人才培养和技术创新优势。

#### (二)着力培养应用型技术技能人才

### 1. 建立产教融合、协同育人的人才培养模式

落户县域的高校通过探索实现课程内容与职业标准、专业链与产业链、教学过程与生产过程的对接,通过加强实训、实验、实习环节的人才培养工作,通过建立实训实习的质量保障机制,着力培养符合产业发展需要的应用型技术技能人才。很多高校实施以学生为中心的启发式、合作式、参与式教学,进一步扩大学生的学习自主权。很多高校通过与地方共建实

验实训实习基地,加强与县域企事业单位在人才培养上的合作,在合作中提升办学能力和水平,提升人才培养质量,为县域经济社会的发展提供人才支撑和服务。

### 2. 深化人才培养方案和课程体系改革

落户县域的高校大都以经济社会发展和产业技术进步来驱动课程改革,整合相关的课程资源,更加专注培养学生的技术技能和创新创业能力,很多高校把专业教育和创业教育有机结合,将创新创业教育融入人才培养的全过程。很多高校把行业企业的一线需要作为学生毕业设计选题的重要来源,把企业技术革新项目作为专业人才培养的重要载体,全面推行项目式教学、案例化教学、工作室制教学。同时,学校将现代信息技术全面融入教学改革,推动数字仿真实验、虚拟现实技术等在教学过程中的广泛应用,取得了良好的教学效果。

### 3. 加强"双师双能型"教师队伍建设

为适应应用型人才培养的需要,落户县域的高校改革教师聘任制度和评价办法,引进行业公认的富有特长的专才,积极调整教师结构;积极聘请企业优秀技术人才、管理人才和高技能人才参与学校人才培养工作,担任专兼职教师和学科专业的实践负责人,提升高校应用型人才培养的能力。同时,学校还有计划地选送教师到政府机关、企事业单位挂职锻炼、参加培训实践。通过职务(职称)评聘、薪酬激励、绩效考核、教学评价、校企交流等多种举措,增强教师的实践应用能力。

### (三)广泛建立校地合作办学机制

### 1. 建立县域校园理事会(董事会)

浙江省"县域办学"高校的校园一般都由县域政府无偿提供土地,全额或部分出资助建。因此,落户县域的高校都以高校理事会(董事会)机制的建设为核心,建立了由学校、地方、行业、企业和社区共同参与的县域高校合作办学、合作治理机制。部分高校还深入探索二级学院与区域特色行业企业、产业集聚区之间的深度合作共建共管机制,建立有地方、行业和用人单位参与的校、院学科专业指导委员会制度。高校通过行业、企业全方位、全过程地参与学校管理、专业建设、课程设置、人才培养和绩效评价,积极争取地方、行业、企业的经费、项目和资源在学校的投入,加快自身向应用型转型发展的步伐,努力培养高素质的应用型人才。如宁波职业技术学院与海天集团共建学校机电学院(海天学院),开设机电一体化技术、机电设备维修与管理(机械制造与自动化)、模具设计与制造、电气自动化 4 个专业。该学院依托海天集团在国内注塑机及其配套设备方面的领先地位与产业优势,开展紧密型的校企合作办学,积极探索"学工交替""订单式人才培养"等高职人才培养模式改革,获得了国家教学成果奖一等奖。

2. 完善对接县域产业链的专业体系

"县域办学"高校通过改造传统专业、设立面向县域经济社会发展需要的新专业、复合型专业等方式,大幅度提高复合型技术技能人才培养比重。通过建立行业和用人单位专家参与的校内专业设置评议制度,改变专业设置盲目追求数量的倾向,形成结合学校能力、社会需求和行业指导下科学设置新专业的机制。很多"县域办学"高校结合地方的优势特色产业,集中力量办好地方(行业)急需、优势突出、特色鲜明的专业,以此来积极融入以企业为主体的区域、行业技术创新体系,努力成为区域和行业的科技服务基地、技术创新基地,形成自身的办学特色。

3. 广泛开展面向区域发展的继续教育

"县域办学"高校瞄准区域传统产业改造升级、新兴产业发展和新型城镇化过程中一线劳动者技术提升、技能深化、职业转换的现实需求,大力发展贴近社会需求、促进技术应用的实用性继续教育。主动承接县域的继续教育任务,加强与企业在职工培训上的合作,使落户县域的高校成为县域政府、县域主导行业的继续教育培训基地。

### 三、多元化:高等学校"县域办学"的显著特征

多元化是高等学校"县域办学"的一大显著特征,在高校办学层次定位、经费来源、管理从属等诸多方面,落户县域的高校都呈现出多元化发展的特点。深入分析高等学校"县域办学"多元化特征形成的原因,其与高校"县域办学"所处的高等教育后大众化发展阶段密切相关。在我国高等教育大众化初期,高等教育布局变革的动力更多的是来自体制的力量,高教园区的兴办、国有民办二级学院办学体制的开创、高等职业教育和民办高

等教育的发展都是政府主导下的高等教育变革，计划体制的力量推动了高等教育办学规模的快速扩张，但也出现了"千校一面"的办学弊端。而在后大众化发展阶段，市场力量逐渐成为高等教育改革发展的重要力量，市场化机制也直接推动了高等学校发展的多样化与个性化。

按学校办学层次分类，"县域办学"高校涵盖了研究生、本科、高职高专各个层次。浙江省42所"县域办学"高校中，有6所高校具有博士学位授予权，有9所高校具有硕士学位授予权，本科及以上层次高校共有26所，高职专科层次16所。虽然"县域办学"高校办学层次多样，但其在县域校园的办学定位和人才培养模式上大都坚持应用型的发展方向，努力融入地方、推进产教融合，朝着服务地方经济社会发展的目标不断优化调整自身的办学模式。

按学校经费来源分类，"县域办学"高校中既有公办高校县域校区，也有民办高校县域校区。浙江省42所"县域办学"高校中，公办高校县域校区有24所，民办高校（含独立学院）县域校区有18所。其中，浙江树人大学、浙江越秀外国语学院、宁波大红鹰学院这三所民办本科高校都有县域校区，宁波大红鹰学院还有杭州湾和象山两个县域校区。

按学校管理从属分类，"县域办学"高校中既有浙江大学这样的部属高校，也有浙江工业大学、宁波大学这样的省属高校，同样还有宁波工程学院、台州学院这样的市属高校。浙江省42所"县域办学"高校中，有部属高校1所，省属高校24所，市属高校17所。

高等教育布局调整问题在不同时期随着外部环境的变化而不断发生变化，表现在"被调整"或"自我调适"上。[①] 浙江省高校"县域办学"是高校在应对外部发展环境变化情况下的"被调整"与"自我调适"。浙江省高等教育毛入学率在2013年达到51.7%，是全国第一个迈入普及化发展阶段的省份。早在2013年之前，浙江省就已经出现了高等教育办学模式的多样化、管理上的内部分权化、受教育机会的日渐开放化、教学制度的日趋灵活化、资源筹措上的多元化、院校办学的特色化、办学层次与科类结构的合理化等一系列重要变化。

---

　　① 陈慧青.中国高校布局结构变革研究[D].厦门：厦门大学，2009：23.

在当前国家开展应用型大学建设、实施"双一流"发展战略的背景下，各级各类高校正在进一步明确自身办学定位，找准未来发展方位，我国高校正在走上分类办学、特色发展、多元并存的发展道路，中国高等教育多元化发展的格局正在稳步形成。研究和把握后大众化阶段我国高等教育发展的特征，对推动浙江省高等教育实现从"量的扩张"转向"质的提升"，对更好地优化浙江省经济发达县域高等教育的布局与发展，促进以县域经济、块状经济为特色的浙江经济的良性发展，也具有现实意义。

## 本章小结

"县域办学"是浙江省自恢复高考以来的第三次高等教育布局调整最为鲜明的特征。统计表明，2008年以后是浙江省高校"县域办学"的高峰期，有32所高校的县域校园是在2008年以后建设的，占全部42所高校县域校园的76.2%。高等学校"县域办学"是在内外部多重因素影响下形成的办学现象，经济发展新常态和高等教育发展新常态是两大背景。

市场机制与政策因素是推动高校"县域办学"的两大动因。与以往按照计划模式调整高等教育布局不同，在高等学校"县域办学"过程中，市场机制发挥了重要作用。寻求新的办学空间、推进应用型人才培养、通过服务区域经济社会发展获得更多的办学资源是高校落户县域办学的重要动因。通过引进高校，集聚县域创新资源、助力县域经济转型升级、推进县域新型城市化，带动新建校区周边土地升值开发，吸引高素质年轻群体落户，带动县域创新创业等，是县域政府引进高校落户的重要动力。

对中国这样一个人口大国和高等教育规模世界上最大的国家来讲，由于国情和教情的不同，高等教育的发展有着自身的特点。以"县域办学"为重要特征的浙江省第三次高等教育布局调整是我国高等教育发展从大众化进入到普及化发展阶段之际，一些县域经济发达省份出现的重要办学现象，是高等教育地方化发展的新动向。高等学校"县域办学"也呈现出市场化、应用型、多元化的显著特征。

# 第四章 "县域办学"高校个案研究

在我国,高校落户县级行政区域办学,已经有较长的一段历史。进入高等教育大众化阶段尤其是到了后大众化阶段之后,随着高等职业教育的进一步发展,独立学院办学规范性要求的提出,部分高校办学空间拓展的需求,新一轮较大规模的高校落户县域办学现象开始呈现,以高校"县域办学"为重要特征的新一轮高等教育布局调整成为我国后大众化时期高等教育布局调整中的重要特征。

## 第一节 我国早期"县域办学"高校

我国高等学校落户县域办学已有较长的历史,但在高等教育大众化阶段之前,这类落户县域办学的高校数量还比较少,很多都是基于国家或区域发展战略需要,选择在特定的县域办学。

### 一、基于国家发展战略需要的"县域办学"高校

从全国范围来看,我国高校落户县域办学,是服务国家或区域发展战略的需要,是在特定的县域布局高等学校,以推动区域的建设发展。在国家层面,西北农林大学、延边大学、石河子大学等高校是较为典型的服务国家发展战略的在县域开展办学的高校。

(一)西北农林专科学校

西北农林专科学校是我国较早落户县域办学的高校。1928 至 1932年,陕西五年大旱,关中平原赤地千里,十室九空。时任国民政府监察院院

长的于右任奉命回陕赈灾,他认为:"亟当从事开垦,讲究农业。若设农林学校培养人才,可藉学术机关与地方人士合作,以学校为造林及垦荒之中心,再求民族之生路,全国家之命脉,庶几可得。"遂发出了"兴农兴学、开发西北"的呼吁。1932年秋,国民政府批准筹备建设西北专门教育委员会。1932年12月,该机构更名为建设西北农林专科学校筹备委员会,推选于右任、张继、戴季陶为常务委员,决定将上海劳动大学农学院部分校产发归西北农林专科学校使用,筹备委员会办公地点设在南京国民政府教育部。1933年1月,于右任先生选定在武功县张家岗(现在的杨凌)创办学校,他说:"武功是周武王伐纣用武成功而命名的地方,《诗经》上说:'周原膴膴、堇荼如饴',就是指武功的土地肥沃,野菜如糖。周的先人后稷,就在这个地方教民稼穑。武功原有后稷庙,纪念这位农业的创始人本是有意义的。我们在这里创办一所农学院,以纪念这位农业专家,就更有意义了!"1934年4月20日,国立西北农林专科学校7层教学大楼奠基,标志着中国西北地区第一所高等农业学府成立,也成为我国较早在县域落户的高等学府。[①]

西北农林专科学校

---

① 资料来源:根据西北农林科技大学官网(http://www.nwsuaf.edu.cn)发布的信息整理。

1938 年 6 月,西北联合大学农学院、河南大学农学院畜牧系与该校合并,组建为国立西北农学院。1979 年 10 月,西北农学院林学系迁出,扩建为西北林学院。1985 年经农牧渔业部批准,西北农学院更名为西北农业大学。1999 年 9 月 11 日,西北农业大学、西北林学院、中国科学院水利部水土保持研究所、水利部西北水利科学研究所、陕西省农业科学院、陕西省林业科学院、陕西省中国科学院西北植物研究所等 10 家农业科研教学单位合并组建为"西北农林科技大学"和"杨凌职业技术学院"两所高校,实现了我国高等学校与科研院所的首例实质性合并。经过多年时间的发展,以西北农林科技大学为代表的杨凌科教实力显著增强,走出了一条教科农相结合、产学研一体化的办学新路。

(二)延边大学

延边大学是我国第一所落户县域的民族高等学校。延边大学坐落在吉林省延边朝鲜族自治州延吉市(县级市),创建之初隶属于中共中央东北局。创办延边大学的目的是培养具有革命思想和现代科学技术知识的朝鲜族人才。1948 年下半年,延边地委召集教育界有识之士讨论创办延边大学,以加快培养朝鲜族人才。会议取得了广泛共识,大家认为创办延边大学有较好的办学基础,延边已经有延边医科专科学校、延边高级师范学校、延边工业学校,有许多能够胜任大学教学的朝鲜族知识分子;延边地区已经有不少正规化的高中,大学的生源不成问题。经报吉林省委同意并报东北局批准,正式组成由林春秋任主任的延边大学筹备委员会,拟定建校方案,内容包括学校宗旨、组织机构、学部和学科设置、人员配置、校址、校舍及经费预算等。

1949 年 3 月 20 日,以"延吉大学"的校名正式举行了开学典礼,原延边医科专科学校并入,改为大学医学部,标志着我国以培养朝鲜族干部为目标的一所综合性民族大学就此诞生。由于当时学校跨延吉、龙井两地,延吉大学校名有一定的局限性,经报请东北行政委员会同意后,将"延吉大学"的校名更改为"延边大学"。延边大学是中国共产党亲手创建的我国第一所新型的民族高等学校,曾隶属于国务院高教部,1957 年划归吉林省所属。1958 年 8 月,延边大学分立为延边大学、延边医学院、延边农学院、延边工学院。1996 年经原国家教委批准,原延边大学、延边医学院、延边农

延边大学

学院、延边师范高等专科学校、吉林艺术学院延边分院和中外合作办学机构——延边科技大学(筹)合并组建成新的延边大学。延边大学在朝鲜族文化研究与传承、长白山资源保护与开发等方面极具特色,是国家"211工程"重点建设大学,入选国家"双一流"高校建设计划。①

(三)石河子大学

石河子大学是面向兵团和新疆建设需要在县域办学的高校。石河子大学诞生于1949年9月中国人民解放军解放新疆的进军途中,有着近70年的办学历史,其前身是原石河子医学院,而组建石河子大学的核心部分是原石河子农学院。在石河子城市建设刚开始之时,新疆建设兵团领导就准备在石河子开办一所综合大学,希望得到中央和自治区的支援。兵团为此写筹备方案,其中提到:"为适应兵团农业大发展的需要,培养大批又红又专的农牧业科学技术干部,根据兵团党委决定和中央大办教育的方针,兵团将于明年(1959年)暑假创办一所农学院,为争取时间及早做好准备工作,兹提出学校建校方针、教学原则、专业设置、组织机构、人员配备以及筹备工作的初步方案。"1959年1月1日,时任兵团司令员的陶峙岳和时任兵团第二书记的张仲瀚赴石河子,为兵团农学院选址;1959年2月3日,张仲瀚主持兵团党委常委(扩大)会议,审定兵团农学院筹备方案,成立

---

① 资料来源:根据延边大学官网(http://www.ybu.edu.cn)发布的信息整理。

石河子大学

兵团农学院筹备委员会。1992 年,国家教委、国家计委、农业部正式批示,由石河子农学院、石河子医学院和新疆建设兵团经专、兵团师专四校合并筹建石河子大学。1996 年 4 月,经国家教委批准,正式组建石河子大学。

石河子大学在兵团屯垦研究、绿洲社会经济研究、新疆非物质文化遗产研究等方面独具特色,始终坚持"立足兵团、服务新疆、面向全国、辐射中亚"的办学定位,坚持"以服务为宗旨,在贡献中发展"的办学理念,坚持"以兵团精神育人,为屯垦戍边服务"的办学特色,成为屯垦戍边、建设边疆的重要力量。在长期办学历程中,党中央、国务院高度重视和关心石河子大学的发展,周恩来、陈毅、贺龙、王震等党和国家领导人曾亲临学校视察。石河子大学是国家"211 工程"建设的重点高校,入选国家"双一流"高校建设计划,是国家重点建设的西部 14 所高水平大学之一。[①]

## 二、基于区域发展特定需求的"县域办学"高校

出于区域历史文化、特色经济、民族教育等的特殊需要,我国有一批高

---

　　① 资料来源:根据石河子大学官网(http://www.shzu.edu.cn)发布的信息整理。

等学校被布局在县级区域。曲阜师范大学、山西农业大学、甘肃民族师范学院等高校是其中的典型代表。

（一）曲阜师范大学

曲阜师范大学是结合特定的历史文化在县域办学的高校。曲阜是儒家文化发源地，历史悠久，人文荟萃。为传承"孔颜型范"师道，在孔孟桑梓之地建一座师范大学，是中华民族历史文化延续发展的需要。曲阜师范大学前身为山东师范专科学校，1955年在济南创建。1956年5月升格为曲阜师范学院，同年9月迁址曲阜，开始兴办本科教育。第一任校长高赞非先生是国学大师梁漱溟和熊十力的高足，由周恩来总理委派担任曲阜师范学院校长。

曲阜师范大学

学校注重依托孔子故里的独特历史文化资源，传承创新优秀传统文化。建校之初，高赞非校长就组织学生系统调查和收集反映儒家思想的各类资料，参与整理和选编孔府档案，形成自身的办学特色和办学优势。学校坚持立德树人，注重文化育人，坚持将传统文化的精华渗透到教育教学全过程,积淀形成了人文特色鲜明的优良教风、学风、校风。在科学研究方面,学校以孔子、儒学为主要研究方向的专门史学科是省级特色重点学科,建有"孔子与山东文化强省战略协同创新中心",在孔子及儒学研究领域形成了特色和优势。学校在加拿大、韩国设立了孔子学院,积极发挥自身在中华传统文化方面的办学特色与优势,取得了显著成绩。[①]

(二)山西农业大学

山西农业大学是落户县域的我国著名高等农业学府。山西农业大学坐落在山西省太谷县,是山西省唯一的农业类高校。其前身是1907年孔祥熙创办的私立铭贤学堂,后发展为私立铭贤学院,是百年学府,与山西大学堂一起开创了山西近代高等教育的先河。1951年改私立为公办,成立山西农学院;1979年更名为山西农业大学,是改革开放初期全国99所重点大学之一。在一百十多年的办学实践中,学校立足山西,面向全国,服务"三农",为山西的经济建设和社会发展作出了重要贡献,铸就了"崇学事农、艰苦兴校"的办学精神。

私立铭贤学院

---

① 资料来源:根据曲阜师范大学官网(http://www.qfnu.edu.cn)发布的信息整理。

山西农业大学

　　山西农业大学以农科为基、用科技引领,面向三农、服务三晋。学校积极参与山西农谷建设,是山西农谷科创城的建设主体。设有农业部农业科学观测实验站,农业部转基因生物产品成分监督检验测试中心,形成了八大优势和特色科技服务体系。积极助力精准扶贫,推进"一县一业,一村一品"专项服务行动,每年有近百支科技服务团队活跃在生产实践第一线。学校是山西省与农业部共建高校,是国家中西部基础能力建设高校,全国首批深化创新创业教育改革示范高校。[①]

　　(三)甘肃民族师范学院

　　甘肃民族师范学院是建在内地通往藏区门户上的高校。甘肃民族师范学院是甘肃省唯一一所省属民族师范院校,位于内地通往藏区的门户——甘、青、川三省交界处的甘南藏族自治州首府合作市,是内地通往青海、西藏的交通要道。"合作"为藏语"黑错"的音译,意为羚羊出没的地方。1956 年成立合作镇,属夏河县管辖。1996 年 5 月,经国务院批准成立合作市(县级市)。为发展民族高等教育,1984 年 10 月,创办合作民族师范高

---

　　① 资料来源:根据山西农业大学官网(http://www.sxau.edu.cn)发布的信息整理。

等专科学校,1986 年 5 月 16 日,时任中共中央总书记胡耀邦同志在甘南视察时为学校亲笔题写了校名。2009 年 3 月,学校升本改建为甘肃民族师范学院。2013 年 5 月,确定为国家民委与甘肃省人民政府共建学校。学校招生以甘肃为主,面向青海、四川、云南、西藏、内蒙古、宁夏等省区。在校学生由汉族、藏族、回族、裕固族、保安族、东乡族等 23 个民族组成,少数民族学生占 68%,是内地藏族学生人数最多的高校之一。

甘肃民族师范学院

学校立足藏区,面向全省及周边民族地区办学,努力建设成为区域内高水平有特色的应用型民族大学。民族特色和师范教育是甘肃民族师范学院的两大办学特色,学校重点培养藏汉双语人才,做强以民族基础教育为主要方向的教育学科。发挥甘南作为安多藏文化中心的区位优势,做强与藏文化相关的学科,传承和弘扬藏区文化,形成体现藏区民族文化特点的专业和专业方向。同时,学校以服务区域的支柱产业为导向,做强区域经济与高原生态学科,形成一批与高原区域经济紧密结合的专业。①

---

① 资料来源:根据甘肃民族师范学院官网(http://www.gnun.edu.cn)发布的信息整理。

# 第二节 浙江省"县域办学"高校

浙江省是我国高等学校"县域办学"的先行省份,浙江省县域经济实力较强,是有名的县域经济强省。进入大众化高等教育发展阶段之后,随着高等教育办学规模扩张的需要,一大批高校选择在经济强县或与中心城市相临的县域开展办学;在进入到后大众化高等教育发展阶段之后,浙江高校向县域下沉办学的现象越发明显,成为我国高等学校"县域办学"的一个典型省份。

## 一、浙江省普通本科高校县域校区

### (一)浙江大学海宁国际校区

浙江大学海宁国际校区(国际联合学院)位于浙江省嘉兴市下属的海宁市(县级市),校区总建筑面积约 40 万平方米,占地 1200 亩,是浙江省最大的一个国际联合办学项目。浙江大学于 2013 年 2 月启动筹建海宁国际校区,2015 年 10 月教育部正式批复同意。建设海宁国际校区、创办国际联合学院是浙江大学为加快世界一流大学建设进程,提高浙江省高等教育国际化办学水平和国际影响力,进一步服务国家人才强国战略和创新驱动发展战略的重大办学举措。

浙江大学国际联合学院是海宁国际校区的主体,顾名思义,是一个国际交融的学院。国际联合学院按"1+X"的架构设计,"1"为浙江大学,"X"为引进合作办学的国际高水平大学。现在,英国帝国理工大学、英国爱丁堡大学、美国卡内基梅隆大学、美国伊利诺伊大学和美国诺特丹大学(圣母大学)等世界名校,都已与浙大初步达成了国际合作项目方案。其中浙江大学—帝国理工学院应用数据科学联合实验室、浙江大学爱丁堡大学联合学院和浙江大学伊利诺伊大学厄巴纳香槟校区联合学院已正式成立。浙江大学国际联合学院于 2016 年 9 月招收第一批学生,正式开始办学。2017 年 8 月,海宁国际校区全面竣工。在学校规划中,入驻海宁国际校区的学生规模将达到 8000 人;国际联合学院的师资队伍由专职教授、双聘教

浙江大学海宁国际校区

授和课程教授组成，校区师生比将较高，每 6 名学生就能拥有 1 名教师，英语是该校区的法定语言。①

浙江大学国际联合学院是浙江大学的有机组成部分，在海宁国际校区，浙江大学将进一步集聚多个国际一流的合作伙伴，共建若干个联合学院和国际交叉学术研究中心，积极推动学科交叉融合，加强创新性人才培养，形成多样性的高校学术生态，促进前沿交叉领域研究的开展。浙江大学国际联合学院的建立对推进海外高技术成果到中国转移转化，吸引和鼓励海外高层次人才到中国发展，服务浙江创新驱动和高教强省发展战略，提升国家文化软实力等，都具有重要的意义。

（二）浙江工业大学德清校区

浙江工业大学德清校区位于浙江省湖州市德清县，德清校区由德清县人民政府和浙江工业大学共同建设，德清县负责提供办学基础设施条件和

---

① 高逸平. 浙大国际联合学院开建两年后招收首批新生[EB/OL].（2014-07-10）[2020-09-15]. http://news. sina. com. cn/o/2014-07-10/061930496799. shtml.

浙江工业大学德清校区

相关政策支持,浙江工业大学承担学科专业布局和创新人才培养、科学研究、科技成果转化和国际合作办学等任务。

浙北地区作为长三角腹地,是浙江经济发展较快的区域,却是浙江高等教育的洼地,长期以来没有具备工科优势的高校落户,缺少强有力的智力支撑和科技引领,是"杭宁高速创新科技带""浙北硅谷"建设的短板。德清县作为浙北地区的重要节点县,具有产业基础、人文底蕴、区位条件等优势,同时正在开展省科技成果转化实验区和省科技金融结合示范区建设,亟待构筑科技研发和教育文化的高峰、铸就持续发展的加速器。为全面落实创新驱动发展战略,全面促进教育、科技与经济社会发展的紧密结合,大力推进区域经济社会持续协调发展,加快浙江工业大学高水平大学建设,实现经济强县与重点大学的携手发展,2014 年 11 月,浙江工业大学与德清县人民政府签署全面战略合作协议,2016 年 10 月,省政府批复同意设立浙江工业大学德清新校区(浙政函〔2016〕118 号)。与此同时,省发改委批复同意《浙江工业大学德清校区建设工程项目建议书》。浙江工业大学德清校区采用"交钥匙工程"方式,由德清县提供办学用地 1000 亩,总建筑面积约 40 万平方米,投入约 18 亿元人民币(不包括征地拆迁、"三通一平"

等费用)。学校规划校区在校生规模 1 万人,包括本科生、研究生、留学生、国际合作培养学生。

2018 年 9 月德清校区建成后,学校工科相关学院作为主体入驻德清校区。同时,工业研究院、国家"2011"协同创新中心、国家工程技术研究中心等一批应用型的高层次科技创新平台、创新创业教育平台、国际合作教育等入驻德清校区。浙江工业大学德清校区的建设,将有助于德清县建立完善区域创新体系,实现浙江工业大学的科技成果转移转化及产业化优势与"政产学研金介用"的"德清模式"深度融合,进一步释放出制度创新对经济发展的牵引效应,成为服务区域经济转型升级的科技成果转移、高新技术企业孵化培育、提升国际科技合作水平的示范基地,进而为形成新的区域经济增长极作出更大的贡献。

(三)宁波大学梅山海洋科教园

宁波大学梅山海洋科教园位于浙江省宁波市北仑区梅山岛,是宁波国际海洋生态科技城的重要组成部分。科教园由北仑区政府、宁波国际海洋生态科技城管委会、宁波大学本着"优势互补、互惠互利、合作共赢、协同发展"的原则合作共建,总占地面积约 600 亩,总建筑面积 22 万平方米。梅山科教园以宁波海洋研究院和宁波大学海洋学院、海运学院"一研究院、两学院"为重点,汇聚各类创新要素,努力打造涉海领域高层次人才的主要集聚地、创新人才的重要培养基地、高新技术研发的重要平台。2017 年底科教园完成基本建设,进入到全面装修和实验设备安装阶段,并于 2018 年 6 月全面启用,有力地助推了宁波大学"海洋生物技术与海洋工程"一流学科建设。规划到 2025 年,梅山海洋科教园全日制在校生规模达到 5100 人,各类高层次人才和外籍专家 550 人。

宁波大学梅山海洋科教园将充分发挥宁波大学海洋学科上的综合优势和北仑区的区位优势、政策优势,实现海洋高技术研发与区域产业集聚发展的有效对接、海洋高层次人才集聚与海洋创新人才培养培训的有效对接、国内海洋创新资源与国外优质创新资源的有效对接,服务国家海洋经济示范区建设和宁波港口经济圈建设。

(四)宁波工程学院杭州湾校区

宁波工程学院杭州湾校区(杭州湾汽车学院)是宁波工程学院所辖的

宁波大学梅山海洋科教园

中外合作二级学院,依托学校现有的机械、电子、交通、经济、管理等相关学科专业的办学资源,同时联合同济大学、德国布伦瑞克工业大学、埃斯林根应用科技大学等有关大学,以"中外合作"的模式联合办学,具有雄厚的师资力量和扎实的科研基础,是浙江省内首家培养汽车专业通用人才的专业院校。学院在服务宁波本地汽车产业的基础上,可为全省乃至全国汽车行业提供专业人才。

宁波工程学院杭州湾校区于 2012 年 8 月 17 日正式开工建设,学院性质为国有公办,规划用地面积 500 亩,一期建设用地面积 300 亩,总建筑面积约 8.4 万平方米,总投资 3.86 亿元。2014 年 9 月,一期工程正式投入使用。杭州湾新区汽车学院预计在校生规模 3150 人左右,设有机械制造及自动化、车辆工程、汽车服务工程、材料成型及控制工程等专业。

随着上海大众、吉利汽车等整车龙头企业落户杭州湾新区,未来几年,新区将形成年产 100 万辆整车的生产能力。宁波工程学院杭州湾校区汽车学院将实施产教融合计划,借鉴德国工程师培养模式,与上海大众等著名汽车制造企业共同确定"汽车后备工程师培养计划",把企业的培训体系和学校课程体系深度接轨,请企业技术人员到学院直接授课,选拔优秀学生直接到企业参加培训,相关学分纳入学校课程的学分体系,通过推动人才培养模式改革,努力为杭州湾新区汽车制造业提供坚实的科技创新支撑

宁波工程学院杭州湾校区汽车学院

和人才保障。①

## 二、浙江省独立学院县域校区

独立学院是浙江省高校"县域办学"的重要组成部分,目前浙江省有独立学院 21 所,其中 11 所独立学院已在县域办学或正在建设县域校区,还有若干所独立学院正在与相关县域洽谈落户县域办学事宜。浙江省独立学院赴县域办学,都是受教育部 2008 年《独立学院规范设置与管理办法》出台的影响,因为原有办学空间不符合管理办法要求,为继续办学,这类独立学院必须寻找新的办学场地。

（一）浙江工业大学之江学院柯桥校区

浙江工业大学之江学院位于绍兴市柯桥区,2012 年起由浙江工业大学与绍兴县教育投资有限公司合作举办。2013 年 9 月,浙江工业大学之江学院整体迁入全国百强县浙江省绍兴县（现柯桥区）,改写了当地有城无大学的历史。学院占地约 820 亩,其中可用水域面积约 220 亩,总建筑面积 22 万平方米,总投资 10.7 亿元,其中柯桥区出资 8.9 亿元。学院现有

———————————

① 资料来源:根据宁波工程学院官网(http://www.nbut.cn)发布的信息整理。

浙江工业大学之江学院柯桥校区

11个二级学院、1个教学部,即商学院、人文学院、外国语学院、理学院、机械工程学院、信息学院、建筑学院、设计学院、中旅(旅游)学院、创新创业学院、成人教育学院和体育军训部;有36个本科专业,涉及经济、法律、管理、人文、理学、工学、艺术7个学科门类,全日制在校本科学生近7600人。[①]

　　浙江工业大学之江学院迁建绍兴市柯桥区后,不仅为绍兴市建设区域性高等教育集聚地提供了重要支撑,而且有效地带动了新城区的开发建设和周边土地的升值,带动了落户城市的人口集聚与文化发展。之江学院迁建柯桥后定位为省内一流、国内知名、地方特色鲜明的高水平独立学院。学院实施相对独立的教学组织和管理,独立招生、独立颁发毕业证书、独立财务核算,具有独立法人资格,独立承担民事责任。浙江工业大学之江学院迁建绍兴柯桥后已经重新组建了董事会,董事会由双方代表组成。此外,根据学院自身发展和柯桥区经济社会发展的需要,适当进行了专业结构调整,开设了纺织、服装、印染等相关专业,而且积极利用国内外资源,不断提升纺织类专业的办学层次和水平。同时学院充分利用柯桥区创意园和柯桥区科技园的资源,推动院园合作,努力打造校园、科技园、创意园"三园"协同的人才培养模式。

---

[①]　资料来源:根据浙江工业大学之江学院官网(http://www.zjc.zjut.edu.cn)发布的信息整理。

宁波大学科学技术学院慈溪校区

（二）宁波大学科学技术学院慈溪校区

宁波大学科学技术学院是由宁波大学举办、具有独立法人资格、实施本科层次学历教育的全日制普通高等学校。作为全国独立学院"浙江模式"的开创者，宁波大学科学技术学院经过 20 多年的建设与发展，已成为拥有 49 个本科专业，基本形成门类齐全、结构合理、优势互补，学科专业体系达到万人规模的综合性全日制独立学院。由于办学成绩突出、人才培养质量过硬，该校入选 2015 年全国高水平独立学院十强行列。该校学子屡获"红点"、"IF"、全国大学生挑战杯创业计划竞赛金奖等国内外竞赛大奖，办学质量蜚声省内，在全国也有相当的知名度。

2015 年 8 月 7 日，宁波大学与慈溪市人民政府合作举办宁波大学科学技术学院签约仪式在慈溪市举行。新校园位于慈溪市文化商务区地块，紧邻慈溪市中心，规划建筑面积 32 万平方米，占地 800 亩，在校生规模1 万人以上，计划用三年左右的时间完成校园一期建设，确保在 2019 年 9月正式开学。根据框架协议，宁波大学科学技术学院将以应用技术型本科院校为办学方向，主动服务区域产业转型升级和经济社会发展。科学技术学院在建设项目完工后整体搬迁至慈溪市科教园区，并完成在慈溪法人注册登记。

人才是一座城市发展的关键，也是慈溪市实现"创新活力之城，美丽幸福慈溪"建设目标的生力军,而大学无疑是一座人才的宝库。慈溪市基础教育和职业教育发展水平整体走在宁波乃至全省同类县(市、区)前列,随着宁波大学科学技术学院迁建科教园区,高等教育事业也将在慈溪市起步发展。同时,迁址慈溪后,宁波大学科学技术学院将根据慈溪市产业的特点,依托宁波大学优质高教资源,逐步优化、调整学科与专业结构,形成一批基于区域经济社会发展需求的应用型学科专业群,以应用技术型本科院校为办学方向,主动服务慈溪产业转型升级和经济社会发展。

(三)浙江师范大学行知学院兰溪校区

浙江师范大学行知学院于 1999 年 8 月成立。2013 年 12 月,为更好地推动行知学院规范办学,加快行知学院发展,浙江师范大学与金华兰溪市人民政府达成共识,由兰溪市出资建设浙江师范大学行知学院新校区,建成后,行知学院整体迁到兰溪市办学,实施"校地"共同发展计划。2014 年 5 月 15 日,浙江省人民政府办公厅批复同意浙江师范大学行知学院迁建兰溪市,由浙江师范大学和兰溪市合作举办。行知学院新校区占地 800 亩,校舍 28 万平方米,2017 年新生全部在兰溪校区就读,规划办学规模为 8000~10000 人。学院办学涉及经、法、教、文、史、理、工、管、艺 9 个学科,现有 41 个专业。①

浙江师范大学行知学院兰溪校区

金华市下辖的兰溪市财政经费并不充裕,但高度重视浙江师范大学行

---

① 资料来源:根据浙江师范大学行知学院官网(http://xz.zjnu.edu.cn)发布的信息整理。

知学院的迁建工作,为了推动行知学院新校区建设,市里设有专门的指挥部,常驻 10 多人推进项目的建设实施。浙江师范大学行知学院也把落户兰溪办学作为加快发展的重大机遇,以服务社会区域发展为使命,发挥集聚人才、创新科技、服务社会、引领文化的作用。浙江师范大学行知学院在新校区建筑的设计中融入地方文化,推进校地人才资源的共享,利用高校平台为地方吸引优质人才;积极吸引地方籍乡贤、知名人士回馈乡里。同时,发挥母体的办学优势,在教育资源对接、实验室共建,以及测试中心、研究院、科技城、创业空间共建等方面积极推动全方位的合作,助力兰溪市赶超发展。

（四）浙江财经大学东方学院海宁校区

浙江财经大学东方学院是一所以经济、管理学科为主体,经、管、文、艺、法、理、工多学科协调发展的应用型本科院校,是 1999 年经浙江省人民政府批准、2004 年经国家教育部确认的全日制本科独立学院,现有 33 个本科专业,主要面向现代服务业、文化创意产业和公共行政管理领域,全日制在校本科生近 10000 人。浙江财经学院本部位于杭州下沙高教园区,东方学院原办学校区占地 200 多亩,学生 5000 多人,进一步发展的空间受到限制。与此同时,接纳高校入驻是海宁市实施接轨杭州战略、发展连杭经济区、加快建设长安副中心城市的重大举措,为此浙江财经学院和海宁市政府签订合作办学协议,东方学院将由杭州市文一西路迁建到海宁市长安镇。双方将采取全新的合作模式,海宁市以土地、资金、硬件投入为主,浙江财经学院以品牌、师资等无形资产投入为主,组成董事会实行公司化运作。双方的合作响应了教育部 26 号令"规范性办学"的要求,同时更扩大了学校的发展空间。东方学院 2010 年 9 月从杭州市文华校区整体迁址至浙江省海宁市连杭经济开发区长安新校区,学院 2014 年被评为全国高等学校创业教育研究与实践先进单位,2015 年 12 月获批首批十所浙江省应用型建设试点示范本科高校之一,2016 年 12 月当选为浙江省应用型高校联盟副理事长单位。学院占地近千亩,建筑面积 31 万余平方米;交通便利,紧临沪杭高速公路和杭浦高速公路,规划在建的杭海城际铁路直达学院门口,离浙江财经大学下沙校区、杭州临平直线距离 10 余公里。

截至目前,浙江财经大学东方学院与海宁市长安镇人民政府合作举办

浙江财经大学东方学院海宁校区

了海宁运河壹号大创园,同时由于办学空间的扩大,又不断建设了大学生创业实践园、模拟法庭、金融实训中心、外语自主学习交流中心、跨专业综合实训中心、创意工坊等多个校内实训场地,努力提高学生的实践动手能力。作为浙江省首家迁建到县域办学的独立学院,浙江财经大学东方学院具有很好的先发优势,与地方政府及企事业单位形成了良好的合作与互动关系。①

### 三、浙江省高职院校县域校区

高职院校是较早探索高校"县域办学"的一类高校,因其办学定位主要是培养职业技能型人才,能直接服务特定产业的发展,能与特定的县域经济较为结合紧密,因此,落户县域办学成为不少高职院校建校之初的现实选择。

（一）宁波职业技术学院

宁波职业技术学院于 1999 年由宁波中等专业学校和宁波市职工业余大学合并而来,学校地处由宁波经济技术开发区、保税区、大榭开发区、出口加工区及北仑港区组成的宁波北仑新区,下设 8 个二级学院,形成与浙

---

① 资料来源:根据浙江财经大学东方学院官网(http://www.zufedfc.edu.cn)发布的信息整理。

江省和宁波市主导和优势产业高度匹配的智能装备制造类、应用化工类、电子信息类、港口物流电商类等 6 个专业群、33 个专业，打造了一批优势专业和特色专业，如机电（海天）学院是宁波市特色学院。现有全日制高职在校生 9000 多名，非全日制学生和各类培训人员 16000 多人。

宁波职业技术学院

　　宁波职业技术学院以"校企合作有效化、教育信息化、办学国际化"和"跨界、跨境、跨专业"的"三化三跨"为学校新一轮内涵发展战略，创新推进政、校、企三方联动的合作办学体制改革，不断深化产教融合、校企合作机制，充分发挥理事会在整合社会资源办学、推动校企合作育人等方面的作用，创新形成"地市共建、区校合作、院园融合"的地方高职院校办学体制和产学合作机制。学校与地方开展全面战略合作，紧紧围绕地区经济发展需求，与各级政府携手成立宁波开发区数字科技园、宁波服务外包学院、宁波市现代服务业产业基地、人力资源开发服务基地、科技创新服务中心、大学生创业园、中小微企业创业基地等；与县级市余姚市政府共建中高职衔接的阳明学院，共同探索中高职一体化办学管理体制。学校紧紧围绕临港制造及港口后服务业发展对技术技能人才的要求，深入推进校企合作、工学结合的人才培养模式改革，与海天集团的"人才共育、就业共担、资源共享"

成果获得第六届高等教育国家级教学成果一等奖,与数字科技园的"院园融合"育人模式获得国家级职业教育教学成果一等奖;学院大力推进综合性跨界、跨专业机构建设,与市总工会、人社局共建"卓越技师学院",建设跨境电商学院、港口物流学院、模具学院等一批对接区域经济模块的产业学院,重点服务省、市支柱产业和现代服务业。学校大力开展"生产线上科研",建立"科技特派员"制度,开展中小微企业"种技术"和"企业技术管理门诊"专项活动,与宁波港等合作共建市劳模(技师)创新工作站、市级协同创新中心——"乙烯工程碳五碳九下游深加工协同创新中心",与教育部职教中心共建"发展中国家职教研究院",与宁波市共建职教研究中心,与北仑区共建共管图书馆,成为区域技术技能积累服务和文化引领高地,并为国家和地方职教发展提供智力支撑。学校响应国家"一带一路"倡议,积极探索海外办学,促进中国职业教育"走出去",通过有特色的国际化办学有效提升中国高职教育国际影响力,迄今已为来自 110 个发展中国家的1500 余名教育及产业界官员进行培训,在贝宁成立"中非(贝宁)职业技术教育培训学院",与中国教育国际交流协会、市教育局倡议成立"一带一路"产教协同联盟。[①]

(二)浙江邮电职业技术学院上虞校区

浙江邮电职业技术学院是在始建于 1958 年的浙江省邮电学校的基础上升格建立,是浙江省唯一的通信类高等职业技术学院。2015 年 6 月 18日,绍兴上虞滨海新城管理委员会和浙江邮电职业技术学院主办方——浙江电信实业集团公司举行浙江邮电职业技术学院置换迁建协议签约仪式。根据协议,现位于绍兴市越城区山阴路 474 号的浙江邮电职业技术学院将整体置换迁建至滨海新城,新校区项目位于绍兴滨海新城江滨区,投资7.35 亿元,建筑面积 15.8 万平方米,规划总用地 500 亩,比现有 187 亩的占地面积大了近两倍,按照"一次规划、分期实施"的方案进行建设。新校区将在 2017 年底完成校舍建造,学院预期于 2018 年 9 月正式整体搬迁至绍兴滨海新城校区。

浙江邮电职业技术学院作为浙江省唯一的一所培养通信类专业人才

---

① 资料来源:根据宁波职业技术学院官网(https://www.nbpt.edu.cn)发布的信息整理。

浙江邮电职业技术学院

的高等学校,迁址新校区后学校的办学空间得到了进一步的拓展,已获得立项的国家安全培训演练基地和国家智慧城市培训基地也列入新校建设项目。浙江邮电职业技术学院迁入后,将享受教职员工住房、交通补贴、人才引进、科研经费等多项优惠政策,学生同步纳入滨海新城奖教基金范畴。原校址置换后,将由绍兴市根据相关规定给予收储,按照商住用地开发利用,土地出让所得扣除相关费用后将全部用于学院建设。

浙江邮电职业技术学院从绍兴市越城区搬迁至滨海新城,将开启滨海新城大学与城市互动、共融共生的模式,推动大学与城市的共同发展和共同繁荣,一个占地更大、设施更全、配套更优、专业门类更加综合的崭新大学将在杭州湾南岸崛起。①

(三)浙江旅游职业学院千岛湖校区

浙江旅游职业学院是我国唯一一所国家旅游标准化试点院校,唯一一所旅游类"国家示范性高等职业院校建设计划"骨干高职院校,也是第一所通过联合国世界旅游组织旅游教育质量认证的旅游院校。浙江旅游职业学院千岛湖校区地处浙江省杭州西部淳安县境内,坐落在国家 5A 级风景区千岛湖畔,位于"杭州—千岛湖—黄山"国际黄金旅游线上,校园风景如

①    资料来源:根据浙江邮电职业技术学院官网(http://www.zptc.cn)发布的信息整理。

画。规划用地 500 亩,现建成用地 165 亩,总建筑面积 4.5 万平方米。学校规划全日制在校生规模 1200 人以上,以普通全日制学历教育为主。2014 年 2 月,浙江旅游职业学院千岛湖校区由浙江旅游职业学院和淳安县人民政府共同投资建设,于 2015 年 9 月建成并投入使用。

浙江旅游职业学院千岛湖校区

千岛湖校区由浙江旅游职业学院与浙江淳安县人民政府本着"优势互补、协同创新、互惠互利、合作发展"的原则合作建设。目前淳安有五星级饭店 7 家,4 星级饭店 3 家,3 年内高星级酒店将达到 25 家。千岛湖校区的人才培养定位,主要以培养酒店管理人才为主,目前已开设酒店管理、酒店管理(中澳合作)、老年服务与管理(健康养生、养老物业方向)三个专业。同时,积极开展成人教育和职业培训,进一步提升高级管理和服务人才的综合素质。目前学校已经与洲际、喜来登、希尔顿等淳安当地的高星级酒店建立了校企合作,其中与前两家酒店确定合作成立订单班:人才培养方案由酒店方和学校共同制定;酒店高管将作为行业导师与学生结对,为其学习、生活、见习、实习、就业等各方面提供帮助,并承担一定量的授课任务;许多专业课程的教学,也将由传统的教室转移到酒店之中。

淳安千岛湖是全国著名的旅游风景区,拥有一流的旅游资源、景观和国际高星级酒店集群。浙江旅游职业学院办学实力雄厚,是国内领先的旅游类职业院校，诸多的优越条件为淳安千岛湖校区的建设和发展打下了良好的基础。千岛湖校区是浙江旅游职业学院人才培养模式改革、管理机制改革的实验区，在共享本部优质教学资源的同时，将积极融入地方旅游产业，探索产教融合办学新路，努力形成自己的办学特色。①

（四）浙江横店影视职业学院

浙江横店影视职业学院是 2008 年经浙江省政府批准设立、国家教育部备案的一所全日制普通高等学校，由横店集团全额投资建设。学院地处全国首个国家级影视产业实验区——浙江横店影视产业实验区内，入驻该区的中外影视企业有 533 家；学院毗邻的横店影视城是全球规模最大的影视实景拍摄基地，被誉为"中国好莱坞"。学院占地 580 亩，建筑面积 12 万余平方米，学院建有 63 个校内实验室和 74 个校外实训基地。学院下设表演艺术学院、影视制作学院、旅游与创意学院、文化经济学院、继续教育学院共 5 个二级学院，有 16 个专业，全日制在校学生 3987 人，其中全日制高职学生 3500 人。

浙江横店影视职业学院

---

① 资料来源：根据浙江旅游职业学院官网（http://www.tczj.net）发布的信息整理。

学院以横店影视产业实验区和国家 5A 级旅游景区——横店影视城为依托,以增强服务企业能力、提高教师技术创新能力为目标,注重利用地域优势,发挥影视特色,与横店影视城各大景区、横店影视产业实验区各大影视制作公司、横店演员工会,以及义乌、东阳等地各类企业开展深入和广泛的合作,大力开展各类社会培训,为剧组提供艺术人才支援,为社会、企业拍摄微电影、参与影视后期制作,组织"文化走亲"、专场音乐会等,大力提升学院的社会服务范围与社会服务能力,进一步提升了学院的社会认可度、知名度与美誉度。

当前,我国文化影视产业正处于不断发展的上升阶段,横店影视城作为全球规模最大的影视实景拍摄基地的功能正在不断完善中,这为浙江横店影视职业学院加快事业发展、提升办学水平搭建了得天独厚的产学一体平台和教学实践平台。[①]

## 第三节 浙江省高校"县域办学"遇阻案例分析

高校选择落户县域办学,并不是一帆风顺的。在市场机制条件下,高校落户县域涉及高校与县域政府两个主体之间的利益博弈,高校办学实力的强弱、落户县域高教机构的性质、所需办学资源的多少、县域能提供的场地空间、地理位置,以及县域政府能给予的引进资金与相关配套政策、高校或地方领导人的调整等,都会左右高校能否成功落户到相应县域。同时,政府主管部门对高校落户县域的方案有最后的审批决定权,在浙江省高校"县域办学"的过程中,也有几例拟选择"县域办学"但最后不成功的案例。分析其中的原因,对其他未来拟选择落户县域开展办学的高校或拟引进高校到县域的地方政府,都具有借鉴意义。

---

① 资料来源:根据浙江横店影视职业学院官网(http://www.hcft.edu.cn)发布的信息整理。

## 一、案例一:A校义乌分校建设遇阻

(一)事件概况

义乌市位于浙江省中部,是金华市下辖的县级市,世界闻名的小商品之都。义乌市面积1105平方公里,截至2016年底,有户籍人口78万人。2016年,义乌市实现地区生产总值1118亿元,人均GDP达到21664美元;实现出口2202亿元、进口28亿元;全市实现财政总收入130.7亿元,其中完成地方财政收入81.8亿元。[①]  A校是一所多科性省属重点大学,落户在浙中名城金华市,现有全日制在校生34000余人,在职教职员工2850余人。

从2014年5月开始,A校与义乌市人民政府签署校地战略合作协议、共建A校义乌技术转移中心协议,相继在义乌建成A校附属义乌幼儿园、A校附属义乌小学、A校附属义乌实验学校等。为进一步加强校地双方的合作,结合义乌经济社会发展特点,2015年,双方开始探讨A校在义乌市举办国际学院的可能性。2015年9月30日,A校义乌国际学院初步概念性方案讨论会在义乌召开,校地双方主要领导参加了讨论并形成了基本意向。A校义乌国院学院将落户在义乌城北的科创新区,总用地约504亩,一期招收学生2000人,中远期招收学生5000人,纳入A校统一招生指标。义乌学院校园规划建筑面积约20万平方米,一期工程用地面积约200亩,先期启动区块80亩。一期工程建设内容包括教学楼、实验楼、行政楼、图书馆、体育馆、学生公寓、教工用房、师生活动中心、食堂、后勤及附属用房等,部分建筑力争2015年12月开工建设。一期工程计划在2017年9月建成投用。

但到了2016年6月,在A校义乌国际学院项目专家咨询论证会上,相关专家提出了一些深层次的建议。专家组认为,A校义乌分校项目当前还存在较多问题,首先是A校缺乏刚性需求,在A校独立学院迁建金华下属的其他县域后,A校的办学空间问题会得到有效解决,但如新建义乌国际

---

① 义乌市统计局.2016年义乌市国民经济和社会发展统计公报[EB/OL].(2017-04-19)[2020-09-15].http://tjj.yw.gov.cn/tjxx/ywtj/201704/t20170419_1139692.html.

学院,则其办学规模难以得到有效保证;其次是 A 校校内对建设义乌国际学院尚未完全统一思想,特别是主要的学院和研究单位,重要的学科带头人等没有得到充分发动,不同的声音较多;再次是采用义乌校区的定位形式与现行浙江省高校发展方向不符,若以校区形式上报上级主管部门审批,难度非常大;最后是 A 校尚未明确细化国际化合作计划,并未明确将国外资源导入义乌国际学院的方案书、时间表,特别是中外合作办学的资金保障等均未有计划,可能需要义乌市的持续投入,这将对义乌市的地方财政构成较大压力。综上原因,经义乌市委常委会研究决定,建议先暂停 A 校义乌国际学院各项前期筹备工作。

(二)原因分析

A 校义乌分校暂停建设的核心原因是,对前期方案双方都缺乏深入细化的论证,导致在后期准备实施时诸多问题集中爆发。

起初,义乌市对引进 A 校国际学院需求迫切,认为义乌正处于全面深化改革、推动转型发展的关键时期,迫切需要各方支持,尤其是科技、人才的支撑。A 校综合实力雄厚,有着丰厚的文化底蕴和很强的科研实力,同时 A 校的非洲研究极具特色,国际化办学也走在浙江省高校前列,这也契合了义乌建设世界小商品之都的需要。义乌小商品市场和世界上 200 多个国家和地区建立了经贸往来,有 100 多个国家和地区的 1 万多名外商常驻。因此,双方的合作有着广泛基础和很多契合点,合作共建 A 校义乌国际学院,对今后为义乌培养高素质的国际化人才和应用型人才、服务义乌转型发展,都具有重要的积极意义。A 校面对义乌市出地出钱建设一个新校区的丰厚礼遇,也是怦然心动、立即响应。

但是随着方案从概念性商谈到实质性决定时,义乌方面面对巨额的办学投入,需要全面考虑引进 A 校国际学院来义乌办学的科学性问题。A 校是一所省属重点大学,在师范教育(学前教育、应用心理学)、非洲研究方面居于全国同类高校前列,但在财经商贸和国际化办学方面尚缺乏成功案例。A 校内部能否将优质的国际教育资源投入到义乌校区? 新校区能否达到设定的办学规模? 校区建成后,后续还需要持续给予多少的办学资助? 最终这一学校能取得怎样的办学效果? 一系列的新问题都成为最终拍板决策时需要全面衡量、综合考虑的现实问题。在这一系列问题没有明确而清晰的分析论证的前提下,要决定这么大的一个项目建设,是很难让地方党委和政府最后下定决心的。

## 二、案例二:B校迁建慈溪方案遇阻

(一)事件概况

慈溪市是宁波下属的县级市,地处杭州湾南岸,是长三角地区大上海经济圈南翼重要的工商名城,多年排名进入全国"百强县"前十位。伴随着2008年5月杭州湾跨海大桥的通车,慈溪全面融入沪杭甬2小时交通圈,一跃成为连接沪甬两地的"黄金节点",在长三角城市群中的战略地位愈加凸显。2016年末,全市户籍人口105万人,实现GDP1209.42亿元,按户籍人口计算,人均地区生产总值达到1.15万美元。2016年实现财政总收入244.93亿元,其中慈溪市级财政总收入144.80亿元;全市一般公共预算支出145.72亿元,其中慈溪市级实现一般公共预算支出105.18亿元。慈溪市是浙江省工业强市,2016年度名列全省第二位。①

B校现位于宁波市南高教园区,行政隶属浙江省食药监局,业务管理隶属省教育厅。学校前身为创建于1984年的省医药学校,1986年招生,1999年12月经浙江省人民政府批准筹建省医药职业技术学院,2002年2月升格为大专。截至2017年5月,现有校区校园占地面积233亩,总建筑面积20.4万平方米,有教职工400余人,全日制在校生7561人。

早在2005年,宁波市政府作出构建服务型教育体系的重大部署,促使在甬高校大力提升服务区域经济社会发展的能力,开启了优质高等教育资源向县(市)区和基层延伸的序幕。2010年以来,宁波市把推进高校与地方合作共建作为高等教育改革的重要突破口,以提升高校人才培养质量,提升高校科学研究和社会服务的水平。为满足县域经济社会日益增长的发展高等教育的需求,宁波市政府办公厅于2014年5月底印发促进高等教育与地方共建的文件,要求高校和县域政府创新体制机制,积极开展区域发展与高等教育发展的合作共建,地方政府与高校可以合作共建二级学院或产学研基地,探索地方在大型公共设施和公共服务平台上与高校共建共管。市政府还要求各县(市)区政府建立校地共建合作统筹机制、保障机制,大力推进校企合作,加快高素质人才培养。各高校也要发挥自身的学科专业优势,进一步创新人才培养模式,推进面向地方需求的应用性科技开发,加快高校科技成果的转化,面向地方开展社会服务,广泛参与地方文化建设。

2014 年,慈溪市全面启动与 B 校的办学合作,拟引进 B 校(主校区)落户慈溪办学,双方达成合作意向,慈溪市将在拟重点开发的文化商务区核心区域提供 600 亩用地,并拟资助 3 个亿,建设面积 16 万平方米的 B 校慈溪校区,建设资金不足部分由 B 校自行筹集。随后具体原则方案经慈溪市市委常委会审议通过,并与 B 校达成书面意向。在后续方案的细化过程中,B 校为缓解建设经费和迁址办学的压力,希望慈溪方能给予更多的优惠性政策。

2014 年下半年,慈溪市政府了解到宁波市另一所省属重点大学下属的独立学院有意向迁址办学的信息后,对其办学情况进行了一次全面的考察调研。调研组成员普遍认为,该独立学院品牌较好、层次更高、学科综合、规模较大,更符合慈溪产业结构转型升级和区域高等教育引进的需求,因此,向慈溪市委建议引进该独立学院落户慈溪办学。经过后续深入的调研和综合的研判,最终,慈溪市与这所省属重点大学达成协议,由慈溪市提供 800 亩学校建设用地、出 8 亿元建设资金,学校方面出 2 亿元办学资金,共同建设该独立学院慈溪校区,规划一期建筑面积 25 万平方米,二期建筑面积 6 万平方米。因慈溪市最后选择了引进省属重点大学所属的独立学院落户办学,B 校最后不得不转向与宁波市下辖的奉化市达成协议,最终落户奉化建设新校区。

(二)原因分析

市场机制在高校"县域办学"过程中发挥了关键作用。市场机制是价值规律的实现形式,是资源在市场上通过自由竞争与自由交换来实现配置的机制。在高校"县域办学"过程中,高校与地方之间体现了双向的供求关系,地方出资引进高校的条件体现了价格机制,高校之间对优质县域的选择或是县域之间对优质高校的争取体现了竞争机制,高校落户县域办学和县域出地出资引进高校落户都存在着不确定的风险因素。

慈溪市是浙江省经济社会发展最强的县域之一，常住人口多、产业条件好、交通环境便利，是高校选择落户的理想县域，因此，高校之间在选择落户慈溪的过程中，会存在同行之间的竞争。而地方在选择引进学校过程中也会多方比较、全面考量，从办学规模、办学层次、学校学科专业与地方经济社会发展的对接程度、引进的条件需求等多方面进行比较研判。慈溪市认为省属重点大学的独立学院是本科办学层次，在校全日制学生有 1 万多人，且有 30 多个招生专业，其中的机械、电子、材料化工、建筑、艺术设计、电子商务等专业都与慈溪产业紧密结合。而 B 校的专业主要集中在医药领域，且还是专科层次办学，在校生规模也只有 7000 多人，未来宁波校区还将保留，到慈溪办学其规模存在不足。因此，慈溪市最终取消了引进 B 校落户慈溪的计划，转而与另一所大学达成协议，愿意花更大的代价引进该校的独立学院落户慈溪。

### 三、案例三：C 校迁建岱山方案未获批准

（一）事件概况

岱山县位于舟山群岛中部，隶属于舟山市，全县陆域面积 326.5 平方公里、海域面积 4916 平方公里。2016 年全县总人口数为 18.5 万人，实现地区生产总值 232 亿元，县级一般公共预算收入 14.1 亿元。[①]

结合国家舟山群岛新区的建设，浙江省规划在岱山县鱼山岛建设舟山绿色石化基地，总投资额预计 1600 亿元。舟山绿色石化基地定位为现代大型一体化绿色石化基地、宁波国家级石化产业基地的重要拓展区和中国现代海洋产业基地的有力支撑，计划通过 15 年的持续开发建设与运营，做大做强基础有机化工原料、新材料与精细化工产业，打造成为特色鲜明、效益显著、开放先进的国际一流石化产业基地。基地的建成对优化长三角区域石化产业布局、提高浙江省基础化工原料供应能力和下游石化产品市场竞争力，以及对我国进一步参与全球石化产业分工，参与"一带一路"建设，

---

① 岱山县统计局.岱山县 2016 年国民经济和社会发展统计公报[EB/OL].（2017-03-17）[2020-09-15].http://www.daishan.gov.cn/art/2017/3/17/art_1326545_12565838.html.

促进国家石化产业转型升级,都具有积极的意义。

C 校成立于 2000 年 1 月,是以母体高校为依托创建的一所独立学院。学院目前办学校址位于浙江舟山群岛新区(舟山市)定海区,占地面积 500 亩,建筑面积 14 万平方米,面向全国招生,现有全日制在校本科生近 6000 名。

为满足舟山绿色石化基地建设的人才需求,C 校的母体高校与岱山县达成协议,拟在岱山县建设 C 校新校区,整体迁建,为绿色石化产业做好人才培养。该建设项目被列入浙江省"十三五"重大项目实施类计划,总建筑面积 22 万平方米,包括教学、行政、实验、科研用房和生活用房,总投资 12 亿元。

但 C 校岱山校区在省级主管部门最后论证的过程中,方案没有获得通过。2017 年 3 月,浙江省教育厅、省发改委联合发文,批复同意浙江国际海运职业技术学院在岱山建设新校区,取代原来拟在岱山建设的 C 校新校区建设。岱山县一期征地 8.27 万平方米,投资 1.6 亿元,拟建成 3.4 万平方米的职教园区,用于浙江国际海运职业技术学院办学。同时成立石油化工学院和产学研基地,主动对接绿色石化基地项目,拟重点开设石油化工专业群,为新区建设输送高素质专业技能人才。

(二)原因分析

区位交通条件是一所具有较大办学规模的本科院校选择落户县域过程中需要重点关注的问题。从浙江省以"县域办学"为主要特征的第三次高等教育布局调整情况来看,区位交通条件好,离杭州、宁波较近的周边县域优先获得了中心城市高等教育资源的溢出。但能否在有国家重大产业布局的海岛县域或其他有较强经济基础而区位交通条件一般的县域发展高等教育,在现阶段确实是一项较难决策的事情。

从岱山县产业布局来看,国家利用海岛海运交通便利的优势,借鉴新加坡等海岛石化产业发展的经验,建设大型绿色石化基地,基地的建成投用必将对包括化学化工在内的人才有广泛的需求,但是否适合在临近基地的县域建设本科层次的高校,在当前还存在着较大的争议。从地方政府的角度来看,布局高校能实现高校和重大产业的联动发展,既能满足产业对人才的需求,也能同时推动海岛县城的城市化进程,改变多年来海岛县城常住人口不断减少的现状。从高校的角度来看,直接面向国家大型产业集群服务是实现一般本科院校尤其是独立学院向应用型高校转型发展的良好机遇,与此同时还能获得县域政府对高校基本建设的重大投入,解决办学空间、教学基础资源不足等问题,因此高校也有意愿到海岛县域办学。

但从上级政府主管部门的角度来看,高校办学地点的变迁、新校区的建设,不仅是涉及高校自身办学的重大问题,也是涉及全省、全市高等教育布局的重大问题。在海岛县域交通条件没有改善的条件下,要在海岛县域举办本科层次的高等教育,存在很多不确定性因素,势必对高校的招生、人才引进等工作产生严重影响,甚至会危及学校的生存。因此,就当前而言,在海岛县域暂不适宜本科层次高校发展。

## 四、案例四:D校落户县域方案两次遇阻

### (一)事件概况

富阳位于杭州西南部,古称富春,公元前221年置县,至今已有2200多年的历史。富阳区域面积1831平方公里,户籍人口67.2万。2016年,富阳实现生产总值697亿元;财政总收入97.2亿元,其中一般公共预算收入57.6亿元。① 富阳是浙江全省14个工业产值超千亿元的区、县(市)之一,拥有信息技术、装备制造、生物医药等新兴产业。富阳经济技术开发区于2012年成功创获国家级经济技术开发区,获评2016年度先进国家级经济技术开发区称号。

桐乡市位于浙江北部杭嘉湖平原,是嘉兴市下属的县级市。距上海148公里,距杭州65公里,县域总面积727平方公里。2015年,桐乡市GDP 652.6亿元,按户籍人口计算约为人均1.52万美元;全年完成财政总收入100亿元,一般公共预算收入55亿元。②

D校也是一所由浙江省属高校举办的独立学院,于2000年开始办学。学校现设有本科专业29个,在校生6000余人,现有专任教师380余人。D

---

① 杭州市富阳区统计局.2016年杭州市富阳区国民经济和社会发展统计公报[EB/OL].(2017-02-21)[2020-09-15].http://www.fuyang.gov.cn/art/2017/2/21/art_1405381_14477137.html.

② 桐乡市统计局.2015年桐乡市国民经济和社会发展统计公报[EB/OL].(2016-03-11)[2020-09-15].http://www.tx.gov.cn/art/2016/3/11/art_14_62901.html.

校原办学地址在杭州市文一西路淘宝城周边地块,借用一房地产公司在该区域开发的房产项目开展办学。随着杭州城西未来科技城的开发热潮,D校原来办学场地的商业开发价值远远高于办学价值,原合作企业提出解除合作协议,希望D校另寻场地办学。

2009年5月,D校的母体高校与杭州市下辖的富阳市签订协议,拟将D校迁址到富阳市准备集中开发建设的大学城办学,初定办学规模为全日制在校生1万余人,所需用地不少于1000亩。但由于富阳市给出的办学引进条件较为一般,办学用地和学校建设大部分经费都要学校自己来筹集,因此,迁址富阳的方案最后未能实施。

2012年12月,D校的母体高校转而与嘉兴市下辖的桐乡市签订协议,准备将D校由杭州市文一西路迁至桐乡市梧桐街道庆丰区块。根据2013年10月浙江省发改委批复,新建校园工程规模为在校生8000人,用地约550亩,总建筑面积23.7万平方米,不含土地费用的总投资额约为8.6亿元,由桐乡市文教园区建设投资有限公司和D校共同出资建设;D校主要负责新校区建设的二次装修费用,新校区建设期为23个月。但到2014年11月,桐乡市政府由于财政压力,以及对引进独立学院办学的层次、质量的深入考查,突然放弃协议。在桐乡市的人代会上,以人大代表投票表决的形式,否决了原定的与D校母体高校的合作。

桐乡市单方面中止合作办学协议,迫使D校不得不再次寻找新的办学地点。2015年2月,最终与离杭州中心城区较远的绍兴市下辖上虞区达成协议,迁址到上虞开发区建设新的校区。新校区项目位于上虞滨海新城东侧,一期办学用地550亩,新建校舍约24万平方米,项目总投资10亿元左右,一次性完成新校区建设。新校区按照全日制在校生6800人的规模规划建设,远期规模约1万人。

(二)原因分析

D校迁建一波三折,从起初与富阳市签约,到后续在更好的办学条件吸引下到桐乡签约,再后来由于桐乡市人代会否决了合作协议,被迫到上虞市办学,这一迁址办学的曲折过程,表明市场机制在高校"县域办学"过程中发挥了核心作用,供求、价格、竞争、风险这四个要素在D校迁建过程中得到了充分体现。

2009 年是浙江省这一轮高校"县域办学"的初期,富阳市凭借良好的区位条件想吸引一部分在杭州城区的高校落户富阳发展,提出了建设富阳大学城的设想,这对当时的县域政府来讲,是一个具有超前发展眼光的计划,正适合了教育部 2008 年出台《独立学院设置与管理办法》后,一批独立学院需要迁建的内在需求。当时浙江省有一批高校与富阳签订了框架性协议,拟在富阳建设新校区。这一过程体现了市场机制中的供求和竞争关系,地方政府与高校是两个互有需求的市场主体。但限于县域财政实力,富阳无法给拟引进的高校提供较为丰厚的新校区建设投入,只能在土地等方面提供优惠性支持。面对新校区建设的巨大投入,在缺乏地方政府有效支持的情况下,高校自身无法负担这一巨大的办学成本。与此同时,浙江省其他县域政府也看到了在杭高校有迁建校区的巨大需求,纷纷给出优惠的条件,拟吸引相关高校来本县域落户发展,这反映了高校落户县域办学的过程中,不同县域之间存在的竞争关系。最终,一批已签约的高校都没有实质性推动富阳校区的建设,转而与其他县域政府协商洽谈,以寻求更好的迁建政策条件的支持。如浙江工业大学与绍兴市柯桥区达成协议,将浙江工业大学之江学院迁到柯桥,以柯桥区原有一职业学校校区为基础,进行改造扩建,建设资金由地方政府全额解决。这一过程,也体现了价格因素在高校落户县域过程中的重要性。

高校在落户县域过程中也存在现实的风险,桐乡市在与 D 校的母体高校签订协议后,再经过深入的综合分析研判,认为给出的条件过于优厚,拟引进的 D 校的学科专业与地方之间的对接度也存在一定差距,从已经落户桐乡办学的高校对地方经济社会发展的实际拉动作用来看,也并不见得有很大作用,因此对花较大的代价引进 D 校产生了动摇,最后以人代会投票形式否决了这项本已签订的合作办学协议。这也充分反映出,在高校选择落户县域办学的过程中,地方政府与高校作为两个独立的市场主体,都存在着现实的风险。

## 本章小结

我国高校落户县级行政区域办学已有较长的一段历史,早期落户县域办学的高校主要是基于国家发展战略需要和区域特定发展需求。进入高等教育大众化发展阶段,尤其是到了后大众化发展阶段之际,随着高等职业教育的进一步发展,独立学院办学规范性要求的提出,部分高校办学空间拓展的需求,新一轮较大规模的高校落户县域办学现象开始呈现,成为我国高等教育后大众化时期布局调整的重要特征。本章对浙江省普通本科高校"县域办学"、独立学院"县域办学"和高职院校"县域办学"三类情况进行了个案分析。

针对浙江省高校"县域办学"过程中出现的四个不成功案例,本章进行了深入的探究分析。在市场机制条件下,高校落户县域涉及高校与县域政府两个主体之间的利益博弈,高校办学实力的强弱、落户县域高教机构的性质、所需办学资源的多少、校区地理位置、地方政府能提供的场地面积、能给予的引进资金与相关配套政策、高校或地方领导人的调整等都会影响高校能否成功落户到相应县域。分析其中原因,对其他未来拟选择落户县域办学的高校或拟引进高校到县域的地方政府,都具有参考借鉴意义。如何帮助政府和高校更好地实施高校"县域办学",提高这项工作的科学性,也成为本书后续研究的重点内容。

# 第五章　面向区域办学的英美高校特征分析

在后大众化高等教育阶段来临之际，以浙江省为代表的我国部分经济发达省份出现了高等教育向县域下沉的现象，这类"县域办学"的高校在办学定位、服务面向、资源渠道等方面与美国赠地学院有许多相似之处，在学科定位上与英国的多科技术学院有很多类似之处，"县域办学"高校与区域之间的关系，也带有较多的美国"相互作用大学"的办学特点。因此，研究分析国外相关高校的办学模式与办学特色，对加强我国"县域办学"高校的建设发展具有一定的参考借鉴作用。

## 第一节　美国赠地学院办学特征

当前，我国"县域办学"的高等学校，大部分是由县级政府无偿或以极低的价格提供土地，全额或部分补助开展县域校区建设，带有较为明显的赠地学院的办学特点。因此，分析梳理美国赠地学院的办学特点，对加强我国"县域办学"高校建设，具有较好的学习参考意义。

1862 年美国颁布实施了《莫里尔法案》，把一些土地赠给各州创办农工学院，凡是州政府利用该法案创办或资助的院校都被称为"赠地学院"。拨地兴办赠地学院的初衷是发展经济、振兴农业高等教育、培养农工建设人才，但赠地学院的创立对美国乃至世界的高等教育也产生了深远的影响。

### 一、赠地学院的发展背景

美国通过西部大开发使得国土面积快速扩大,为发展广大西部地区的农工经济,急需大批具有实用农工技术的专业技术人才,以提高工农业生产效益,加快推动美国经济发展。但西部地广人稀,工农业发展遇到了高素质劳动力严重不足的现实问题。而美国的高等教育来源于英国,侧重于向上层人士子女传授经典学术科目和宗教课程,崇尚博雅人文教育,普遍轻视实用农业技术教育。自 1776 年独立建国尤其是西部大开发以后,大学与社会经济发展脱节、不能培养适合生产发展需求的实用人才的问题更为突出,大大延缓了美国农业技术的推广和工农业生产机械化的推进。

在 19 世纪,农业经济在美国占主导地位。美国 19 世纪中叶的农业人口占总人口的 80%,在佛罗里达州更是高达 95%。[①] 但农业高素质劳动力和农业机械的匮乏,农业技术信息的闭塞和现实农业生产技术的落后,使得美国虽然国土面积巨大,农业却长期发展缓慢,引起了社会各阶层的普遍不满。要提高农业生产效率,就必须让农民掌握相应的农业生产技术知识,提高农民的文化素质,让他们接受相应的教育培训。同时,还要大力发展农业机械化技术,以有效提高农业生产效率,促进农业经济与工业经济的双重发展,推动美国整体经济的快速增长。高等教育的发展缓慢和传统办学模式与经济发展需求之间的矛盾,迫使美国社会开始讨论,要对高等教育体制机制进行改革,美国需要造就一大批能够教授农业生产技术、推动农业机械化发展的高校,以促进当时农业经济的发展和广大西部国土的开发。

1862 年,林肯总统颁布了在美国历史和高等教育发展历史上具有重要意义的《莫里尔法案》。该法案规定:联邦政府依照 1860 年分配的每州参加国会的议员名额,每一个名额可以分得 3 万英亩的公用土地或相等的土地期票;各州出售公地所获得的资金收益至少要资助一所农工学院(又称"赠地学院"),收益的 10% 可用于购买校址用地,其余部分设立为捐赠基金,其利息不得低于 5%,用于学校长期发展;农工学院主要从事农业技

---

① 忻福良.各国高等教育立法[M].上海:上海交通大学出版社,1992:164.

术推广和机械技艺方面的教育,为农工业的发展培养所需的专门人才;如果这笔捐赠基金在 5 年之内未能使用,则要全部退还给联邦政府。①

1865 年 4 月,美国经过 4 年时间的南北战争,最终代表资产阶级的北方美利坚合众国战胜了代表奴隶主阶级的南方美利坚联盟国,美国南部农业州的蓄奴制度得以废除,为美国资本主义经济的发展开辟了广阔的道路,也加快了美国农业生产技术和农业机械化推广的步伐。结合联邦政府《莫里尔法案》的实施,美国各州也采取不同的方式大力发展面向农业生产的高等教育,如创立以培养农业人才和推进农业机械化为主的州立大学,在已有的私立大学或州立大学中设立新的农工教育项目,部分州还将联邦赠地基金与私人捐赠加以组合,建立新的大学和学院。《莫雷尔法案》得到深入实施,美国各州普遍建立了各类农业技术专科学校、农业技术学院和农工专业为主的州立大学,统称为"赠地学院"。赠地学院强调实用主义的办学理念,坚持为本州的农业生产和经济社会发展服务,为地方培养高素质的实用型人才。赠地学院有力地促进了美国高等教育和农业技术与农业机械的发展,成为美国高等教育发展历史上的一个成功典范。②

在 1862 年之后,美国国会还继续通过一系列的法案,以加强赠地学院的建设和发展。1887 年,通过实施《哈奇法案》,授权联邦政府每年向各州拨款 1.5 万美元,在赠地学院建立农业实验站,以推动农业新技术的研究;1890 年,通过《第二莫里尔法案》,授权联邦政府对赠地学院提供年度拨款,以保证其有充足的正常运行经费;1907 年,通过《莫里尔法案修正案》,授权联邦政府向赠地学院追加额外的增地基金;1914 年,通过《史密斯—利弗法案》,在赠地学院建立农业推广站,授权赠地学院提供校外服务,加快农业技术与最新农业科技成果的应用与普及。这一系列旨在推动高等教育与美国农业经济发展法案的实施,进一步强化并完善了赠地学院的办学导向,极大地促进了美国农业经济的发展。

美国农产品产量从 1860 到 1890 年增加一倍,1910 年又比 1890 年增

---

① 沈红.美国研究型大学的形成与发展[M].武汉:华中理工大学出版社,1999:27-28.
② 曾蔚阳.从"威斯康星思想"到"相互作用大学":我国新建地方本科院校战略发展启示[J].教育评论,2015(6):162.

加一倍,成为世界上最大的粮食出口国。① 美国通过建立赠地学院,实施科教兴农战略,优先发展高等农业教育,直接推动了农工业的迅速发展,满足了人口激增对高等教育的需求,促进了高等教育职能的转变。

## 二、赠地学院的办学理念

面向农业生产、服务社会需求是赠地学院的办学理念。一般认为,以"威斯康星思想"著称的威斯康星大学是大学社会服务职能的肇始者。1904年,在范海斯(Charles R. Vanhise)校长的领导下,威斯康星大学提出了"威斯康星计划",鲜明地举起了大学必须为地方经济服务的旗帜,产生了影响深远的"威斯康星思想"(Wisconsin Idea)。范海斯校长认为,大学的基本职能除了培养人才和进行科学研究之外,还应包括面向社会的服务工作。大学要把学生培养成有知识,有能力的公民;同时要创造新文化、新知识,进行科学研究;还应面向社会,传播知识,使广大人民能够应用大学提供的知识解决社会各方面的问题。②

在人才培养、科学研究和社会服务三大职能当中,范海斯校长尤为重视大学社会服务职能的发挥,他强调:"州立大学的生命力在于她和州的紧密关系中。州需要大学来服务,大学对于州负有特殊的责任。教育全州男女公民是州立大学的任务,州立大学还应促成对本州发展有密切关系的知识的迅速成长。州立大学教师应用其学识专长为州作出贡献,并把知识普及于全州人民。"③

强调大学的社会服务职能,是一种全新教育思想的体现。1912年,查尔斯·麦卡西在其专著《威斯康星思想》中用"威斯康星思想"一词概括了威斯康星大学的办学思想与模式。④ 在这种思想的指引下,威斯康星大学教授主动为州政府提供各类决策咨询意见,直接参与议会委员的法律起草,部分教授还在政府部门兼任职务,开创了高等学校直接为政府服务的先例。学校成立的大学推广部在全州各地建立地区"推广教育中心",积极

① 胡紫玲,沈振锋.从《莫里尔法案》到《史密斯—利弗法案》[J].高等农业教育,2007(9):87.
② 顾明远,梁忠义.世界教育大系·美国教育[M].吉林:吉林教育出版社,2000:141.
③ 陈学飞.当代美国高等教育思想研究[M].大连:辽宁师范大学出版社,1996:31.
④ 王廷芳.美国高等教育史[M].福州:福建教育出版社,1995:140.

威斯康星大学

范海斯（Charles R. Vanhise）

开展各类技术技能和函授教育，提供各种短期实用的培训课程；学校的实验室为社会组织提供包括矿石、土壤、化肥、燃料等成分分析的化验；学校还面向社区办了流动图书馆，"把整个州交给大学"，"大学要给人民以信息、光明和指示"成为"威斯康星计划"的核心理念和努力目标。①

"威斯康星思想"出现之后,美国一大批高校纷纷效仿,有力地推动了美国高等教育的发展,大学开始真正与社会实际、与生产实践相结合,大学的社会服务职能成为继人才培养与科学研究之后的第三项主要职能。从此之后,赠地学院不仅为普及推广农业科技服务,还提供许多有关解决社会经济、组织管理、公共教育和卫生问题的相关咨询服务,成为州政府各部门的"智囊"。哈佛大学校长艾略特曾指出:"威斯康星大学是一所优秀的州立大学,它之所以取得这样的地位,是由于它向州部门提供了专门知识,向大众提供了讲座,把大学送到了人民当中。"②

### 三、赠地学院的办学特点

赠地学院的创建与发展首先面向美国农业发展需要,由美国联邦政府主导产生,获得了各州的广泛支持,并持续为各州社会的整体发展提供有效的大学服务。强调高等教育的社会服务功能,为社会培养实用人才,成为其办学的显著特点。

#### (一)以实用知识为主开展教学

在 1860 年之前,美国高等学校的教学内容受哈佛、耶鲁、哥伦比亚、普林斯顿、新泽西、达特茅斯学院等"常春藤盟校"的影响很大,由于这些学校都受英国和欧洲大学的影响,偏重于宗教、法律、医学等古典学科,教学内容主要是起源于古希腊的逻辑、修辞、语法、天文、数学、几何、音乐等"七艺",称为博雅教育(Liberal Education)。大学办学的重要目标是为教会培养基督教神职人员,教学严重脱离社会实际需要。③

赠地学院的建立主要是为农业、工业建设培养人才,面向社会实际办学。1857 年,莫里尔在向美国联邦众议院提出的议案中就明确指出,建立赠地学院目的是"促进工业阶级的文理和实用的教育"。④ 因此,赠地学院

---

①　王英杰.规律与启示——关于建设世界一流大学的若干思考[J].比较教育研究,2001(7):2.

②　劳伦斯·阿瑟·克雷明.学校的变革[M].单中惠,等,译.上海:上海教育出版社,1994:187.

③　杨光富,张宏菊.赠地学院对美国高等教育的影响[J].河北师范大学学报(教育科学版),2008(10):8.

④　顾明远,梁忠义.世界教育大系·美国教育[M].吉林:吉林教育出版社,2000:107.

建立后,就选择了与传统院校截然不同的教学内容,针对农业和工业的急需,创立农业技术、农业机械、工艺等新的学科专业,使原来不受重视的农工生产科目在大学中占据了重要地位,摆脱了传统大学教育主要面向上层社会、面向宗教办学,以博雅教育为主的办学传统。

（二）采用理论与实践结合的教学模式

赠地学院设立后,除了大学的教学内容发生重大变化外,大学的教学模式也发生了变化。以往美国的高等教育因为主要面向教会办学,注重文辞的演练,记忆和背诵教条是主要的教学方法,要求学生机械地背诵学习和反复进行口语练习。赠地学院面向农工业生产、面向社会实际办学,不仅重视知识的传授,还特别重视理论和实践应用的结合。各个赠地学院普遍设有示范农场,学校经常组织学生到农场参加生产,并把所学知识应用于实际。赠地学院后来又建立了农业实验站和推广教育中心,师生亲自动手进行科学实验、研究农业技术,自己动手设计并操作机器,走出校门去考察工业生产、政府管理和社会制度,从根本上改变了过去死记硬背的教学方法。

由于教学内容和教学方法的改变,赠地学院培养的农工专业人才逐渐成熟并受到社会的普遍认可,在推动美国农工业发展过程中发挥了重要作用,从而彻底扭转了传统高等教育重理论、轻实践的倾向,并确立了农业和工艺学科在高等教育中的重要地位。

综上,通过赠地学院的建立与发展,有效地推动了美国农业生产的发展,也由此带动了美国高等教育的改革,使美国大学的办学目标发生了重大的转变,美国高校开始面向现实、注重为社会提供服务,对美国经济的腾飞发挥了重要作用,极大地促进了美国社会的整体进步。

（三）推动了美国高等学校多样化发展

赠地学院的创建与发展,还有效地推动了美国高等教育多样化发展格局的形成。赠地学院的出现及其取得的显著办学成绩,引发了美国高等院校之间的竞争,导致了美国高等教育内部结构的变化。传统大学为了获得联邦政府资助,就要和赠地学院展开竞争,就不得不改变原来偏重理论的学术性课程,采用更实用化、平民化的课程内容和教学方法。在和传统大学的竞争过程中,赠地学院也在不断发展,除了开设农业技术方面的课程之外,学校还面向社会需要开设经济、管理、教育、机械、艺术等课程,推动美国大学朝着综合化方向进一步发展。对此,美国教育家考利(W. H. Cowley)指出:"《莫里尔法案》最有意义之处在于它在资助创建农业、机械或其他实用学科的高等院校时,并没有规定这些院校不教授其他自然科学或古典学科,从而导致了美国高等院校中最有影响的学校——综合大学的产生。"①由此,美国高等教育逐渐构建起了层次丰富、类型多样的教育体系,既有综合性的研究型大学,又有私立的文理学院和专门的技术学院。

赠地学院由于有联邦赠地基金补助,同时还能获得其他政府财政资助,因此收费较为低廉。其办学强调理论联系实际,主动服务农工生产和社会需求,因而这类高等院校发展迅速,学校数量成倍增长,办学规模也不断增大。1862年《莫里尔法案》通过之初,全美仅建立了少数几所赠地学院;到1871年,赠地学院就发展到了29所;1896年,达到了69所。根据1999年美国全国大学与赠地学院联合会(NASULGC)的报告,当时赠地学院遍布美国各州,共有105所,包括著名的加州大学系统高校、威斯康星大学系统高校等。虽然105所赠地学院的数量仅占美国4000多所高校的很少一部分,但在校生人数却占四年制大学在校生人数的1/4,每年授予的博士学位数占全国总数的60%,授予学士和硕士学位数约占全国总数的1/3。②

通过《莫里尔法案》的实施,美国成功创办了赠地学院,改变了传统高等教育的发展模式,在威斯康星大学办学理念的引领下,美国大学走出了古典大学的围墙,在面向农业生产实践办学的过程中,不断拓展办学职能,形成了大学服务社会的新职能,使美国高等教育获得了新的生命,进入到多样化、高质量发展的新阶段,成为世界其他国家大学学习效仿的榜样,其影响十分深远。③

---

① Smith GK. Twenty Five Years:1945-1970[M]. Jossey-Bass Inc.Publishers,1970:148.
② 魏礼庆.美国赠地学院的起源与现状[J].教育参考资料,2001(2):32.
③ 杨光富.赠地学院对美国高等教育的影响[J].河北师范大学学报,2008(10):10.

## 第二节　英国多科技术学院办学特征

第二次世界大战结束后,经济发展和科技进步对高等教育提出了新要求,面向科学研究、技术研发的高等教育受到重视,很多国家都开始调整高等教育结构,一批科技型大学应运而生。为适应世界经济和科技发展需要,英国在二战后加快高等教育改革步伐,在传统45所"自治"大学的基础上,创建了34所由"公共控制"的多科技术学院,开启了高等教育"二元制"发展时代,虽然后来因多科技术学院向大学"漂移",导致多科技术学院的最终消失,终结了英国高等教育的"二元制"时代,但在当前我国高等教育强调分类发展、特色发展的背景下,其办学特征对当下我国高等教育改革也还具有学习借鉴价值。

### 一、多科技术学院产生的背景

#### (一)英国国民有接受高等教育的强烈愿望

英国传统的高等教育以"博雅教育"为主,面向上层社会和宗教。在第二次世界大战之前,英国家庭的子弟能够接受高等教育的机会极少,但在二战结束以后,英国社会整体由精英社会向大众社会转型,随着战后英国经济的快速发展,普通民众对扩大高等教育入学机会的呼声日益高涨。二战后,英国高等教育面临的一个重大问题,就是随着中学生人数的不断增加,就读大学的适龄人数不断增长,而大学入学人数则相对有限,导致很多中学毕业生不能升入大学,无法满足普通民众接受高等教育的需求,也阻碍了普通民众向上流动,使英国社会阶层呈现出日益固化的趋势。[①] 据1961年罗宾斯委员会调查报告,20世纪50年代中期,英国大学录取人数仅占适龄人群的3.5%;到20世纪60年代初,大学录取人数也仅占适龄人群的4%。报告建议加快发展高等教育,提高高等教育入学率,到1980—1981学年,英国接受高等教育学生数由1962—1963学年的21.6万提高到

---

① 陈新忠,卢瑶.分流施教:英国多科技术学院应用型人才培养的经验与启示[J].教育与职业,2016(23):23.

55.8 万,其中大学学生数量由 11.8 万提高到 34.6 万。<sup>①</sup> 在此背景下,创办多科技术学院,推动高等教育由传统精英教育向职业技术教育转变,成为英国社会的共识。

(二)经济发展对提升高等教育有现实需求

第二次世界大战结束后,和平与发展成为世界各国的主题,全球经济与科技进入到一个快速发展的大时代。美国、法国以及战后德国、日本的高速发展给英国带来了巨大的挑战。这些国家在高等教育领域也出现了有别于传统大学的新型高校,如法国的大学科技学院、西德的应用科技大学等,高等教育正在面向经济社会发展需要作出积极的调整。在此背景下,英国政府也积极推动高等教育改革,在 20 世纪 60 年代先后成立了萨塞克斯学院、阿斯顿学院、巴斯学院等 9 所多科技术学院。在建设多科技术学院之前,英国政府为满足高层次专业技术人才培养需要,早在 20 世纪 50 年代就在英格兰和威尔士建立了 10 所高等技术学院(colleges of advanced technology)。但由于高等教育系统中存在的"学术漂移"传统,这批高等技术学院经过短暂的快速发展后,到 20 世纪 60 年代已不再专注于工程技术人才的培养,而不断向大学靠拢,提供类似大学的教育,并于 1966 年升格为大学。而英国的大学往往对应用工程技术人才培养不足,一般以文理见长,为了培养更多的适合经济发展需要的高素质应用型技能人才,英国政府就需要在传统大学之外扶持一批新型高等学校。<sup>②</sup>

(三)福利国家思想推动了多科技术学院的创建

第二次世界大战后,英国工党上台,并于 1945 年开始三次连续执政。工党政府奉行民主社会主义,为了获取民众支持,提出了福利国家的发展思想,这种思想对英国高等教育的发展变革也有着直接联系。<sup>③</sup> 为把英国建成世界上第一个福利国家,提高人民生活水平,让人们摆脱极端贫困,扩大高等教育入学率等成为工党政府的执政目标。英国还颁布了一系列政策,以保障多科技术学院的产生与发展。1944 年,《珀西报告》建议政府要选择一批技术学院开设高级技术课程,并尽可能地让这些学院拥有学位管

①　孙敏.英国多科技术学院调研报告(上)[J].世界教育信息,2013(9):42.
②　孙敏.英国多科技术学院调研报告(上)[J].世界教育信息,2013(9):42.
③　魏芳芳.英国多科技学院的发展历程及启示[J].河南科技学院学报,2016(12):53.

理的权限。① 1946 年,《巴洛报告》支持《珀西报告》的建议,并鼓励发展科技教育。② 1963 年,《罗宾斯报告》建议政府立即扩大高等教育规模,将所有高级技术学院升格为大学,这为多科技术学院的发展留出了更大的办学空间。

(四)科技迅猛发展推动了多科技术大学的创办

第二次世界大战后,世界科技领域发生了重大变革,以原子能技术、航天技术、电子计算机技术、生物工程技术的应用为代表,爆发了"第三次科技革命",极大地推动了人类社会的发展,对世界各国的经济、政治、文化领域也产生了重大影响。科学技术的迅猛发展对各国高等教育的改革发展也提出了强烈的要求,但在这一时期,英国高等教育的发展明显落后于其他发达国家,英国的高等教育危机不断加深。1963 年 9 月,工党全国代表大会发布政策声明,指出英国的高等教育正面临空前严重的危机,需要有强有力的行动来改变现状。③

基于以上原因,1965 年,时任英国教育与科学国务大臣的克罗斯兰德提出英国高等教育双重体制的构想,并提出关于多科技术学院改革的政策。1966 年,英国政府颁布《关于多科技术学院与其他学院的计划》,整合现有独立学院,成立若干多科技术学院,多科技术学院在地位上与传统大学平等。④ 到 20 世纪 70 年代,英国政府又通过学院调整与合并,先后组建了 34 所多科技术学院,成为英国双重制下公共高等教育的主体,推动了英国高等教育的大众化与民主化进程。

## 二、多科技术学院办学特点

满足社会对于技术教育的广泛需求,面向社会培养应用型人才,强化高等教育服务社会的办学理念,构建多主体参与的高校管理机制,是英国多科技术学院在长期办学实践过程中形成的办学特点和办学优势。

---

① 黄福涛.外国教育史[M].上海:上海教育出版社,2008:32.
② 魏芳芳.英国多科技术学院的发展历程及启示[J].河南科学院学报,2016(12):55.
③ 王承绪.英国教育[M].长春:吉林教育出版社,2000:26.
④ 魏芳芳.英国多科技术学院的发展历程及启示[J].河南科学院学报,2016(12):54.

（一）培养应用型人才的办学定位

受历史传统的影响，英国大学崇尚"学术至上"，注重理论人才培养，忽视应用研究，轻视技术人才教育。二战后，英国经济急需大量应用技术人才，以推动经济快速发展，实用主义教育思潮由此兴起。为了促进经济的快速发展，英国高校开始与产业界联系，寻找教育、科技与产业联系的有效途径。① 多科技术学院以培养应用型人才为办学定位，较好地适应了经济社会发展对高等教育人才培养提出的现实要求。为了更好地培养社会适用的应用型人才，多科技术学院加强与地方工商业的联系，共同培养应用型人才。多科技术学院特别重视学生应用技术能力的培养，增加实践课程的比重，提高学生的实际动手操作能力，以增强毕业生与未来职业的联系。② 大量以应用型人才培养为办学定位的多科技术学院的产生与发展壮大，为英国经济社会的发展注入了动力。到 20 世纪七八十年代，多科技术学院承担了英国应用型人才培养的主要职能，发挥了不可替代的重要作用。

（二）强化社会服务的办学职能

"大学自治"是英国传统大学的特点，其课程设置主要围绕人文、自然等纯理论学科。而英国多科技术学院的办学强调社会融入，课程设置侧重学生职业技术技能的培养与训练，学院面向社会办学，强调培养经济社会发展需要的技术技能型人才，在英国高等教育领域首创服务社会的办学理念。英国多科技术学院与产业界深度合作，其学科专业设置与教学内容调整主要是根据社会工商业的发展需要来确定的，学院开办的专业大多是社会上较为热门的专业，每个专业的课程设置、培养计划都是进行市场调查后确定的方案，学院办学充分考虑了社会经济发展的现实需要。多科技术学院的每年招生人数也是根据社会的实际需要和人才市场供求状况来确定的，一旦发现社会劳动力市场某类人员过剩，学院将报经主管部门批准，及时调整招生计划方案。③

---

① 魏芳芳.英国多科技术学院的发展历程及启示[J].河南科技学院学报,2016(12):55.
② 魏芳芳.英国多科技术学院的发展历程及启示[J].河南科技学院学报,2016(12):54.
③ 杜才平.英国多科技术学院的办学定位与人才培养[J].高等教育研究,2011(12):105.

（三）构建多主体参与的管理机制

多科技术学院由地方政府出资举办,其主管部门也是地方政府。为优化学院治理结构,在管理机制上,学院会对地方政府、学校理事会、学术委员会之间作出清晰合理的权责划分。地方政府通过地方教育部门掌握对学院的办学控制权,但同时也会受到英国科学与教育部、全国学位授予委员会等的制约。[①] 每一所多科技术学院的设立,都是所在地的地方政府和英国政府之间共同协商的结果,双方有着各自明确的职责。在多科技术学院的内部治理中,地方政府、学校理事会和校长构成学校日常管理的三个主体,地方政府负责掌控学院的整体发展方向,学校理事会负责办学重大事件的决策,校长负责贯彻和落实理事会决定,保证学院日常运行。此外,政府也鼓励教职工参与学院日常管理,推动学院管理的民主化。

## 三、多科技术学院对英国高等教育的价值

自 20 世纪 60 年代创办以来,英国多科技术学院紧贴社会需求、面向社会办学,增加了英国社会高等教育入学机会,丰富了高等教育办学形式,充实了高等教育课程设置,完善了高等教育办学层次,优化了高等教育资源配置,提升了英国社会中下阶层子女向上流动的公平性,促进了英国社会工商业的发展。

（一）增加了高等教育入学机会

多科技术学院扩大了英国高等教育规模,促进了英国高等教育机会公平。学院采取较为宽松的招生政策,为各类生源提供受教育机会。多科技术学院一般实行宽进严出的招生政策,较快地提高了英国高等教育的毛入学率,高校学生人数快速增加,使英国在 1988 年就实现了高等教育大众化。多科技术学院不断优化生源结构,努力为中下阶层子女提供接受高等教育的机会。从办学实际来看,女生数量不断增加,性别比例逐渐趋向平衡。1968—1969 年度女生有 21500 人,占总人数比例的 13％;1975—1976年度增至 49000 人,占 25％;1981—1982 年度增至 75713 人,占 35％;1991—1992 年度达到 178692 人,占 46％。在全日制和工读交替制学生

---

①　魏芳芳.英国多科技学院的发展历程及启示[J].河南科技学院学报,2016(12):55.

中,成人学生比重维持在50%左右;部分时间制学生中,成人学生比重明显增长,从1965—1966年度的52%增至1987—1988年度的87%[①]。英国普通民众的子女入学机会得到保证,数据显示,1991年英国多科技术学院的全日制学生中,28%来自劳动阶层家庭,而同年大学中劳动阶层子女只占19%。[②]

(二)丰富了高等教育办学形式

多科技术学院办学形式多样,开设了大量全日制、工读交替制和部分时间制教育课程,给不同性别、年龄和社会阶层的学生提供了更多自由选择的机会。根据自身实际情况,学生在多科技术学院可以自由选择接受高等教育的形式,可以自由选择接受高等教育两年制或四年制的学制类型,这大大激发了社会各个阶层子女进入多科技术学院学习的热情。1975年,英国多科技术学院中全日制学生占37.1%,工读交替制学生占16.9%,部分时间制学生占46%。1980—1981年度,英国多科技术学院全日制在校学生只有12.5万人,1991—1992年度增长到22.4万人,增长近一倍,占英国高等教育总人数的68%。从在校学生规模看,从1969年创办多科技术学院到1992年这类学校升格为大学,在读学生数与传统大学在读学生数大致相当,成为英国高等教育民主化、大众化进程中除大学之外的最重要的高等教育机构。[③]

(三)充实了高等教育课程设置

与英国传统大学不同,多科技术学院确立了培养实用型技术人才的办学目标。为实现这一目标,多科技术学院在课程设置上进行了充分的论证优化,广泛征求当地工商服务业和厂矿企业和意见和要求,结合自身的办学实际,确定课程名单和教学内容。1973年,结合社会人才发展需要,多科技术学院在原有工程技术科目基础上,逐渐增设商业研究、管理学、社会学、教育、艺术、音乐等课程,多种应用课程并举,培养高素质复合型人才。同时,多科技术学院建立更为灵活的教学形式,通过单元或模块课程教学,及时将社会最新的产业发展变化纳入课堂教学。多科技术学院重点开设

①　孙敏.英国多科技术学院调研报告(中)[J].职业与终身教育,2013(10):33.

②③　陈新忠,卢瑶.分流施教:英国多科技术学院应用型人才培养的经验与启示[J].教育与职业,2016(23):23.

工科课程,发展工科专业,培养了学生的专业技能,同时尊重学生结合个体特点自主选择的权利,让学生自主选择感兴趣的学习课程,累积课程学分,达到专业化培养与复合型培养相融通的目标。这既满足了社会工商企业界对人才素质的要求,也体现了人才培养的学科交叉复合理念,促进了科学技术人才与社会发展需求的一体化。

（四）完善了高等教育办学层次

与传统高等教育相比,多科技术学院能够授予学生更加多元化的资格证书,包括低于学士学位的高等教育文凭、略低于学士学位的国家高级证书、相当于学士学位的国家高级文凭或类似资格证书等,这种多样化的学生毕业资格认定方式直接或间接地对英国高等教育进行了分流,建立了多层次高等教育架构。同时,英国只有全国学位授予委员会和伦敦大学具有高等教育学位授予权,全国学位授予委员会授权传统大学颁发相应学位资格。除全国学位授予委员会外,1858年,伦敦大学也被赋予负责各地学生学位考试的权利,任何学生只要通过伦敦大学组织的学位考试,就可以获取相应的学位证书。为促使学生获得更好的向上流动职位,多科技术学院也督促学生自主选择学位课程,参加全国学位授予委员会或伦敦大学组织的专门考试,以获得相应的各种学位。在1965—1966年度,在多科技术学院就读的学生中,只有4000多名在全国学位授予委员会注册选考89门学位课程,3年后,学生人数就增加到近20000名。①

（五）优化了高等教育资源配置

多科技术学院的创建,打破了传统的英国“一元制”高等教育体制下资源配置的固化格局,通过建立“双元制”的办学架构,对英国发展高等教育的人力、物力、财力和其他相关资源进行再分配,实现了英国高等教育资源的合理分流。主要表现为:多科技术学院通过引入地方政府和社会人士参与学校管理,实现了对高等教育外部人力资源的重新配置。学院通过理事会机制,吸纳地方工商业界优秀人士参与学校办学,充分调动了地方工商企业投资办学的积极性,保证了教育和产业的密切沟通合作,促进了应用

---

① 陈新忠,卢瑶.分流施教:英国多科技术学院应用型人才培养的经验与启示[J].教育与职业,2016(23):23.

型人才的培养。同时,一大批优秀的社会工商企业的管理人员和工程技术人员被选聘担任多科技术学院的兼职教师,保证了教学内容能跟上社会职业发展的步伐。到 1980 年,英国多科技术学院有专职教师 2.8 万人,而社会兼职教师却有 5.5 万人,接近专职教师的两倍,社会工商业界优秀精英人才的加盟,大大提升了多科技术学院应用型人才培养的质量。虽然多科技术学院主要由地方政府资助办学,但在与工商企业密切合作的过程中,学院积极吸纳社会财力、物力投资办学,实现了对高等教育办学物质资源的重新配置。社会工商企业通过资助学校的教学科研活动、提供教师培训经费、给学生提供奖学金、助学金等多种方式,为多科技术学院注入了发展资金,有效提高了多科技术学院的办学质量。

## 第三节 美国"相互作用大学"办学特征

相互作用大学是指实行相互作用战略的大学,其基本发展战略是使学校与所在社区的企业界、公众及政界的领导建立起一种积极的、双向作用的伙伴关系,为实现社区经济繁荣和社会公正的共同目标而努力。[①] 美国相互作用大学是实现高等教育与地方经济发展紧密结合的典型范例。

### 一、"相互作用大学"的产生背景

20 世纪 50 年代以来,美国开始迈入知识经济时代,教育尤其是高等教育对经济社会发展的重要性日益凸显。社会要求大学主动服务周边社区发展,参与解决社会现实问题。面对新时代的挑战,美国许多地区性公立大学开始逐步调整办学方向,同社会进行密切合作,为地方的经济发展服务。[②] 高校与地方互动、协同发展的办学理念开始占据美国高等教育思想的主导地位,美国许多州立大学都开始奉行"以他方为中心"的办学理

---

① 李卿,李宏宇.从美国相互作用大学谈地方高校与政府共建[J].科教文汇,2009(1):6.

② 王廷芳.美国高等教育史[M].福州:福建教育出版社,1999:268.

念,深度融入、服务社区发展。① 20 世纪 80 年代,一批致力于改变美国高等教育面貌、具有革新思想的州立院校的校长开始主导学校办学,他们倡导并积极实践,建立了一种高校与地区发展紧密互动、加强大学与社会相互作用的新大学模式——"相互作用大学",这类新大学与地区之间实施"相互作用战略",强调大学与所在地区的政府机构、工商企业界、社会公众等建立广泛、深度、双向的联合机制,在大学致力于解决地方社会、经济、政治问题的同时,地方也为丰富学校办学资源、扩大学校的社会影响作出努力,在合作中实现共赢,使双方获得新的发展。"相互作用大学"的产生有着特定的社会背景,并受到一系列现实力量的促动。

（一）社会发展面临知识经济的挑战

在新知识经济时代,工业经济向信息经济转变,传统的依靠大量消耗物质资源、大量消耗原材料和土地资源的外延式发展方式已难以为继。仅仅依靠区域地理位置优势和交通便利条件也不能维持一个经济中心的长久繁荣。高素质人力资本和高科技信息技术等成为推动 21 世纪经济发展的核心动力。在信息经济时代,经济的发展、科技的进步,对劳动者素质提出了更多、更高、更新的要求,教育尤其是高等教育成为提高劳动者素质、提升劳动者工作效率的关键因素。因此,面对经济社会发展的转型升级,社会迫切需要高等教育系统及时作出调整应对,建立适应社会发展需要的新型大学。知识经济、信息经济对人才和技术等均提出了与工业经济时代不同的要求,对美国不同层次、不同类型的高校带来了挑战、提出了发展的新命题。②

（二）高水平大学办学职能的缺位

美国高等教育因为特殊的发展历史,有着发达的私立大学系统。受美国政治制度的影响,经过 19 世纪中后期赠地法案等的推动,美国州立大学也获得了加速发展,形成了一批高水平州立大学,建构起了美国高等教育发展的良好生态。尽管优质的私立大学和高水平州立大学也以自身不同的方式在为所在地方提供着特定的服务,但由于高水平大学自身办学定位

---

① 曾蔚阳.从"威斯康星思想"到"相互作用大学":我国新建地方本科院校战略发展启示[J].教育评论,2015(6):163.

② 查永军.美国"相互作用大学"及启示[J].黑龙江高教研究,2010(2):74.

与办学目标的不同,这类学校中并没有出现以地方需求为导向来办学的院校,也没有出现面对地方需求来承担办学责任的大学。因此,地方迫切要求建立一种完全新型的大学,以适应时代发展的需要,提升地方经济社会至一个高质量的发展水平。"相互作用大学"应运而生。[①]

(三)部分院校转型发展的现实需要

面对 21 世纪经济社会发展的重大挑战,美国很多地区性高校在办学过程中意识到,要想最大限度发挥自身的办学优势,寻求与高水平大学之间的差异化竞争,就必须强化自身对区域发展的辐射带动作用,学校要同当地的政府、工商企业界和社区民众等形成一种有意义的"相互作用关系",增进互利合作,获得共同发展。三种类型的院校是美国"相互作用大学"产生的主要来源:一是一部分新建的地方性院校,在建校之初就设计了与地方相互作用办学的体制机制;二是原本就存在的地方院校通过职能调整与地方建立相互作用关系,以服务求支持、谋发展、促转型;三是在一些院校名下的分校为获得更好的发展,面向地方构建与地方的相互作用机制,相互促进,相互进步。

## 二、"相互作用大学"的办学思想

改变传统大学"以自我为中心"的办学观念,树立以社会为中心的"他方中心论"是"相互作用大学"办学思想的核心。确立大学的基本结构、大学获得社区的尊重、大学与社区相结合、社区的尊重对大学的挑战、以他方为中心的积极态度是"相互作用大学"在形成过程中的五个重要标志。

对"相互作用大学"概念的阐述,美国一些院校校长从其学校的改革实践出发,有所不同。例如,G.约翰逊使用"相互作用大学"这个名称来形容他所在的乔治·梅森大学,以区别于"以自我为中心"的传统大学,他认为传统大学远离社会,而"相互作用大学"则是置身于社区喧闹的日常生活之中,肩负着解决地区重要问题的部分责任,理应是地方经济社会发展的积极参与者;休斯敦大学清澈湖分校校长 T.斯托弗提出了"合作大学"的概念,倡导大学与地方政府、社区工商业、地方企业、学校医院、各种协会等组

---

① 查永军.美国"相互作用大学"及启示[J].黑龙江高教研究,2010(2):75.

织机构建立伙伴关系，使大学和这些社会组织共同构成一个整体；莱特州立大学校长 P. 马尔霍兰则使用"大都会区域大学"这个概念来描绘位于人口稠密大城市的广大郊区大学与社会各行业的相互作用关系。①

美国州立大学学院协会会长 A. W. 奥斯塔被美国教育史界誉为"相互作用大学之父"，正是他概括出了相互作用大学的概念，并成为首批积极推动传统州立大学向实用主义教育战略转型的教育家。他指出："我们应密切关注当今社会变革的新浪潮，更要关注大学对社会变革的积极作用；大学只有适应新时期社会潮流的趋向，才能真正成为推动社会发展的引领者，一种新型的大学——相互作用大学将会发展成熟并得到社会的认可。"②

### 三、"相互作用大学"的基本特征

（一）校长是相互作用成功的关键

校长是一所学校中掌控大局的人物，学校的发展规划、战略决策等都得由校长来定夺，所以持相互作用思想的校长是学校与地方相互作用成功的首要因素。一所学校的校长明确学校的办学定位与办学目标，充分了解自己学校的办学状况，致力于发挥学校的优势和潜力，面向社会开放办学，主动关心和维护社区的利益，从而及时有效地解决学校与地方的现实问题，使学校成为社会发展的支撑性力量。

（二）强调"以他方为中心"的特征

高校既要明晰自己的办学定位、认清自身的独特价值，更需要植根于地方，结合地方社会、政治、经济、文化的特点来确定自身与众不同的发展方式，通过为地方发展服务，将学科、专业和课程设置与地方产业发展和社会人才需求紧密联系，形成学校办学新特色，培育学校办学新优势。"相互作用大学"在"以他方为中心"观念的指导下，主动站在地方需求的角度来思考校地合作问题，从学科专业建设、人才培养、科学研究、社会服务、文化

---

① 王廷芳.美国高等教育史[M].福州：福建教育出版社，1995：268.

② 曾蔚阳.从"威斯康星思想"到"相互作用大学"：我国新建地方本科院校战略发展启示[J].教育评论，2015(6)：163.

传承、国际合作交流等方面全方位建立起与地方密切合作的运行体制与机制,将学校发展融入区域经济社会发展当中,与区域深度融合、相互依存、共同发展。

(三)双方各种组织结成合作伙伴关系

大学与社区相结合是一所大学发展成为"相互作用大学"的一个关键性的标志。尽管有些院校没有社区的支持也能够得到发展,但是,如果一所地区性大学能将自己的优势与所在社区可以提供的资源结合起来,则能获得特别的优势,得到更加显著的发展。地区性大学若能与社区企业、政府、医院、各种协会等组织机构建立伙伴关系,使大学和这些组织构成一个整体,便可充分发挥"合作大学"的作用,使合作方都能从中受益。

(四)有明确可实施的相互作用战略

地方性院校应采取一系列积极措施主动与地方、与社区开展合作,共同建立一批双方使用的设施,如建立公用的图书馆、数据资源库、体育运动场馆等,同时利用自己学校所具有的职能为社区提供丰富的教育资源,主动为社区提供教育与知识服务,帮助充实社区居民的文化生活。确立"以他方为中心"的思想,通过实践形成相互作用的办学传统。"相互作用大学"立足之根本,是能帮助解决地方面临的现实问题,同时也要关注州和联邦其他重大经济社会发展问题,包括经济发展、贫困、失业、犯罪、毒品以及环境保护等,并积极作出贡献。当然,为州和联邦解决其他重大社会问题是该类学校的副业。[①]

## 本章小结

浙江省"县域办学"高校在办学定位、服务面向、资源渠道等方面与美国赠地学院有许多相似之处,在学科定位上与英国的多科技术学院有很多类似之处,"县域办学"高校与区域之间的关系,也带有较多的美国"相互作用大学"的办学特点。研究分析这类高校的办学模式与办学特色,对加强我国"县域办学"高校的建设发展具有一定的参考借鉴作用。

美国通过《莫里尔法案》的实施和后续相关政策的积极推动,成功创办

---

① 查永军.美国"相互作用大学"及启示[J].黑龙江高教研究,2010(2):74.

了赠地学院。在威斯康星大学办学理念的引领下，赠地学院面向农业生产、面向社会办学，不断拓展办学领域，形成了大学服务社会的新职能，使美国高等教育进入到多样化、高质量发展的新阶段，成为世界各国学习和效仿的榜样。

为适应世界经济和科技发展需要，英国在二战后加快高等教育改革步伐，通过创办多科技术学院，开启了高等教育"二元制"发展时代。多科技术学院紧贴社会需求开设学科专业，面向社会需要提供办学服务，增加了英国高等教育入学机会，丰富了高等教育办学形式，充实了高等教育课程设置，完善了高等教育办学层次，优化了高等教育资源配置，推进了英国高等教育的大众化进程，也为带动社会经济发展起到了积极的作用。

"相互作用大学"是指实行相互作用战略的大学，以社会为中心的"他方中心论"是"相互作用大学"办学思想的核心，它改变了传统大学"以自我为中心"的办学观念。美国的"相互作用大学"是实现高等教育与地方经济发展紧密结合的典范，使学校与所在社区、企业、公众建立一种积极的、双向作用的伙伴关系是其重要的发展战略。

# 第六章 高等学校"县域办学"
的问题与对策

高等教育后大众化理论指出,在社会、经济、文化等因素的影响下,处于后大众化阶段的高等教育在管理体制、经费来源、发展道路等方面出现了巨大变化,呈现出不同于大众化前期的发展现象。[①] 2008年以来,浙江省高等学校"县域办学"现象的集中出现,是后大众化阶段高等教育发展过程中出现的新现象。当前,市场机制主导下的高校落户县域办学也面临诸多问题,需要及时加以解决。

## 第一节 高等学校"县域办学"的问题分析

"县域办学"是高等学校主动适应经济社会发展新要求、构建高等教育新的发展模式的变革之路。但与此同时,以"县域办学"为主要特征的浙江省高校第三次布局调整也面临着一些现实的发展问题。就浙江省而言,在《关于全面实施高等教育强省战略的意见》中明确提出,要"控制高等学校总体规模,限制县级政府举办高校",其中的原因,是当前高校"县域办学"在决策机制、规划布局、办学定位、管理机制、可持续发展等方面都存在诸多现实问题。

### 一、高校"县域办学"的决策机制

与以往按照计划模式调整高等教育布局不同,本轮以"县域办学"为重

---

① 潘懋元,谢作栩.试论从精英到大众高等教育的"过渡阶段"[J].高等教育研究,2002(2):2.

要特征的高等教育地方化的探索，市场机制发挥了重要作用。地方政府与高校之间通过协商谈判，使得高校落户县域，本质上是市场机制发挥了对高等教育资源配置的基础作用。目前，在高校落户县域的过程中，一方面存在着高校与县域政府在相互选择过程中的决策问题，另一方面也同样存在着省级政府决策机制与市场机制之间的矛盾冲突性问题。

就高校而言，校址的优劣是影响长远办学的核心问题，如何在多个县域当中选择一个最有利的县域去落户办学，是考量学校领导层决策水平的一大难题。对县域政府而言，花多大的代价，引进什么样的高校落户本县域，也是考验县域政府决策能力与水平的现实问题。目前，高校与县域两者在相互选择的过程中主要是依据定性的主观判断，缺乏可量化的数据分析，这使得这类重大问题决策的科学性受到质疑。

同时，在高校落户县域过程中，政府行政决策机制与市场机制存在冲突。在浙江、江苏等省，都出现了县级政府与高校之间协商好，高校拟落户到县域，但在报请省政府决策时被否决的案例。目前，省级政府对以"县域办学"为重要特征的高等教育第三次布局调整还缺乏整体性的规划，在行政决策过程中还缺少客观的分析数据与决策模型。省级政府部门对个案的判定，主要靠定性的经验判断，缺乏定量的数据分析，这也往往导致下级地方政府和高校对省级政府部门决策的不认同，管理上的矛盾由此产生。

## 二、县域高等教育的宏观布局

经济发展新常态与高等教育发展新常态是这一轮以"县域办学"为特征的高校布局调整的重要因素。统计表明，浙江省是在 2008 年左右进入到这一轮高等教育布局调整期，有 32 所高校的县域校园都是在 2008 年以后建设的。但在调研过程中发现，这种大规模的高等教育"县域办学"现象的出现，并没有前期科学的规划与合理的布局方案，市场机制主导下的高校落户县域办学行为存在布局无序与政府引导滞后的问题。

选择什么样的县域、在县域的什么位置办学往往能决定一所高校未来的发展。在市场化条件下，高校县域校址的选择过程，存在高校和县域政府两者之间的博弈。县域政府引进高校，有着多样化的利益诉求，既有通过引进高校推动区域创新发展、提升区域可持续发展水平的长远考量，也有希望通过高校的引进带动校区周边土地升值、提升待开发区域人气的现实需求。但地方政府往往不愿意将县域较好的区块用于高校办学,就笔者观察,浙江省"县域办学"的高校当中,有近三分之一高校的县域校址选择并不理想。

当前,由于受国家教育政策的影响,尤其是在《独立学院规范设置与管理办法》的时限倒逼之下,独立学院规范办学面临的压力很大,部分独立学院在县域校址的选择过程中较为急切,有的校址区域环境、交通区位等条件并不理想。部分高校所在县域的 GDP 总量、人口规模、财税状况及交通条件等并不理想,大部分的县域校址远离县域中心城市,缺乏高校与城市文化的相互交融,如果高校周边区域在短时期内不能获得大的发展,长远来看,会对学校可持续发展产生不利影响。

### 三、落户县域高校的办学定位

教育外部关系规律指出,"教育必须与社会发展相适应,一方面教育要受一定社会的政治、经济、文化科学所制约;另一方面教育必须为一定社会的政治、经济、文化科学的发展服务"。在经济发展新常态和高等教育发展新常态的背景下,落户县域是部分高校主动适应经济社会发展新要求、构建高等教育新发展模式的革新之路,也是县域经济寻求转型发展的变革之机。但在当前,高校落户县域办学,与地方互动不强,服务、支撑、引领县域经济社会发展能力不足,是最为突出的影响高校可持续发展的核心问题。推动落户县域的高校真正融入地方,在融入地方的过程中优化办学模式、形成办学特色,关键要明确自身的办学定位,在服务地方能力的提升上下功夫,才能真正获得地方认可与长期支持。

高校的发展,尤其是地方高校的发展,必须针对本地区经济社会发展的水平和特点,为本地区经济建设服务,形成各自的特色,更好地促进本地区的科技、经济、社会的协调发展。[①] 落户县域是高校主动适应经济社会发展新要求、构建高等教育发展新模式的革新之路,但在实践过程中却存在许多现实的问题。以浙江省迁建到县域的一所独立学院为例,其近三年

---

① 房剑森.高等教育发展论[M].桂林:广西师范大学出版社,2001:241.

留在所在县域的毕业生人数分别为 27 人、45 人、44 人，仅占当年毕业生总数的 1.26%、1.97% 和 1.72%。毕业生留在当地就业是"县域办学"高校最直接、最主要的为地方发展作贡献之举，但如此低的本地就业率反映出现实的"县域办学"高校与县域经济社会发展之间还存在着巨大的脱节，没有形成校地之间紧密合作的联合体。

大部分浙江省高校的"县域办学"行为是办学资源扩张的内在冲动、独立学院规范办学的政策推动和地方办学资源条件吸引下的办学行为。虽然也有部分高职院校通过县级政府与高校的战略联合，开展基于校地产学研合作的"县校合作"人才培养模式改革，以全面提高高职教育质量①，但大部分落户县域的高校仅仅是校址的变迁，高校本身并没有按地方经济社会发展所需来规划发展，其学科专业结构、师资队伍等并没有按地方需求来规划定位与改造建设，学校在人才培养模式和整体办学模式上没有实现大的变革。因此，当前的"县域办学"高校与县域经济社会发展的互动性、融合度不高，"县域办学"高校的办学定位与办学模式还有待于明晰。

### 四、高校落户县域的管理体制

目前，我国高等教育实行的是"两级管理、三级办学"的体制。1995年，在国家教委《关于深化高等教育体制改革的若干意见》文件精神的指导下，按照"共建、调整、合作、合并"的八字方针，通过改革实践，我国高等教育形成了中央和省级人民政府两级管理，中央、省、中心城市三级办学的格局。"县域办学"高校在外部管理体制上归省级教育行政部门领导，县级政府和地市级政府不具有区域高等教育规划与管理的职能。但在事实层面，当前，以浙江省为代表的我国部分经济强省都出现了部分经济强县积极引进和发展高等教育的现象，这既是县域经济社会发展到一定程度时的内在需求，也同时受到中心城市高等教育资源溢出效应的影响。

当前，浙江省除杭州、宁波下属的县域基本上有高校落户外，绍兴、嘉兴两地也利用环杭州湾的区位优势，在积极引进高校落户下属县域。从全国来看，青岛、潍坊、苏州等市也都在积极推动"县县有大学"计划。青岛市

---

① 史秋衡，张湘韵，矫怡程.高职院校"县校合作"发展模式研究[J].教育研究，2012(07)：43-50.

要求下属的崂山区、城阳区、即墨市、胶州市、平度市、莱西市至少各新增 2 所高等教育机构。2017 年初，潍坊市关于加快"招院引校"工作的意见引爆高教视点，该市计划到 2020 年，引进（创建）高校、分校（校区）、二级学院、研究生院等各类高等教育机构 30 所以上，并对引进的高校院所提供资金扶持、用地保障、人才激励、配套服务、生活服务、特别扶持等六个方面的政策支持，要求县县有大学落户。我国部分经济发达县域出现的这类高教发展的新现象，对现有高等教育管理体制带来新的挑战。

在我国部分县域经济较强的省，已经呈现出由"县域经济"向"都市经济"转型发展的态势，在这一转型过程中，都市经济的发展需要大量高层次人才支撑和先进科技驱动，而高校拥有大量的人才和科技资源，是一个都市的名片，也是一个地方经济社会发展重要的助推器。引进高校落户县域，"招院引校"成为地方"招才引智"的升级版，特别是在当前转型发展时期，人才对一个县域而言是最为重要的资源，县域的创新发展需要大量高层次人才支撑和先进科技驱动。大学是高层次人才的汇聚平台，也是高素质人才培养的核心阵地，通过"招院引校"，能较快地汇集和培养一大批高素质人才，有利于加快推进区域的转型与创新发展。但与传统的按计划机制布局高等教育资源不同，地方"招院引校"是由市场机制推动的区域高等教育布局调整，地方政府除了通过给地、给钱、给政策，吸引高校落户本地之外，很难对高等学校的办学理念、办学定位、办学模式等提出明确的要求，高校也因为管理体制和办学历史传统等原因，在增强服务区域经济社会发展能力，贴近地方需求办学方面也难以充分满足县域经济社会发展的现实需求。因此，高校"县域办学"现象的出现，对我国高校管理体制问题带来了现实的挑战。

## 五、县域高等学校的可持续发展

教育与经济互动发展规律告诉我们，高等教育发展与区域经济社会发展要相互匹配，高等教育能够发挥对区域经济社会发展的支撑与引领作用，但举办高等教育也需要社会为其提供良好的外部发展环境。如果一个地方缺乏大规模举办高等教育的经济基础和外部条件，通过短期的优惠政策措施，大规模引进高校，不仅将导致地方在财政资源、土地资源上的极大浪费,也必将对引进的高校和区域经济社会可持续发展产生极大的不良影响。

同时,当前县域新校园建设也存在债务化解问题。"县域办学"高校的校园建设方式多样,有县级政府全额投入、县校合作投入、高校单独投入等多种途径。往往是办学实力较强的高校在与县级政府的谈判过程中有较多的主动权,能争取到县级政府全额投入或较大比例的出资,而实力较弱的学校则在新校园的建设过程中很难争取到县级政府较大的投入,新校园的建设就会面临较大的财务压力。部分县域政府在引进高校时给予的很多优惠性政策都是以五年为期限的,缺乏长远的制度性设计,地方高等教育扶持政策的短期性与高校办学的长期性之间存在着矛盾。五年之后怎么办? 在我国高等教育已经进入到后大众化发展阶段之时,高校要通过扩大办学规模来化解基本建设债已不现实,况且高校本身质量内涵建设还需要有较大的资源投入,一旦由于地方财政投入的减少、高校生源数量的下降或其他因素导致办学财务危机,也会引发高校办学的稳定性问题。

从学校的内部治理机制来看,"县域办学"高校基本上都是"移植"式落户县域办学,公办普通高校实行党委领导下的校长负责制,独立学院还较大地受制于母体管理体制的约束,分校区定位的县域高校受到母体高校管理的制约。如何让县级地方政府和县域社会各界参与落户县域的高等学校的内部管理与决策,建立科学的"县校合作"互动机制,成为推动"县域办学"高校真正融入县域、服务县域发展,并在与县域合作中培育办学特色,提升人才培养质量,从而获得长远、良性、可持续发展的关键性问题。

## 第二节 高等学校县域布局分析模型建构

在浙江省以"县域办学"为核心特征的第三轮高等教育布局调整的过程中,市场机制发挥了核心作用。但与此同时,如何规避市场风险? 如何发挥政府在高校"县域办学"过程中的引导规划作用? 县域政府和高校之间如何科学选择,有无参考依据? 这一系列问题都成为当前高校"县域办学"过程中的面临的现实难题。因此,针对当前浙江省第三轮高等教育布局调整过程中面临的实际问题,构建以量化指数为依据的高校"县域办学"

分析决策模型,已成为当务之急。通过可量化的指标数据,结合定性判断,帮助政府和高校在实施"县域办学"过程中科学合理地进行选择,这既有利于完善相关政府和高校在"县域办学"过程中重大决策的系统性与科学性,部分化解高校"县域办学"过程中潜藏的市场风险,同时,以浙江省为样本建立的高校县域布局的分析模型,对全国其他省份也有参考与借鉴意义,从而为进入高等教育大众化后期的我国区域高等教育布局调整提供可操作的决策分析模型。

## 一、构成县域高等教育发展理论指数的参数

教育外部关系规律指出,"教育要受社会的经济、政治、文化等制约,并对社会的经济、政治、文化等的发展起作用"[1]。就区域高等教育发展而言,区域经济、人口、财税、交通、产业发展状况、区域历史文化等都对区域高等教育的发展产生着重大影响。为更方便直观地判断浙江省 61 个县域是否适合高校落户,县域相关高等教育办学资源是否充分,综合条件是否有利,在文献研究与前期调研的基础上,结合高等教育与区域经济联动发展规律,本研究选取"县域 GDP、常住人口、一般公共预算、交通条件"这四个可以获取的客观数据,用以建构县域高等教育发展的理论指数。

（一）县域 GDP

GDP 是国民经济核算的核心指标,也是衡量一个县域总体经济状况的重要指标。县域 GDP,即一个县域内的国内生产总值,是指该县域内所有常驻单位在一定时期内生产的所有最终产品和服务的市场价值。高等教育与区域经济互动发展规律告诉我们,区域 GDP 的大小与区域发展高等教育之间有着密切的关系,区域 GDP 总量越大,对高等教育发展的支撑作用就越强,区域发展高等教育的愿望就越迫切。从浙江省以"县域办学"为特征的第三次高等教育布局调整的实践来看,当一个县域 GDP 总量达到 500 亿元人民币左右时,该县域就会产生引进高校、发展高等教育,推动经济社会转型发展的现实需求;当县域 GDP 总量超过 800 亿元人民币规模时,县域发展高等教育的愿望会变得十分强烈。

---

① 潘懋元.新编高等教育学[M].北京:北京师范大学出版社,2009:12.

### (二)常住人口

常住人口是指实际经常居住在某地区达到一定时间(半年以上,含半年)的人口,是人口普查工作中常用的统计口径。我国人口普查和抽样调查规定,常住人口主要包括:除离开本地半年以上(不包括在国外工作或学习的人)的全部常住本地的户籍人口;户籍在外地,但在本地居住半年以上者,或离开户籍地半年以上而调查时在本地居住的人口。虽然目前我国高校的招生机制与落户区域的常住人口之间并无直接联系,但伴随着我国人口老龄化和高等教育普及化时代的到来,区域通过发展高等教育吸纳和留住年轻人,以及高校在人口富集区域办学,以获得较好的生源保障,正成为县域与高校之间的共识。尤其是落户县域的高校主要以应用技能和职业技能型高校为主,常住人口的多少往往对高校选择合适的县域落户产生较大影响。

### (三)一般公共预算

一般公共预算是对以税收为主体的财政收入,安排用于保障和改善民生、推动经济社会发展、维护国家安全、维持国家机构正常运转等方面的收支预算。之所以用一般公共预算而不用地方财税收入作为判断一个县域高等教育与区域财力之间关系的指标,是因为一般公共预算数据反映了一个县域实际每年可用的经费总量。一般公共预算收入包括各项税收收入、行政事业性收费收入、国有资源(资产)有偿使用收入、转移性收入和其他收入。

### (四)交通条件

交通条件是一个县域是否适合高校落户办学的重要条件,从浙江省的实践来看,高校率先落户的县域,基本都是与杭州、宁波等中心城市距离较近的周边郊县(区),与中心城市处于45分钟交通圈内的县域率先享受到中心城市高等教育资源的溢出效应。同时,县域办学的高校一般主要面向本省招生,在现代交通条件下,有无高铁站点、有无高速公路成为衡量一个县域是否适合高校落户的重要交通因素。县域交通条件这个指标也由"有无高铁站点""有无高速公路"这两个因素构成。

## 二、构成县域高等教育发展现状指数的参数

当前,浙江省 61 个县域当中,已有 25 个县域、共 42 所高校(校区)落户,高校"县域办学"已成为浙江高等教育第三次布局调整的重要标志。而如何评价县域高等教育发展的现状,既需要有定性的分析判断,也应结合定量的数据测算。以现有各县域高校类型、办学规模、办学时间为参数,建立县域高等教育发展现状指数,并通过对比县域高等教育发展现状指数与理论指数之间的差异,构建浙江省高等学校县域布局的分析模型,是本研究的重要内容。

(一)高校类型

类型是指按照一定的标准,将具有某种共同特性的事物进行划分所形成的种类。[①] 高校类型是指具有某种共同特征的高等学校所形成的种类。[②] 教育部《关于"十三五"时期高等学校设置工作的意见》(教发〔2017〕3 号)文件明确指出,要探索构建我国高等教育的分类体系,以人才培养定位为基础,我国高等教育总体上可分为研究型、应用型和职业技能型三大类型。研究型高等学校主要以培养学术研究的创新型人才为主,开展理论研究与创新,学位授予层次覆盖学士、硕士和博士,且研究生培养占较大比重。应用型高等学校主要从事服务经济社会发展的本科以上层次应用型人才培养,并从事社会发展与科技应用等方面的研究。职业技能型高等学校主要从事生产管理服务一线的专科层次技能型人才培养,并积极开展或参与技术服务及技能应用型改革与创新。落户县域的高校,因其办学类型的不同,对县域经济社会发展的支撑力、引领力也有不同。因此,在定量测算县域高等教育发展现状指数时,需要加以区分。

(二)办学规模

高校办学规模,简单来说就是指一所学校的在校生人数,是衡量一所落户县域高校服务地方经济社会发展能力的核心指标。高校的首要职能是人才培养,落户县域办学高校的人才培养规模在一定程度上反映了一所

---

①　陈厚丰.中国高等学校分类与定位问题研究[M].长沙:湖南大学出版社,2004,4:31.

②　陈厚丰.中国高等学校分类与定位问题研究[M].长沙:湖南大学出版社,2004,4:32.

学校能直接或间接服务地方经济社会发展的能力与实力。高校与县域政府就关于落户县域的政策条件进行谈判时，往往办学规模较大的高校能获得地方政府更多的投入支持。因为对一个县而言，高校落户能带来的最为直接的影响，就是能为地方带来其他任何社会组织都无法带来的大量年轻人口，并且每年都有更新，这对于县域新增高素质人才，提升县域经济社会发展的活力，拉动消费，提升创新创业动能等，都有着极大的帮助。参照我国高校高基报表的统计办法，我们以一个本专科学生作为 1 个当量学生，博士研究生相当于 2 个当量学生，硕士研究生相当于 1.5 个当量学生来统计学生规模。

（三）办学时间

办学时间主要是指落户县域高校实际开始办学的时间。把这一指标作为衡量县域高等教育发展的现状指数之一，是因为县域高校办学时间越长，其与县域经济社会发展的关联性就越高、结合度就越好，高等教育服务、支撑、引领县域经济社会发展的能力就越强、实际贡献也就越大。结合 42 所县域高校（校区）的办学时间状况，我们按 2000 年及以前建成，2001 年至 2012 年建成，2013 年及以后建成三个时间段来划分县域办学高校的办学时间。

### 三、高等学校县域布局分析模型建构

为客观分析当前浙江省高校"县域办学"的整体布局，本研究建立了高等学校县域布局分析模型：以各县域 GDP、常住人口、一般公共预算、交通条件为参数，建立县域高等教育发展的理论指数；以现有落户各县域高等学校的办学类型、办学规模、办学时间为参数，建立县域高等教育发展现状指数；通过比较理论指数与现状指数之间的差异，建立高校县域布局的量化分析模型，以帮助省级政府主管部门、县域政府和高校在实施高校"县域办学"的过程中，加强分析与论证，提升决策的科学性。

在研究过程中，通过查询县域经济社会发展公报、人代会报告、县域政府网站介绍等方式，收集县域 GDP、常住人口、一般公共预算、交通条件四项构成理论指数的参数的基础数据；通过联合省教育厅计财处，对全省高校校区分布情况作调查，获取落户县域高校（校区）办学类型、办学规模、办

学时间三项构成现状指数的参数的基础数据。在理论指数与现状指数的构成过程中,参考专家评判,结合层次分析法,科学设定不同参数的权重系数,以提升高等学校县域布局分析模型的科学性。

（一）构造参数的成对比较矩阵

成对比较矩阵是层次分析法的核心,本项目中影响理论指数的参数为GDP、常住人口、一般公共预算、交通条件。首先通过专家问卷咨询办法,获取上述参数的两两比较权重,构建参数权重的成对比较矩阵,并基于该矩阵计算得到上述四个参数对理论指标的影响权重。同样,可对教育发展现状指标(参数:办学类型、办学规模、办学时间)进行类似处理。下面以构成县域高等教育发展理论指数的四个参数(GDP、常住人口、一般公共预算、交通条件)为例,建立成对比较矩阵,具体构造如下:

比较第 $i$ 个指标与第 $j$ 个指标相对上一层某个因素的重要性时,使用数量化的相对权重 $a_{ij}$ 来描述。设共有 4 个指标参与比较,则 $A=(a_{ij})_{4\times4}$ 称为成对比较矩阵,其中 $a_{ij}=1/a_{ji}$。例见表 11。

表 11　成对比较矩阵中 $a_{ij}$ 在 1～5 及其倒数中间取值

| | |
|---|---|
| $a_{ij}=1/5$ | 指标 $i$ 比指标 $j$ 更次要 |
| $a_{ij}=1/3$ | 指标 $i$ 比指标 $j$ 略次要 |
| $a_{ij}=1$ | 指标 $i$ 与指标 $j$ 重要性相等 |
| $a_{ij}=3$ | 指标 $i$ 比指标 $j$ 略重要 |
| $a_{ij}=5$ | 指标 $i$ 比指标 $j$ 更重要 |

本研究中评价构成理论指数的 4 个参数分布定义为:GDP($x_1$)、常住人口($x_2$)、一般公共预算($x_3$)、交通条件($x_4$)。决策人用成对比较法,得到理论指标对应参数的成对比较矩阵如下:

$$A=\begin{bmatrix} a_{11} & a_{12} & a_{13} & a_{14} \\ a_{21} & a_{22} & a_{23} & a_{24} \\ a_{31} & a_{32} & a_{33} & a_{33} \\ a_{41} & a_{42} & a_{43} & a_{44} \end{bmatrix}$$

如 $a_{14}$ 表示 GDP 与交通指数重要性之比。

同样方法,可获得现状指标对应参数的成对比较矩阵:

$$B = \begin{bmatrix} b_{11} & b_{12} & b_{13} \\ b_{21} & b_{22} & b_{23} \\ b_{31} & b_{32} & b_{33} \end{bmatrix}$$

（二）成对比较矩阵的一致性检验

从理论上分析得到：如果 $A$ 是完全一致的成对比较矩阵，应该有

$$a_{ik} a_{kj} = a_{ij}, 1 \leqslant i, j, k \leqslant n.$$

但实际上，在构造成对比较矩阵时，要求满足上述众多等式是不可能的。因此，我们退而要求成对比较矩阵有一定的一致性，或者说，可以允许成对比较矩阵存在一定程度的不一致性。

成对比较矩阵如一致，则其绝对值的最大特征值就是矩阵维数。对成对比较矩阵 $A$ 的一致性要求，转化为要求：$A$ 的绝对值最大的特征值和该矩阵的维数相差不大。

对于判断矩阵 $A$ 的一致性判断，首先计算成对比较阵 $A$ 的随机一致性比率 $CR$：

$$CR = \frac{CI}{RI}$$

上式中 $CI$ 是不一致程度的指标，$RI$ 为平均随机一致性指标，当 $CR < 0.1$ 时，判定成对比较阵 $A$ 具有满意的一致性，或其不一致程度是可以接受的；否则就调整成对比较矩阵 $A$，直到达到满意的一致性为止。

（三）特征参数权重的提取

基于理论指数对应参数的成对比较矩阵 $A$，计算 $A$ 最大特征值对应的特征向量 $U$：

$$U = (u_1, u_2, \cdots, u_k)$$

上式中，$k$ 为参数的个数。理论指数的参数为 4 个，因此 $k=4$；现状指数的参数为 3 个，则 $k=3$。

对特征向量进行标准化处理后，称标准化的特征向量为理论指标对应的特征参数的权向量：

$$U^* = (u_1^*, u_2^*, \cdots, u_k^*)$$

上式中，$u_i^* = \dfrac{u_i}{\sum\limits_{i=1}^{k} u_i}$，$i = 1, 2, \cdots, k$，表示第 $i$ 个参数对应的权重。同样方法，

可以获取现状指标对应的特征参数的权向量。

（四）县域高等教育发展现状指数与理论指数构造

本研究主要是构造浙江省 61 个县域高等教育发展现状指数与理论指数。首先根据 GDP（$x_1$）、常住人口（$x_2$）、一般公共预算（$x_3$）、交通条件（$x_4$）四个参数来定义理论指数。不同县域的指标参数值也不同，因此利用向量的形式表现所有县域不同指标参数的大小，如下所示：

$$\begin{cases} x_1 = (x_{11}, x_{12}, \cdots, x_{1n}) \\ x_2 = (x_{21}, x_{22}, \cdots, x_{2n}) \\ x_3 = (x_{31}, x_{32}, \cdots, x_{3n}) \\ x_4 = (x_{41}, x_{42}, \cdots, x_{4n}) \end{cases}$$

上式中，$x_{ij}$ 表示第 $j$ 个县域的第 $i$ 个理论参数的大小。

那么根据发展理论指数的定义和权向量 $U^*$，可以分别得到 $n$ 个县域的高教发展理论指数 $w$ 为：

$$\begin{cases} w(c_1) = u_1^* x_{11} + u_2^* x_{21} + u_3^* x_{31} + u_4^* x_{41} \\ w(c_2) = u_1^* x_{12} + u_2^* x_{22} + u_3^* x_{32} + u_4^* x_{42} \\ \qquad\qquad \cdots \\ w(c_n) = u_1^* x_{1n} + u_2^* x_{2n} + u_3^* x_{3n} + u_4^* x_{4n} \end{cases}$$

上式中，$w(c_i)$ 为第 $i$ 个县域的发展理论指数。

同理，县域高等教育发展现状指数是基于各县域的高等学校办学类型（$y_1$）、办学规模（$y_2$）、办学时间（$y_3$）三个指标参数来定义的。不同县域的指标参数值也不同，因此利用向量的形式表现所有县域不同指标参数的大小，如下所示：

$$\begin{cases} y_1 = (y_{11}, y_{12}, y_{1n}) \\ y_2 = (y_{21}, y_{22}, y_{2n}) \\ y_3 = (y_{31}, y_{32}, y_{3n}) \end{cases}$$

上式中，$y_{ij}$ 表示第 $j$ 个县域的第 $i$ 个现状参数的大小。

那么根据发展现状指数的定义和权向量 $V^*$，可以分别得到 $n$ 个县域的高教发展现状指数 $w'$ 为：

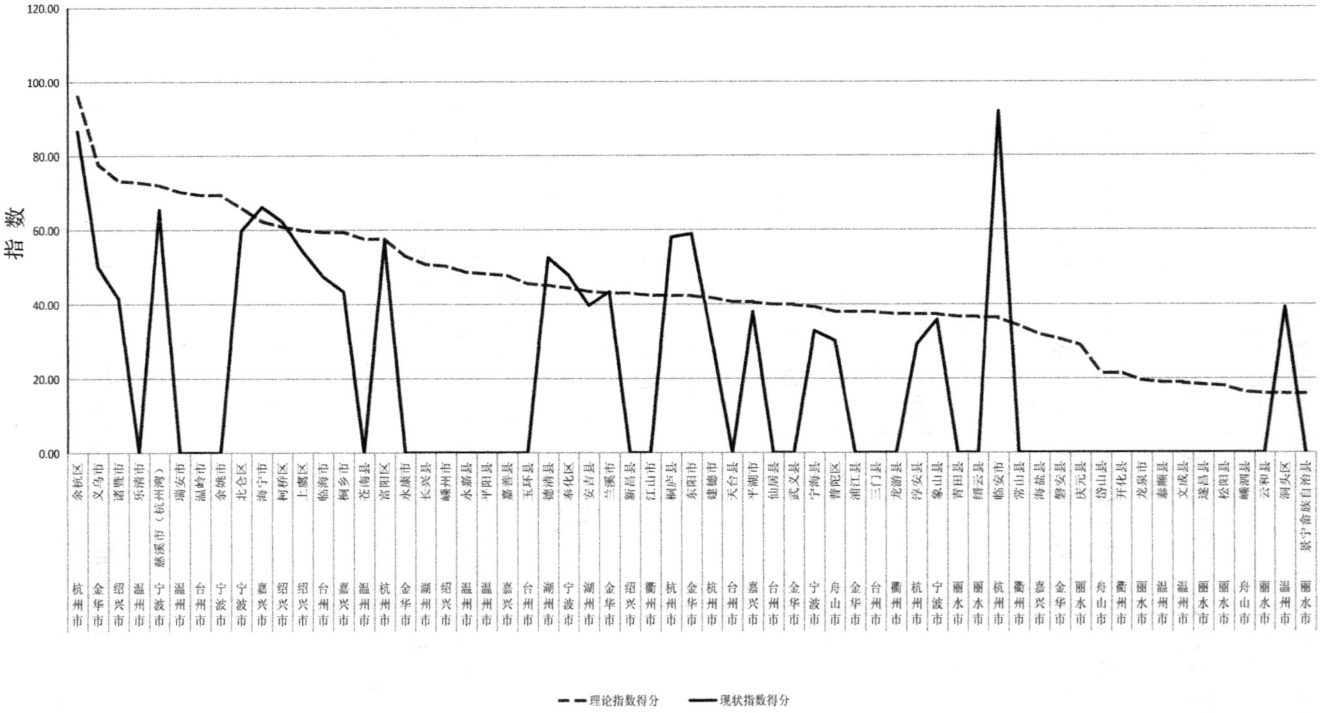

图 8 浙江省高等教育"县域办学"理论指数与现状指数对比

$$\begin{cases} w'(c_1) = v_1^* \, y_{11} + v_2^* \, y_{21} + v_3^* \, y_{31} \\ w'(c_2) = v_1^* \, y_{12} + v_2^* \, y_{22} + v_3^* \, y_{32} \\ \qquad\qquad \cdots\cdots \\ w'(c_n) = v_1^* \, y_{1n} + v_2^* \, y_{2n} + v_3^* \, y_{3n} \end{cases}$$

上式中，$w'(c_i)$ 为第 $i$ 个县域的发展现状指数。

通过对全部县域高等教育发展现状指数和理论指数进行排序，并对现状与理论指数的差异性进行比较，可以综合评价县域高等教育的发展状况和发展趋势，从而可以提出浙江省县域高等教育布局的分析模型，帮助政府部门做好科学规划，帮助高校和县域政府更为科学合理地进行选择。

## 第三节 完善浙江省高校"县域办学"的对策建议

作为县域经济强省，浙江高校"县域办学"走在全国前列，解决好高校"县域办学"过程中存在的问题，既有利于推进浙江高校和县域经济的转型发展，也能为全国兄弟省份高等教育地方化的实践提供浙江模式、浙江样本。与前两次高等教育布局调整不同，新常态背景下以"县域办学"为主要特征的浙江省高等教育第三次布局调整是高等教育进入后大众化阶段所发生的办学现象，是高校与县级政府双方按市场化机制协商谈判的结果。解决"县域办学"高校发展存在的问题，需要从区域高等教育的布局规划、高等学校的管理体制、县域高校的办学模式、推进高校分类发展、聚焦应用型学科专业建设、探索社会参与高校内部治理机制等方面入手，推动县域高校与县域经济社会的深度融合，更好地适应和服务区域经济社会的转型发展与可持续发展。

### 一、优化高校"县域办学"整体布局

后大众化阶段浙江省高等学校"县域办学"办学现象的出现，是高等教育与区域经济社会发展自然互动的结果。2015 年浙江省人均 GDP 达到12466 美元，这标志着浙江经济社会的整体发展已达到中等发达国家水平。很多国家和地区在进入中等发达状态前后，经济增速会明显降低，发

展的传统动力机制需要转换，以往靠资源要素驱动的发展模式面临变革。在这一时期，高等教育机构进一步下沉，与地方区域的互动更为紧密。从长远来看，在经济强县布局高等教育机构还需要政府层面做好顶层设计与区域布局规划。根据发达国家经验，每50万人口就需要办一所大学，我国一些经济较发达的县域已经具备了举办高等教育的条件。通过高等教育机构的合理布局规划，将推动浙江省部分经济强县实现从县域经济向都市型经济转型，推进国家《长江三角洲城市群发展规划》中杭州都市圈和宁波都市圈的建设，带动以温州为核心的浙南城市群和以金华—义乌为双核心的浙中城市群发展，促进浙江省环杭州湾高新技术产业带的形成，推进"创新浙江"战略的实施。

很多国家和地区在进入中等发达状态前后，出现了高等教育机构进一步下沉，高等教育与区域经济社会发展之间互动联系更为紧密的现象。2017年，浙江省高等教育毛入学率已达到56%，要大范围布点高校"县域办学"已不现实，但结合县域高等教育布局的分析模型，从浙江已有的实践来看，要推动浙江县域经济向都市经济转型发展，还需要在个别经济强县考虑高校落户，为此必须加强全省高校布局的统筹规划，做好顶层设计。结合经济强县转型升级发展的现实需要和县域高教发展理论指数分析，未来在温州的乐清市和瑞安市、台州的温岭市、宁波的余姚市等经济强县（市），合理规划布局建设特色类的高校或分校区，以推动这些经济强县（市）实现经济发展转型升级，实现从县域经济向都市型经济的转型，具有积极的现实意义。

乐清市是我国民营经济发展"温台模式"的发源地，是著名的低压电器之都。乐清户籍总人口127万，陆域面积1223.3平方公里，2016年实现生产总值838.4亿元，一般公共预算收入72.2亿元，经济发达，是中国市场经济发育最早、经济发展最有活力的地区之一。[①] 瑞安是温州大都市区南翼中心城市，浙江省重要现代工贸城市、历史文化名城。瑞安户籍人口

---

① 乐清市政府.2016年乐清市国民经济和社会发展统计公报[EB/OL].（2017-04-05）[2020-09-15].http://www.yueqing.gov.cn/art/2017/4/5/art_1347883_10710150.html

123.52 万,陆域面积 1271 平方公里,2016 年实现地区生产总值 783.84 亿
元。① 瑞安文化底蕴深厚,历史源远流长,自古人文荟萃,素有"理学名邦"
"东南小邹鲁"之美称。瑞安也是工贸强市,"温州模式"的重要发祥地,已
形成汽摩配、机械电子、高分子合成材料、时尚轻工等主导产业。余姚面积
1527 平方公里,户籍人口 83.38 万,暂住人口 50 万,2016 年地区生产总值
887.11 亿元,财政总收入 139.11 亿元,一般公共预算收入 81.16 亿元。②
温岭陆域面积 926 平方公里,户籍人口 121.67 万,2016 年实现生产总值
900.27 亿元,财政总收入 103.20 亿元。③ 温岭交通便捷、市场活跃、民资
丰厚,县域经济发展特色鲜明。余姚历史悠久,文化灿烂,经济发达,有七
千年历史的"河姆渡文化"使余姚成为中华民族的发祥地之一。余姚工业
经济发达,素有"塑料之乡,模具王国"之称。同时,余姚交通十分便捷、区
位条件优越。我们利用浙江省高校县域布局模型的相关数据进行分析,乐
清市的高等教育理论指数排在全省第 4 位,瑞安排在第 6 位,温岭排在第 7
位,余姚排在第 8 位,但目前它们的高等教育理论发展指数排在浙江前十
位。这四个经济发达、人口众多、交通条件优良的县域还没有高等学校落
户,需要在未来高等教育发展布局过程中加以优先考虑。

## 二、推进县域高校管理体制改革

"县域办学"现象是浙江省进入高等教育后大众化时期出现的办学现
象,与改革开放后中心城市办大学、高教园区建设那两次高等教育布局调
整不同。那两次高等教育布局调整更多体现了高等教育发展和特定区域
发展的政府意志,更多体现出计划体制的特征,而以"县域办学"为特征的
第三次高等教育布局调整是部分高等学校和县域政府自主协商、自主选择
的结果,更多体现出市场机制的特点。伯顿·克拉克曾说:"在处理政府与
大学的关系过程中,市场是调节高等教育运行的最有效方式。"

① 瑞安市统计局.2016 年瑞安市国民经济和社会发展统计公报[EB/OL]. (2017-03-29)[2020-09-15]http://www.ruian.gov.cn/art/2017/3/29/art_1375227_11072970.html
② 余姚市统计局.2016 年余姚市国民经济和社会发展统计公报[EB/OL]. (2017-02-07)[2020-09-15]http://www.yy.gov.cn/art/2017/2/7/art_66609_2322370.html
③ 温岭市人民政府.温岭市 2016 年国民经济和社会发展统计公报[EB/OL]. (2017-07-18)[2020-09-15]http://www.wl.gov.cn/web/zwgk/tjxx/tjgb/201707/t20170718_204922.shtml

马丁·特罗在提出高等教育发展阶段论的观点时指出:高等教育数量的增长不等于大众化、普及化的实现,高等教育系统必须进行深刻的结构、功能转变,才能适应这种增长,否则就会阻碍高等教育的进一步发展。迈入普及化阶段的浙江高等教育,经济社会发展和人民群众对高等教育的需求会更加多样化,高等教育的外部管理需要实现管理重心的进一步下移,需要推进高等教育管理的市场化与地方化改革。

当前,深化高等教育"县域办学"机制改革,需要在部分经济发达的区域积极探索高等教育管理体制机制改革。在当前高等教育"二级管理、三级办学"的基础上,试点"三级管理、三级办学"新机制,既赋予部分县域经济发达的中心市办学的权力,同样也赋予这一类中心城市高等教育管理的权力。从二级管理向三级管理转变,有利于部分经济强市统筹本市内各县域高等教育的布局与建设,有利于更充分地调动经济强市和强县出资发展高等教育的积极性,更好地体现高等教育管理上责、权、利的统一,使地方政府将高等学校纳入本地区的经济社会发展规划之内,这对于推进高等教育与区域互动发展有着非常积极的意义。

从高等学校的内部管理机制来看,在坚持党委领导下的校长负责制的前提下,可以积极吸纳县域政府部门和社会各界参与学校管理,广泛建立起理事会(董事会)等新型高校内部管理机制,开门办学,在参与区域经济社会建设的过程中找准自身未来的定位,加快转型发展。

## 三、加快县域高校办学模式转变

### (一)面向地方培养县域发展需要的人才

人才培养是高校最主要的地方服务工作,落户县域的高校要以专业结构调整和应用型人才培养模式改革为着眼点,培养适合区域发展需求的人才。应当充分考虑区域对人才结构的现实需求和发展方向,在培养结构上与地方产业需求对接,广泛征求地方产业部门对于人才需求的意见,建立一套产业人才需求实时监测预警系统,通过预警系统信息及时调整人才培养结构,使高校人才培养更贴近地方经济发展。[①] 加大专业结构调整力

---

① 张根友.新常态下地方高校服务区域发展再思考[J].江苏高教,2016(06):47.

度,做强符合区域人才需求的主导专业,做优一批支撑专业,形成一批具有地方特色的专业或专业方向模块。同时,加大学生创新创业教育力度,鼓励和引导学生在为区域经济和社会发展服务的过程中创新创业,支撑并引领区域经济社会的创新发展。

(二)立足地方加快优势特色学科建设

优势特色学科是高校开展服务地方工作的重要依托,落户县域的高校应以地域特色和区域发展重大需求为立足点,持之以恒地建设好优势特色学科,优势特色学科的选择要从单一的"竞争选优"逐渐向"择需布局"转变,"择需布局"要协调好政府、学术和市场这三个方面的现实需求。① 地方高校的优势在地方,地域环境为学校学科特色的成长提供了良好的土壤,要把区域优势转化成为学科优势,在学科布局、学科特色凝练、学科基地建设等方面,努力立足地域形成自己的学科特色。要围绕区域经济社会发展重大需求,找准与地方的结合点,集中学科资源,推进学科交叉与创新,重点建设一批服务地方能力强的优势学科和学科群,并在为地方服务的过程中不断提高学科的发展水平。虽然"县域办学"高校在学科水平和实力上与高水平大学还有很大距离,但完全可以根据自身的区位优势和区域经济社会发展实际,选择优势学科及独特领域,使之成为学校的品牌学科,进而在全国、全省同类学科中占有一席之地甚至居领先地位。

(三)协同地方建设"政产学研用"创新体系

"政产学研用"协同创新体系是高校有效服务区域经济社会发展的重要保证,落户县域高校应以协同创新平台建设和科研成果转化为着力点,推动高校与区域经济社会深度融合发展。以协同创新平台建设为载体,开辟校地合作的新渠道,通过整合校内外科研创新资源,建立跨学院、跨学科的协同创新平台,建立技术转移中心和高新技术研发及成果转化平台,通过与企业共建重点实验室和工程技术中心等方式,提高对区域经济社会发展的服务、支撑和引领能力。以解决面向区域发展需求的关键、重大问题为目标,通过实施"顶天立地"的创新发展战略,从"立地"上着手,从中提炼科学问题,再去争取国家层面"顶天"的项目与成果。加大高水平人才的引

---

① 宣勇.建设世界一流学科要实现"三个转变"[J].中国高教研究,2016(05):4.

进,加快高水平创新团队的组建,努力构筑区域人才高地,为地方科技合作提供有力支撑。鼓励教职工到地方企事业单位挂职、兼职,鼓励教师创办或合办高新技术企业,加快科技成果转化,加大科研成果的产业化力度,将科研成果转化为现实生产力,为县域经济和社会发展作出贡献。

(四)面向地方构建社会服务工作体制机制

体制机制是高校持续开展社会服务工作的有效保障,落户县域高校要以人事制度改革和社会服务体制机制建设为突破点,深入推进地方服务工作。以人事制度改革为重点,调动广大教师尤其是中青年教师服务地方工作的积极性,引导和鼓励广大教师在完成学校教学、科研工作外,主动到县域企事业单位寻找科研项目和合作途径,帮助企业解决技术难题,协助地方的政府开展政策研究,提供决策咨询。学校要认同教师为地方经济建设和社会发展所做的工作业绩,在岗位聘任和职称评定中科学设置服务地方的指标,在业绩考核等方面健全有关制度,强化政策引导。学校要建立服务地方的管理体制,设立服务地方的组织协调机构,建立健全校院两级服务地方的组织体系,加强领导、理顺关系、完善政策,着力研究制定服务地方的评价标准和评价方法;对基础研究类、应用研究类和社会公益类等服务地方的项目进行分类管理,制定不同的支持政策,以校内评价机制的改革来推进学校与区域经济社会的融合发展。

## 四、建立高等学校分类发展机制

当前,关于高等教育发展的思路已经从以空间扩展和规模扩张为特征的外延式发展转向以结构优化和质量提高为核心的内涵式发展。一些发达国家和地区高等教育发展的历史经验表明,在高等教育后大众化阶段,高等教育办学体系将发生明显变化,办学的层次结构将从金字塔形向橄榄形转变,高等教育中专科层次占比会明显下降,本科层次将成为主体;高等学校的办学类型也趋向多样化。以多样化质量观为指导,建立区域高等学校分类发展体系,引导"县域办学"高校找准办学定位,既有利于优化我国区域高等教育的结构和布局,也有利于引导高等学校特色化发展,从而打破高校"千校一面"的发展格局,形成百花齐放的新局面。[①]

美国加利福尼亚州《高等教育总体规划(1960—1975)》是国际高等教育公认的最为成功的区域高等教育分类发展机制,是加州政府通过法令形式,运用司法及行政力量对公立高校进行分层的经典案例。加州"高等教育总体规划"有效地解决了公立高等教育系统的协调与分层管理问题,从教学、科研和录取政策等方面妥善地解决了加州大学系统、州立大学系统和社区学院系统的职能区分和权责界定问题[②],值得我们在推进高等学校分类发展过程中学习和借鉴。建立浙江省高等教育总体规划与分类发展机制,有助于推进全省高等学校分类发展、特色发展以及多样化办学生态的形成。通过平行发展的分类制度设计,鼓励不同高校沿着各自的定位和分类路径有序、持续发展,有利于一个功能完整、结构优化、分工明确的高等教育体系的形成。

### 五、县域高校聚焦应用型学科专业建设

应用型办学定位是大部分县域办学高校的不二选择。2015 年 10 月,教育部、发改委、财政部联合发布《关于引导部分地方普通本科高校向应用型转变的指导意见》。意见指出:要把部分高校的办学思路真正转到服务地方经济社会发展上来,转到产教融合和校企合作上来,转到培养应用型技术技能型人才上来,转到增强学生就业创业能力上来。但大学的转型发展,牵涉到方方面面,非一日之功能成。"高职高专抓专业、本科院校抓学科"是高校管理的基本逻辑,学科是本科院校建设的牛鼻子,专业是高职高专的命根子,学科专业也是高校办学特色的核心所在,学科专业往往反映了一所高校的办学特色与办学实力。[③] 作为县域办学高校,把转型发展的聚焦点选择在应用型学科专业的突破上,符合高校管理的规律,也针对当前办学的现实。

就浙江省而言,县域高校很大一部分由高职高专、民办高校组成。另

① 史秋衡.国家高校分类体系及其设置标准实证研究[M].北京:科学出版社,2016:2.
② 陈厚丰.英美高等教育分类政策比较——以英国高等教育"双重制"和美国加州"高等教育总体规划"为例[J].高等教育研究,2009(12):90.
③ 徐军伟.地方本科院校转型要聚焦应用型学科建设[J].教育发展研究,2017(1):1.

外，独立学院也是县域高校的重要组成部分。就整体而言，县域高校虽面向地方办学，但其学科传统、师资不强、特色不显、培养的人才应用能力不足，与当前地方经济社会对高等教育迫切的需求相比，还有很大差距，亟须通过应用型学科专业建设，提升整体办学实力和服务地方经济社会发展的能力。县域高校抓应用型学科专业建设，从学校角度来看，关键是抓学科专业的选择与布局。应用型学科专业的选择，核心是要面向区域经济社会发展的现实需求与未来需要，难点是要打破现有学科专业体系与利益格局。应以地域特色和区域发展重大需求为立足点，选择确定需要重点发展的应用型学科专业和学科专业群，这既是把学科专业建设融入地方、服务地方的举措，也是把区域优势转化为办学优势的明智选择。

从学科专业的角度看，要推进应用型学科建设，关键在于提高服务地方发展的能力。要以应用型人才培养、校地协同创新平台建设和科研成果转化等为着力点，推动县域高校与区域经济社会深度融合发展，提高对区域经济社会发展的服务、支撑和引领能力。推动县域高校向应用型转型，必须要有久久为功、驰而不息的精神。县域高校聚焦应用型学科专业建设，既是在弥补现实发展的短板，也是在培育未来生存的长板。当前，经济发展"新常态"和高等教育"新常态"倒逼着县域高校加快办学"质的提升"，浙江省在加快引进优质高等教育资源，区域经济社会发展也对高等教育提出了更高的要求，对县域高校而言，这是一场严峻的考验，聚焦应用型学科专业建设，提高应用型人才培养质量和服务地方经济社会发展的能力是当务之急，也是谋长远之举。[1]

## 六、建立社会参与的高校内部治理模式

（一）确立中国特色"赠地学院"的办学理念

当前，我国"县域办学"高校带有较大的"赠地学院"的特点。县级政府为引进高校来县域办学，都通过无偿或廉价提供办学用地、全额或部分出资建设高校校园等方式来吸引高校落户县域，这与美国19世纪中后期"赠地学院"的发展有着相同的特点。由"赠地学院"而引发的大学办学职能的

---

①　徐军伟.地方本科院校转型要聚焦应用型学科建设[J].教育发展研究，2017(1)：1.

改变对全球大学办学产生了深远的影响,大学应当服务社会发展的"威斯康星思想"被全世界的高校所接受,并引发了大学全新的变革。当前,大学的象牙塔时代已经结束,高等学校与区域经济社会发展一体化趋势越发明显,高等教育对推动区域经济社会发展的作用越来越突出。"县域办学"高校应把为社会经济发展服务的职能作为办学的核心职能,实践"威斯康星思想"应成为"县域办学"高校的自觉行为。

(二)探索县域高校"混合所有制"产权结构

混合所有制本是经济领域的专有术语,当前也成为高等教育研究的热点问题。混合所有制是指在社会经济形态中,不同产权主体多元投资、互相渗透、相互贯通、相互融合而形成的新的产权配置结构和经济形式,从本质上说是一种股份制经济或者以股份为基础的经济。[①] 借鉴经济领域改革经验,"县域办学"高校混合所有制办学是指由国有资本、集体资本、民营资本、社会个人资本等两个及以上不同类型的资本主体共同出资举办高校的新型模式。有调查表明,2008—2016 年间,全国已有 30 多所公有民营型独立学院投资方发生了变更,通过引入民营企业作为新的投资方,构建混合所有制办学模式,实现了办学体制的重新设计。[②] 产权是所有制的核心,产权明晰是"县域办学"高校混合所有制办学的基础。与一般意义上的高校相比,混合所有制办学高校最大的特征在于产权结构的混合性,国有资本、集体资本、民营资本、社会个人资本等共同投资、相互融合,具有开放兼容的产权结构和制度设计。县域高校引入混合所有制产权结构后,有利于完善治理结构,促进多元主体参与重大校园建设、推进校企合作、深化产教融合,消除办学主体残缺、市场意识淡薄、管理效率低下等弊端,推动"县域办学"高校按照应用型的定位来办学。

(三)探索县域高校理事会治理机制

为推动高等教育与县域社会互动发展,探索建立理事会治理机制是建立我国县域高校现代大学制度的重要方向。理事会制度是有中国特色现代大学制度的重要标志,作为落户县域办学的高校,地方政府、企事业单

---

① 董圣足.教育领域探索"混合所有制"内涵、样态及策略[J].教育发展研究,2016(3):53.
② 阙明坤.独立学院混合所有制办学模式研究[J].高等教育研究,2017(3):67.

位、相关群体、个人等对高校而言，都是有密切联系的利益相关者，他们通过对大学的投资、捐助、合作等，都直接或间接地参与了县域高校的办学。因此，通过大学理事会治理机制的构建，架起大学和社会合作联系的桥梁与纽带，使与县域高校办学密切相关的社会各界人士能参与大学的治理，成为县域高校构建有地方特色的大学内部治理机制的关键。国家教育规划纲要在现代大学制度建设相关的规划中指出，要探索建立高等学校理事会，健全社会支持和监督学校发展的长效机制。要建立有中国特色的现代大学制度，必须建立和完善大学理事会制度，并通过相应的法律使大学理事会成为大学治理的重要机构，使大学理事会制度建设有法可依。同时，建立和完善大学理事会制度必须将理事会制度与党委领导下的校长负责制有机结合，没有理事会制度的党委领导下的校长负责制只体现了中国特色，难以称得上是现代大学制度；而一味照搬国外的理事会（董事会）制度，就缺乏中国特色，而且也难以与中国国情相适应。①

　　一座城市拥有大学的数量和质量，直接关乎城市的影响力、知名度、亲和力，关乎城市聚才育才和创新创业的能力，体现了城市发展的活力与潜力。特别是在当前我国经济社会转型发展，寻求高质量发展之际，科技和人才对于城市发展而言，无疑是至关重要的资源。

　　浙江是我国县域经济强省，浙江拥有的"百强县"数量连续多年冠居全国。在强县经济的推动下，浙江各项事业取得了巨大成就，城市化进展全国领先，城乡差距全国最小。当前，由县域经济向城市经济、都市圈经济转型发展是浙江省已经确定的经济社会发展总体方向。浙江省早在"十二五"时期就提出，要把握加快推动经济转型升级的主线，扎实推进县域经济向城市经济、都市圈经济转型。当前，推动大湾区经济发展已经上升到国家重大发展战略。大力发展湾区经济，是浙江省第十四次党代会明确提出的重大发展路线，包括县域城市在内的环杭州湾城市圈将迎来历史性发展机遇。

　　统计显示，目前，浙江省 42 个县域高校（校区），环杭州湾地区就有 37 个，占 88%，全省县域办学高校（校区）基本都集中在环杭州湾区域的杭

<hr>

① 贺永平,郭平."党委领导、校长负责、理事会监督"大学治理模式研究[J].求实,2012(2):284.

州、宁波、绍兴、嘉兴等地。从总体上来看,浙江省高校县域办学现象的出现,契合了浙江省当前县域经济社会转型发展的需求,将为环杭州湾的余杭、富阳、临安、慈溪、北仑、奉化、象山、宁海、上虞、诸暨、柯桥、海宁、桐乡等一大批县(区、市)级城市向现代都市发展注入新的活力,有利于传统县域经济向城市经济、都市圈经济转型发展。浙江省县域政府从"招商引资"到"招院引校"的转变,也反映出地方政府对高等教育已有了一种全新的认识。曾几何时,由于高等教育投入大,产出周期长、短期效益不明显等原因,县域政府一般不会出资引入或举办高等教育。但在当前县域经济社会面临向创新型经济、都市型经济转型发展的背景下,高校对区域支撑性、引领性的作用正日益显现,高校已经成为浙江许多经济强县富集创新资源、提升县域科技文化水平、开发城市新区、推进城市化进程最为重要的抓手,成为地方政府需要重点投入的基础性设施。同时,我们也要理性看待县域政府发展高等教育的强烈需求,应在尊重高等教育发展规律的基础上,科学规划区域高等教育布局、结构与规模,理顺高校的管理体制机制,进一步明确高校的办学定位与办学模式,着力推动地方高校与区域经济社会发展的深度融合,以更好地服务与引领区域经济社会的转型发展与创新发展。

　　进入后大众化阶段的中国高等教育,已由大众化初期"量的扩张"转向"质的提升",以提升办学质量为导向的高等学校也呈现出多样化发展的显著特征。"县域办学"高校应在政府高等教育规划和区域经济社会发展规划的引导下,进一步找准发展方位,结合区域发展特点,强化自身的优势特色建设,不断提升自身的办学质量与水平,走上分类办学、特色发展的道路,推动浙江省高等教育多样化发展格局的稳步形成。研究和把握后大众化阶段浙江省高校"县域办学"的发展特征,对推动浙江省"高教强省"建设,更好地推进高等教育发展与区域经济社会的融合发展,对实现浙江省由高等教育大省向高等教育强省的转变有着重要而现实的意义,也对全国兄弟省市高校"县域办学"有着积极的参考借鉴作用。

# 参考文献

一、专著

[1] 曹屯裕.打造民办高等教育的新品牌[M].宁波:宁波出版社,2002.

[2] 陈厚丰.中国高等学校分类与定位问题研究[M].长沙:湖南大学出版社,2006.

[3] 陈秀山,张可云.区域经济理论[M].北京:商务印书馆,2003.

[4] 陈学飞.当代美国高等教育思想研究[M].大连:辽宁师范大学出版社,1996.

[5] 邓晓春.21世纪初中国高等教育发展战略和布局结构的研究[M].沈阳:辽宁大学出版社,1997.

[6] 房剑森.高等教育发展论[M].桂林:广西师范大学出版社,2001.

[7] 葛守勤,周式中.美国州立大学与地方经济发展[M].西安:西北大学出版社,1993.

[8] 顾明远.教育大辞典(增订合编本上)[M].上海:上海教育出版社,1998.

[9] 顾明远,梁忠义.世界教育大系·美国教育[M].吉林:吉林教育出版社,2000.

[10] 郝克明,汪永栓.中国高等教育结构研究[M].北京:人民教育出版社,1987.

[11] 郝克明.当代中国教育结构体系研究[M].广州:广东教育出版社,2001.

[12] 侯靖方.日出江花红胜火——1999—2002年浙江教育发展报告

[M].杭州:浙江教育出版社,2004.

[13] 胡建华.现代中国大学制度的原点:50年代初期的大学改革[M].南京:南京师范大学出版社,2001.

[14] 黄福涛.外国高等教育史[M].上海:上海教育出版社,2003.

[15] 黄家泉,邵国良,吴开俊,等.教育区域化发展研究:地区经济发展不平衡对教育的影响[M].太原:山西人民出版社,2002.

[16] 黄启兵.中国高校设置变迁的制度分析[M].福州:福建教育出版社,2007.

[17] 经济合作与发展组织.高等教育与区域:立足本地,制胜全球[M].北京:教育科学出版社,2012.

[18] 康宁.中国经济转型中高等教育资源配置的制度创新[M].北京:教育科学出版社,2005.

[19] 李方华.温州市教育志[M].北京:中华书局,1997.

[20] 李廉水等.都市圈发展——理论演化·国际经验·中国特色[M].北京:科学出版社,2006.

[21] 李延保.中国独立学院调查报告[M].广州:中山大学出版社,2013.

[22] 李仲生.中国的人口与经济发展[M].北京:北京大学出版社,2004.

[23] 刘海峰.中国考试发展史[M].武汉:华中师范大学出版社,2002.

[24] 刘晖,孙毅颖.从大众化到普及化:北京高等教育发展研究[M].北京:人民出版社,2009.

[25] 罗明东,李舜,李志平.区域教育可持续发展研究[M].北京:科学出版社,2005.

[26] 马陆亭.高等学校的分层与管理[M].广州:广东教育出版社,2004.

[27] 潘懋元.高等教育:历史、现实与未来[M].北京:人民教育出版社,2004.

[28] 潘懋元.新编高等教育学[M].北京:北京师范大学出版,2009.

[29] 潘懋元.中国高等教育大众化的结构与体系[M].广州:广东高等教育出版社,2009.

[30] 齐亮祖,刘敬发.高等教育结构学[M].哈尔滨:黑龙江教育出版社,1986.

[31] 秦国柱.中国新大学运动,广东中心城市新办院校研究[M].福州:福建教育出版社,1996.

[32] 秦国柱.中心城市与大学发展[M].北京:中国社会科学出版社,2006.

[33] 沈红.美国研究型大学的形成与发展[M].武汉:华中理工大学出版社,1999.

[34] 史秋衡.国家高校分类体系及其设置标准实证研究[M].北京:科学出版社,2016.

[35] 滕大春.美国教育史[M].北京:人民教育出版社,1995.

[36] 万秀兰.美国社区学院的改革与发展[M].北京:人民教育出版社,2003.

[37] 王保华,张婕.高等教育地方化——地级城市发展高等教育研究[M].北京:人民教育出版社,2005.

[38] 王洪才.人才流动与区域社会经济发展[M].上海:天马图书出版公司,2002.

[39] 王培根.高等教育经济学[M].北京:经济管理出版社,2004.

[40] 王廷芳.美国高等教育史[M].福州:福建教育出版社,1995.

[41] 王晓阳.大学社会功能比较研究[M].北京:高等教育出版社,2003.

[42] 王永平.转型发展论[M].广州:广东经济出版社,2014.

[43] 韦森.经济学与哲学:制度分析的哲学基础[M].上海:上海人民出版社,2005.

[44] 邬大光.中国高等教育大众化问题研究[M].北京:高等教育出版社,2004.

[45] 夏明华.宁波市教育志[M].杭州:浙江教育出版社,1996.

[46] 谢维和,文雯,李乐夫.中国高等教育大众化进程中的结构分

析——1998—2004 年的实证研究［M］.北京:教育科学出版社,2007.

[47] 谢雪峰.从全面学苏到自主选择:中国高等教育与苏联模式［M］.武汉:华中科技大学出版社,2004.

[48] 谢一风,史秋衡.高职院校县校合作模式研究［M］.北京:中国水利水电出版社,2013.

[49] 谢作栩.中国高等教育大众化发展道路的研究［M］.福州:福建教育出版社,2001.

[50] 忻福良.各国高等教育立法［M］.上海:上海交通大学出版社,1992.

[51] 邢克超.共性与个性——国际高等教育改革比较研究［M］.北京:人民教育出版社,2004.

[52] 徐同文.区域大学的使命［M］.北京:教育科学出版社,2004.

[53] 阎凤桥,肖念.后大众化高等教育之挑战［M］.北京:高等教育出版社,2012.

[54] 叶茂林.教育发展与经济增长［M］.北京:社会科学文献出版社,2005.

[55] 余起声.浙江省教育志［M］.杭州:浙江大学出版社,2004.

[56] 张彬.浙江教育史［M］.杭州:浙江教育出版社,2006.

[57] 张应强.高等教育现代化的反思与建构［M］.哈尔滨:黑龙江教育出版社,2000.

[58] 张振助.高等教育与区域互动发展论［M］.桂林:广西师范大学出版社,2004.

[59] 中国教育年鉴编辑部.中国教育年鉴 2000［M］.北京:人民教育出版社,2000.

[60] 周绍森.中国地方高等教育研究［M］.南昌:江西人民出版社,2002.

二、译著

[1] ［美］伯顿·克拉克.高等教育系统:学术组织的跨国研究［M］.王

　　　　承绪,徐辉,译.杭州:杭州大学出版社,1994.

［2］［美］德里克·博克.走出象牙塔——现代大学的社会责任［M］.
　　　　徐小洲,陈军,译.杭州:浙江教育出版社,2001.

［3］［荷］弗兰斯·范富格特.国际高等教育政策比较研究［M］.王承
　　　　绪,等,译.杭州:浙江教育出版社,2001.

［4］［美］克拉克·克尔.大学的功用［M］.陈学飞,等,译.南昌:江西
　　　　教育出版社,1993.

［5］［美］克拉克·克尔.高等教育不能回避历史——21世纪的问题
　　　　［M］.王承绪,译.杭州:浙江教育出版社,2001.

［6］［美］劳伦斯·阿瑟·克雷明.学校的变革［M］.单中惠,译.上海:
　　　　上海教育出版社,1994.

［7］［美］劳伦斯·克雷明.美国教育史:城市化时期的历程(1876—
　　　　1980)［M］.朱旭东,等,译.北京:北京师范大学出版社,2002.

［8］［美］迈克尔·波特.国家竞争优势［M］.李明轩,邱如美,译.北
　　　　京:华夏出版,2002.

［9］［英］迈克尔·夏托克.高等教育的结构和管理问题［M］.王义端,
　　　　译.上海:华东师范大学出版社,1987.

［10］［日］天野郁夫.高等教育的日本模式［M］.陈武元,译.北京:教
　　　　育科学出版社,2006.

［11］［美］约翰·奥伯利·道格拉斯.加利福尼亚思想与美国高等教
　　　　育:1850—1960年的总体规划［M］.周作宇,等,译.北京:教育科
　　　　学出版社,2008.

［12］［加］约翰·范德格拉夫.学术权力——七国高等教育管理体制
　　　　比较［M］.王承绪,等,译.杭州:浙江教育出版社,2001.

［13］［美］詹姆斯·杜德斯达.21世纪的大学［M］.刘彤,等,译.北京:
　　　　北京大学出版社,2005.


三、博士论文
［1］陈慧青.中国高校布局结构变革研究［D］.厦门:厦门大学,2009.
［2］郭姬.我国新建本科院校发展状况、类型及问题分析［D］.南京:南

京师范大学,2007.

[3] 郝有隽.美国社区学院的发展历程与启示[D].兰州:西北师范大学,2003.

[4] 何敏.中国高等教育区域发展差异研究[D].广州:暨南大学,2002.

[5] 何振海.美国加利福尼亚州公立高等教育系统化发展研究(1850—1960)[D].保定:河北大学,2008.

[6] 黄栋.中国高等院校区位问题研究[D].上海:上海师范大学,2005.

[7] 黄启兵.我国高校设置变迁的制度分析[D].南京:南京师范大学,2006.

[8] 李凌.中国区域高等教育发展战略论[D].厦门:厦门大学,1993.

[9] 李萍.高等教育与区域经济互动发展研究[D].西安:西北大学,2006.

[10] 潘海生.我国高等教育大众化区域差异分析与发展策略研究[D].天津:天津大学,2005.

[11] 朴正龙.韩国高等教育大众化的发展历程及其启示研究[D].长春:东北师范大学,2007.

[12] 邵争艳.中国区域高等教育资源优化配置评价与对策研究[D].哈尔滨:哈尔滨工程大学,2006.

[13] 申培轩.农村现代化视野中的高等教育发展[D].上海:华东师范大学,2002.

[14] 王娟.我国经济增长与高等教育发展关系的实证研究[D].重庆:重庆大学,2005.

[15] 席鸿建.中国高等教育均衡发展战略研究[D].武汉:华中科技大学,2007.

[16] 夏鲁惠.我国高等教育区域化发展研究[D].武汉:华中科技大学,2008.

[17] 薛泽海.中国区域增长极增长问题研究——基于对地级城市定位与发展问题的思考[D].北京:中共中央党校,2007.

[18] 杨光富.美国赠地学院发展研究[D].上海:华东师范大学,2004.

[19] 杨健.生态学视野下的县级政府高等教育职能研究[D].苏州:苏州大学,2015.

[20] 杨颖东.社区学院:21世纪中国高等教育值得努力的一个方向[D].上海:华东师范大学,2004.

[21] 张振助.高等教育与区域互动发展研究[D].上海:华东师范大学,2001.

[22] 赵庆年.区域高等教育发展差异问题研究[D].厦门:厦门大学,2009.

[23] 郑利霞.我国高等教育布局结构及其逻辑研究[D].武汉:华中科技大学,2009.

[24] 朱雪文.中国高等教育区域分布研究[D].上海:华东师范大学,2002.


四、硕士论文

[1] 冯宏义.美国社区学院的办学职能及其启示[D].福州:福建师范大学,2004.

[2] 高军慧.我国东西部高等教育资源配置差异及对策研究[D].太原:山西财经大学,2011.

[3] 郭梅.高校扩招与我国高等教育可持续发展研究[D].重庆:西南师范大学,2001.

[4] 蒋国良.社区学院之与区域发展之研究[D].苏州:苏州大学.2008.

[5] 李晓霞.我国高等教育系统的生态平衡问题研究——以生态学为研究视角[D].兰州:兰州大学,2008.

[6] 牛蒙刚.美国社区学院发展的政策因素研究[D].济南:山东师范大学,2006.

[7] 王强强.我国高等教育布局中的政府行为研究[D].济南:山东大学,2012.

[8] 徐树成.美国高等学校社会服务职能之历史探析[D].西安:陕西

师范大学,2003.

［9］闫莉.21世纪初美国社区学院办学职能发展研究［D］.沈阳:沈阳师范大学,2015.

［10］周红.美国社区学院及其对地区经济的影响［D］.石家庄:河北师范大学,2011.


## 五、期刊论文

［1］安继磊.新型城镇化视角下县域高等教育的发展研究［J］.2016(2)：21-22.

［2］别敦荣,郝进仕.论我国高等教育地方化和地方高等教育发展战略［J］.高等工程教育研究,2008(1)：54-60.

［3］别敦荣,郑利霞.我国高等教育亚中心及其发展逻辑［J］.高等教育工程研究,2008(5)：57-63.

［4］蔡永莲.新中国社会结构的变迁对高等教育的影响［J］.上海高教研究,1995(2)：26-28.

［5］曹东.都市大学:美国高等教育的一种新模式［J］.辽宁高等教育研究,1998(4)：78-81.

［6］曾蔚阳.从"威斯康星思想"到"相互作用大学":我国新建地方本科院校战略发展启示［J］.教育评论,2015(6)：162-164.

［7］查永军.美国"相互作用大学"及启示［J］.黑龙江高教研究,2010(2)：73-75.

［8］陈彬.教育地方化:成就、问题与前瞻［J］.教育与经济,1996(1)：42-45.

［9］陈德宁.区域竞争力理论的提出与发展［J］.广州大学学报(社会科学版),2003(12)：21-24.

［10］陈厚丰.英美高等教育分类政策比较——以英国高等教育"双重制"和美国加州"高等教育总体规划"为例［J］.高等教育研究,2009(12)：88-93.

［11］陈辉.1952年中国高等院校的院系调整——"以苏联为师"的后果［J］.当代中国研究,2003(3).23-26.

[12] 陈上仁.我国区域高等教育发展失衡及其解决对策研究[J].中国高教研究,2005(3)：39-42.

[13] 陈新忠,卢瑶.分流施教：英国多科技术学院应用型人才培养的经验与启示[J].教育与职业,2016(23)：23-27.

[14] 杨正莲.中国如何应对美国金融危机？[J].中国新闻周刊,2008(35):56-58.

[15] 程方平.发展西部地方社区大学[J].教育研究,2003(1):69-73.

[16] 程斯辉.简论大学与地方发展[J].高教发展与评估,2007(1)：9-15.

[17] 程伟.中国经济转轨中高等教育变革的特征[J].辽宁大学学报(哲学社会科学版),2006(9):1-6.

[18] 程志翔.中心城市办大学应立足地方 面向基层 服务社会[J].中国高等教育,1995(6):29-30.

[19] 崔国富.地方高校对城镇化的助推效能与实现对策[J].国家教育行政学院学报,2014(8)：32-35.

[20] 崔永红.应用型大学：地方本科院校转型发展之路[J].应用型高等教育研究,2016(2)：1-5.

[21] 代蕊华,沈玉顺.高等学校的空间布局与教育的公平和效率[J].高等教育研究,1998(4):35-36.

[22] 戴井冈,邱国华,杜瑛,等.我国普通高等学校布局结构分析与思考[J].教育发展研究,2005(5):5-11.

[23] 邓晓春.关于21世纪初中国高等教育发展战略与结构布局的思考明[J].辽宁高等教育究,1997(3):17-25.

[24] 邓志伟.教育多元化办学的国际经验及启示[J].外国教育资料,1999(6):63-66.

[25] 丁三青,张阳,张铭钟.江苏省县域高等教育研究[J].煤炭高等教育,2008(3):43-47.

[26] 丁三青等.学习型社会视角下的县域高等教育体系的构建[J].煤炭高等教育,2008(3):40-47.

[27] 董圣足.教育领域探索"混合所有制"内涵、样态及策略[J].教育

发展研究，2016(3):52-56.

[28] 董云川.中国高等教育政治化基因浅析[J].教育发展研究,2002
(11):84-86.

[29] 董泽芳,柯佑祥.高等教育区域化研究[J].江苏高教,2000(5):
31-34.

[30] 杜育红.学校布局结构调整的战略意义[J].人民教育,2005(2):
10-11.

[31] 范惠莹.新中国成立后我国高等教育管理体制演变综述[J].高
等农业教育,2002(1):14-18.

[32] 范士陈,宋涛.社会变迁与区域开发互馈演进理论解析[J].经济
师,2008(6):36-38.

[33] 费翔.规模扩张的背后——分层的高等教育和断裂的社会[J].
黑龙江高教研究,2007(9):1-5.

[34] 冯向东.高等教育结构:博弈中的建构[J].高等教育研究.2005
(5):1-5.

[35] 付八军.知识经济与高等教育的相关性探析[J].高等教育研究,
2005(3):12-16.

[36] 高峰.我国高等教育布局的问题与对策[J].现代教育科学,2003
(6):85-86.

[37] 高耀,顾剑秀,方鹏.中国十大城市群主要城市高等教育与区域
经济协调综合评价研究——基于 107 个城市 2000 年和 2010 年
的横截面数据[J].教育科学,2013(3):19-29.

[38] 顾坤华,赵惠莉.高等职业教育向县域"前移"的思考与对策[J].
中国高教研究,2011(1):72-74.

[39] 何恩节,章毛连.科研视角下的地方高水平应用型大学建设现状
与发展建议[J].安徽科技学院,2016(5):114-118.

[40] 何晋秋,方惠坚,柏杰,等.高校合理布局与推进地区协调发展和
城镇化[J].理工高教研究,2003(3):7-9.

[41] 何志方.高等教育规模与城市化联动发展的国际经验[J].比较
教育研究,2001(9):27-31.

[42] 贺小飞.高等教育区域服务职能刍议[J].清华大学教育研究，
　　　2004(6)：92-98.

[43] 贺永平,郭平."党委领导、校长负责、理事会监督"大学治理模式
　　　研究[J].求实,2012(2)：284-286.

[44] 贺祖斌,凌玲,张兰芳.省域经济与区域高等教育发展的适应性
　　　研究[J].高教论坛,2010(9)：3-5.

[45] 胡天佑.建设"应用型大学"的逻辑与问题[J].中国高教研究,
　　　2017(4)：26-31.

[46] 胡永远,刘智勇.高等教育对经济增长贡献的地区差异分析[J],
　　　上海经济研究,2004(9)：11-14.

[47] 黄福涛."全球化"时代的高等教育国际化——历史与比较的视
　　　角[J].北京大学教育评论,2003(2)：93-98.

[48] 黄陵东.西方经典社会变迁理论及其本土启示[J].东南学术,
　　　2003(6)：74-78.

[49] 姜晓坤.我国高等教育区域布局结构浅析[J].科教文汇(下旬
　　　刊),2010(7)：1-3.

[50] 康宁.高等教育资源配置：规律与变迁趋势[J].教育研究,2004
　　　(2)：3-9.

[51] 康小明.从结构性约束看大众化阶段我国高等教育公共政策的
　　　选择[J].高等教育研究,2007(2)：11-16.

[52] 匡瑛.英国城市技术学院述评[J].全球教育展望,2001(1)：
　　　63-70.

[53] 劳凯声.教育体制改革中的高等学校法律地位变迁[J].北京师
　　　范大学学报(社会科学版),2007(2)：5-16.

[54] 雷培梁.适应新型城镇化建设的高等教育布局与结构调整[J].
　　　中国高等教育,2015(7)：42-45.

[55] 李卿,李宏宇.从美国相互作用大学谈地方高校与政府共建[J].
　　　科教文汇,2009(1)：6.

[56] 李天然.我国高等教育的集聚规律和辐射规律[J].现代大学教
　　　育,2006(1)：34-37.

[57] 李文长.我国高等教育行政体制变革与职能转换[J].中国高教研究,1996(6)：14-16.

[58] 李振祥.县校合作:高职院校社会服务的新趋势[J].教育发展研究,2013(6)：46-49.

[59] 林勇.我国教育与经济增长协调发展关系及实证分析[J],教育发展研究,2003(6)：13-16.

[60] 刘红垒.基于主体功能区理论的我国高等教育布局结构调整[J].黑龙江高教研究,2017(5)：30-32.

[61] 刘金玉.县域发展新型高等教育的时代意义[J].继续教育,2013(1)：39-41.

[62] 刘娟.高校空间布局结构调整的国际趋势及其启示[J].大学·研究与评价,2008(2)：16-20.

[63] 刘勤勇,唐安国.高等教育大众化:战略性的抉择[J].高等教育研究,1999(1)：38-41.

[64] 刘卫东.论大学与地区经济发展关系的变迁[J].现代大学教育,2003(1)：73-75.

[65] 卢小珠.高等学校的集聚效应[J].改革与战略,2004(2)：86-89.

[66] 罗守贵.高校布局的区位条件分析[J].高教管理,2000(1)：97-99.

[67] 马丁·特罗.王香丽译.从精英向大众高等教育转变中的问题[J].外国高等教育资料,1999(1)：1-22.

[68] 马陆亭.论高等教育的均衡发展[J].教育研究,2005(10)：71-75.

[69] 马陆亭.制度保障下的高等学校为地方发展服务[J].民办高等教育研究,2007(4)：9-12.

[70] 潘懋元,谢作栩.试论从精英到大众高等教育的"过渡阶段"[J].高等教育研究,2001(2)：1-6.

[71] 潘懋元,邬大光.世纪之交中国高等教育办学模式的变化与走向[J].教育研究,2001(3)：3-7.

[72] 潘懋元.大众化阶段的精英教育[J].高等教育研究,2003(6)：

1-5.

[73] 潘懋元,罗丹.多国高等教育大众化模式比较研究[J].高等教育研究,2007(3):1-8.

[74] 潘懋元,肖海涛.中国高等教育大众化结构与体系变革[J].高等教育研究,2008(5):26-31.

[75] 潘懋元,董立平.关于高等学校分类、定位、特色发展的探讨[J].教育研究,2009(2):33-38.

[76] 庞丽娟.促进高等教育均衡发展[J].教育研究,2004(4):15-16.

[77] 彭泽平.我国东西部高等教育发展区域失衡的决策根源探析[J].高等教育研究,2002(2):46-49.

[78] 秦国柱."大学"之名与中心城市新办院校的发展[J].惠州大学学报(社会科学版),1996(3):94-98.

[79] 秦国柱.从中心城市办学的实践谈高校的校址与效益[J].教育与经济,1998(2):25-27.

[80] 阙明坤.独立学院混合所有制办学模式研究[J].高等教育研究,2017(3):65-71.

[81] 沈鸿敏,刘求实.我国高校地区分布非均衡问题及其影响分析[J].教育发展研究,2008(1):16-20.

[82] 史静寰.构建解释高等教育变迁的整体框架[J].清华大学教育研究,2006(3):19-25.

[83] 史秋衡.高等教育地方化:现实与趋势——评《高等教育地方化——地级城市发展高等教育研究》[J].教育研究,2006(5):90-91.

[84] 史秋衡.中国高等教育与社会凝聚力关系变革分析[J].教育展望(国际比较教育),2009(11):12-15.

[85] 史秋衡,张湘韵,矫怡程.高职院校"县校合作"发展模式研究[J].教育研究,2012(7):43-50.

[86] 史秋衡.应用型大学结构与功能研究[J].贵州师范大学学报(社会科学版),2016(1):131-137.

[87] 宋华明.高等教育通向农村与实现农村可持续发展[J].农村经

济,2006(1)：106-109.

[88] 宋文红.我国高等教育宏观管理结构的演变及启示[J].中国海洋大学学报(社会科学版),2004(5)：85-88.

[89] 孙敏.英国多科技术学院调研报告(上)[J].世界教育信息,2013(9)：41-44.

[90] 孙敏.英国多科技术学院调研报告(中)[J].职业与终身教育,2013(10)：31-33.

[91] 孙绍荣,张文敏.高等教育与经济水平关系的统计分析[J].公共管理学报,2004(8)：75-84.

[92] 唐斌,尹艳秋.走出象牙塔：从"威斯康星思想"到"相互作用大学"[J].1997(4)：92-93.

[93] 田恩舜.我国高等教育质量保证模式变革中政府、高校与社会的行动策略[J].黑龙江高教研究,2007(1)：1-3.

[94] 王保华,张婕.加快城镇化建设：实施地级城市高教发展的差别化战略[J].辽宁教育研究,2003(12)：21-25.

[95] 王保华,张显琨.论发展地级城市高等教育[J].教育研究,2003(4)：64-68.

[96] 王洪才,曾艳清.后大众化与我国高等教育发展战略选择[J].华中师范大学学报(人文社会科学版),2010(5)：133-138.

[97] 王洪才.地方本科高校转型：问题、挑战与回应[J].江苏高教,2016(3)：8-17.

[98] 王浒.对我国高校布局的思考[J].中国高教研究,1998(2)：8-12.

[99] 王少媛.省域高等教育结构布局调整分析[J].教育发展研究,2006(7)：53-57.

[100] 王守法,王云霞.高等教育与区域经济发展关系的理论探讨[J].北京工商大学学报(社会科学版),2006(3)：89-92.

[101] 王晓燕,刘健,高瑞.中国高等教育扩招与经济振兴[J].大学教育科学,2012(2)：81-89.

[102] 王英杰.规律与启示——关于建设世界一流大学的若干思考

[J].比较教育研究，2001(7)：1-8.

[103] 王振存.论当前我国高等教育布局结构的内涵、问题及其优化
策略[J].河南大学学报(社会科学版),2017(4)：124-134.

[104] 魏芳芳.英国多科技学院的发展历程及启示[J].河南科技学院
学报，2016(12)：53-56.

[105] 魏礼庆.美国赠地学院的起源与现状[J].教育参考资料,2001
(2)：16-26.

[106] 闻曙明,施琴芬.高等教育集聚起因分析[J].江苏高教,2005
(2)：13-15.

[107] 邬大光.高等教育大众化理论的内涵与价值——与马丁·特罗
教授的对话[J].高等教育研究,2003(6)：6-9.

[108] 吴燕青.我国普通高等教育扩招情况及其对毕业生就业影响分
析[J].西北人口,2007(1)：20-23.

[109] 夏焰,崔玉平.我国高等教育与区域经济协调发展的量化评价
[J].重庆高教研究,2016(5)：68-77.

[110] 项贤明,葛岳静,李艳玲.大众化过程中高等教育结构的变
迁——美国的经验与我国的发展趋势[J].比较教育研究,2001
(2)：1-6.

[111] 肖玲.广东省高等学校布局及其体系优化研究[J].热带地理,
2002(3)：227-230.

[112] 肖毅.社会变迁理论下的霍姆斯问题法探析[J].外国教育研
究,2009(1)：30-34.

[113] 谢安邦,赵文华.高等教育空间布局的系统观[J].上海高教研
究,1998(2)：22-26.

[114] 谢维和.论高等教育对现代社会的适应[J].北京师范大学学报
(社会科学版),1998(4)：5-12.

[115] 谢作栩.高等教育大众化进程中的区域发展问题初探[J].广东
工业大学学报(社会科学),2001(2)：11-16.

[116] 刑元敏.关于我国高等教育区域化问题的思考[J].辽宁高等教
育研究,1998(1)：13-16.

[117] 熊惠平.从区域走向县域:全球视野下中国高等职业教育可持续发展新路径[J].职业技术教育,2014(31):15-19.

[118] 熊惠平.从"区域"到"县域":"全球"视域下中国高职教育发展新命题[J].职教通讯,2015(1):1-4.

[119] 熊明安.我高等学校几次重大调整的回顾与评价[J].高等教育研究,1995(4):48-55.

[120] 徐军伟.独立学院"浙江模式"的探索与思考[J],中国高教研究,2010(8):77-78.

[121] 徐军伟.独立与依附:内生型独立学院的两难选择[J],教育发展研究,2013(5):24-27.

[122] 徐克恩,鄂志寰.美国金融动荡的新发展:从次贷危机到世纪性金融危机[J].国际金融研究,2008(10):4-10.

[123] 徐文俊,刘志民.高等教育与区域经济互动发展的问题与对策[J].江苏高教,2011(3):49-51.

[124] 许玲.区域高等教育与经济发展水平协调性研究——基于2004年和2011年横截面数据的分析[J].教育发展研究,2014(1):24-29.

[125] 许长青,马玉女.高等教育发展的经济地理学分析[J].辽宁教育研究,2005(1):13-15.

[126] 宣勇.建设世界一流学科要实现"三个转变"[J].中国高教研究,2016(5):1-6.

[127] 薛天祥,沈玉顺.50年代院系调整与90年代联合办学比较分析[J].上海高教研究,1997(8):13-17.

[128] 薛颖慧,薛澜.试析我国高等教育的空间分布特点[J].高等教育研究,2002(4):44-49.

[129] 阎凤桥,卓晓辉,余舰.中国高等教育大众化过程与普通高等教育系统的变化分析[J],高等教育研究,2006(8):1-7.

[130] 杨光富,张宏菊.赠地学院对美国高等教育的影响[J].河北师范大学学报(教育科学版),2008(10):8-11.

[131] 杨天平.高等教育发展进程中地方高等教育的地位与作用[J].

国家教育行政学院学报,2010(10)：42-46.

[132] 杨移贻.新大学运动——广东省中心城市办高等学校的经验、问题、对策[J].高教探索,1995(3)：10-14.

[133] 杨移贻.后大众化阶段高等教育的审视[J].深圳大学学报(人文社会科学版),2009(9)：144-148.

[134] 杨益民.区域高等教育规模与经济发展关系的实证分析[J].江苏高教,2006(3)：35-38.

[135] 岳朝晖.高等教育价值观的演进及政府管理模式的变迁[J].湖南农业大学学报(社会科学版),2007(9)：1-3.

[136] 张根友.新常态下地方高校服务区域发展再思考[J].江苏高教,2016(6)：47-50.

[137] 张国兵.高教结构调整与教育政策的权力限度[J].教育发展研究,2006(11)：23-26.

[138] 张国祥.区域经济与高等教育的发展[J].河南师范大学学报(哲学社会科学版),2001(2)：107-110.

[139] 张鸿雁.论中国21世纪初城市化与城市现代化优先战略选择——与发达国家及地区城市化比较中国应采取的战略与对策[J].南京社会科学,2000(10)：50-58.

[140] 张建奇.对我国地方城市新办大学发展趋势的研究[J].清华大学教育研究,2001(2)：95-100.

[141] 张力,刘亚荣.我国高等教育进入大众化阶段后的系统特征分析[J].北京大学教育评论,2005(4)：68-74.

[142] 张丽.浅论"城市大学"的创立及对英国高等教育的变革性影响[J].外国高等教育资料,1997(3)：12-16.

[143] 张平安,宿金勇.河南省高等教育区域布局问题研究,[J].河南商业高等专科学学报,2012(2)：95-99.

[144] 张文格.高等教育后大众化理论的全面认识及其启示[J].现代教育科学,2011(6)：28-31.

[145] 张文剑.教育结构调整与经济发展的关联分析[J].教育与经济,2002(1)：36-40.

[146] 张烨.重读五十年代的院系调整——基于教育政策借鉴理论的视角[J].华东师范大学学报(教育科学版),2007(1):87-96.

[147] 张振刚,杨建梅,司聚民.中美高等教育机构分类、布局和规模的比较研究[J].清华大学教育研究,2002(1):83-91.

[148] 张振助,吴晓郁,董业军,等.高等教育大发展的国际经验及启示[J].外国教育研究,2003(4):35-39.

[149] 张振助.高等教育与区域互动发展研究——中国的实证分析及策略选择[J].教育发展研究,2003(6):39-44.

[150] 赵晋耀.论应用型大学生的培养[J].长治学院学报,2016(6):90-93.

[151] 赵士谦,康翠萍.高等教育与城市化进程关系辨析[J].沈阳师范大学学报(社会科学版),2007(2):79-82.

[152] 郑利霞.大众化中后期高等教育布局结构调整的内外部动力分析[J].高等农业教育,2014(2):7-10.

[153] 郑挺.积极开拓 创新求是 务实渐进——也谈高校布局结构调整[J].上海高教研究,1996(5):7-10.

[154] 钟贤,朱宇峰,潘艳云,等.从兼职类型看校园打工族在高校中扮演的角色——以杭州滨江高教园学生为例[J].成功(教育),2012(11):51-52.

[155] 周川.新一轮院系调整的特征与问题[J].高等教育研究,1998(2):28-31.

[156] 朱镜德.高等教育强劲扩张对城市化进程及经济增长的影响[J].中国人口科学,2003(1):34-40.

[157] 朱跃.新增长理论与中国经济增长[J].上海行政学院学报,2002(3):57-64.

[158] 庄子银.新增长理论研究[J].经济评论,1998(5):42-47.

## 六、英文文献

[1] Agiomirgianakis G, Serenis D, Tsounis N. A Distance Learning University and Its Economic Impact in a Country's Peripheries:

the Case of Hellenic Open University[J]. Operations Research & Management Science, 2017, 17(1): 165-186.

[2] Bailey TR, Weininger E. Educating Immigrants and Native Minorities in CUNY Community Colleges[R]. CCRC BRIEF, No. 13, December 2002.

[3] Bailey TR. Community Colleges in the 21st Century: Challenges and Opportunities[R]. CCRC BRIEF, No. 15, January 2003.

[4] Bivens GM, Laanan FS, Brodersen LA. Forging 21st Century Partnerships with Community Colleges [J]. The Journal of Reclaiming Children & Youth, 2014, 23(3): 22-25.

[5] Bracco KR, Callan PM. Competition and Collaboration in California Higher Education[R]. The National Center for Public Policy and Higher Education, 2002.

[6] Brossman SW. The California Community Colleges [R]. Field Education Publication, 1973.

[7] Cohen AM, Brawer FB. The American Community College[M]. San Francisco: Jossey-Bass Publishers, 1996.

[8] Colleges Universities AAOS. Renewing the Promise—The Public's Universities in a Transforming World. Report of the Commission on Public University Renewal [R]. American Association of State Colleges and Universities, 2005.

[9] Douglass JA. The California Idea and American Higher Education[M]. Stanford University Press, 2000.

[10] Forde ML. Community Colleges—The Center of the Workforce Development Universe[J]. Community College Journal, 2002, 72: 32-35.

[11] Frenkel A, Leck E. Universities, Knowledge and Regional Development[J]. Regional Studies, 2017, 51(7): 977-981.

[12] Goldstein H, Glaser K. Research Universities as Actors in the

Governance of Local and Regional Development[J]. Journal of Technology Transfer, 2012, 37(2): 158-174.

[13] Halvorson GA. The Role of a 1994 Land Grant College[J]. Rangelands (Elsevier Science), 2016, 38(1): 14-15.

[14] Hayward GC, Breneman DW, Estrade LF. Tidal Wave II Revisited: A Review of Earlier Enrollment Projections for California Higher Education [R]. The National Center for Public Policy and Higher Education, 1998.

[15] Hernandez OG. Assessing the Technology Programming Used by Community Colleges to Meet Industry Needs: An Exploratory Case Study Research[R]. ProQuest LLC, 2014.

[16] Jacob WJ. Marketization, Demarketization, and Remarketization: The Impact of the Economic Market on Higher Education in China[D]. University of California, Los Angeles, 2004.

[17] Johnson TLW. Designing State Higher Education Systems for a New Century[J]. The Journal of Higher Education, 2000, 71 (5):616.

[18] Judge H. California: Plan or Plot? [D]. Oxford Review of Education, 1994, 20(1).

[19] Kezar A. Rethinking Public Higher Education Governing Boards Performance: Results of a National Study of Governing Boards in the United States, The Journal of Higher Education, 2006, 77(7): 968-1008.

[20] Lilles A, Roigas K. How Higher Education Institutions Contribute to the Growth in Regions of Europe? [J]. Studies in Higher Education, 2017, 42(1): 65-78.

[21] Loss CP. Why the Merrill Land-Grant Colleges Act Still Matters[J]. Chronicle of Higher Education, 2012, 58(41): A17-A47.

[22] Mario，MC. Understanding State Higher Education Systems：Applying a New Framework [J]. Journal of Higher Education，2002，73(3)：349-374.

[23] Martinez E. Changes，Challenges，and Opportunities for Student Services at One Baccalaureate Degree-Granting Community College[J]. Community College Review，2018，46(1)：82-103.

[24] Miller MT，Pope ML. Integrating Technology into New Student Orientation Programs at Community Colleges [J]. Community College Journal of Research and Practice，2003，27(1)：15.

[25] Mullin J，Kotval-k Z，Cooper J. The University and Local Economic Development [J]. Transylvanian Review of Administrative Sciences，2012：126-136.

[26] Peer V，Penker M. Higher Education Institutions and Regional Development：A Meta-analysis [J]. International Regional Science Review，2016，39(2)：228-253.

[27] Reeves K. Reviews of National Policies for Education：Higher Education in California[R]. Paris：OECD，1990.

[28] Shiel C，Filho WL，Paço A，et al. Evaluating the Engagement of Universities in Capacity Building for Sustainable Development in Local Communities[J]. Eval Program Plann，2016，54：123-134.

[29] Smith GK. Twenty Five Years：1945-1970[M]. Jossey-Bass Inc. Publishers，1970：148.

[30] Thelin JR. A History of American Higher Education[M]，The Johns Hopkins University Press，2004.

[31] Williams KC，Wangberg JK，Scull WR. Bachelor of Applied Sciences Degree Program：A New and Innovative Collaboration

between a Land Grant University and Community Colleges [J].
NACTA Journal，2010，54(1)：82-88.

[32] Wollenberg C. Berkeley：A City in History [M]．Berkeley
Public Library，2002.

[33] Zhang LC，Worthington AC. Explaining Estimated Economies
of Scale and Scope in Higher Education：A Meta-Regression
Analysis[J]．Research in Higher Education，2018，59（2）：
156-173.

附　　录

附录一

# 独立学院设置与管理办法

中华人民共和国教育部令（第 26 号）

《独立学院设置与管理办法》已于 2008 年 2 月 4 日经教育部部务会议审议通过，现予发布，自 2008 年 4 月 1 日施行。

中华人民共和国教育部
2008 年 2 月 22 日

## 第一章 总 则

**第一条** 为了规范普通高等学校与社会组织或者个人合作举办独立学院活动，维护受教育者和独立学院的合法权益，促进高等教育事业健康发展，根据高等教育法、民办教育促进法、民办教育促进法实施条例，制定本办法。

**第二条** 本办法所称独立学院，是指实施本科以上学历教育的普通高等学校与国家机构以外的社会组织或者个人合作，利用非国家财政性经费举办的实施本科学历教育的高等学校。

**第三条** 独立学院是民办高等教育的重要组成部分，属于公益性事业。

设立独立学院，应当符合国家和地方高等教育发展规划。

**第四条** 独立学院及其举办者应当遵守法律、法规、规章和国家有关规定，贯彻国家的教育方针，坚持社会主义办学方向和教育公益性原则。

**第五条** 国家保障独立学院及其举办者的合法权益。

独立学院依法享有民办教育促进法、民办教育促进法实施条例规定的各项奖励与扶持政策。

**第六条**　国务院教育行政部门负责全国独立学院的统筹规划、综合协调和宏观管理。

省、自治区、直辖市人民政府教育行政部门(以下简称省级教育行政部门)主管本行政区域内的独立学院工作,依法履行下列职责:

(一)独立学院办学许可证的管理;

(二)独立学院招生简章和广告备案的审查;

(三)独立学院相关信息的发布;

(四)独立学院的年度检查;

(五)独立学院的表彰奖励;

(六)独立学院违法违规行为的查处;

(七)法律法规规定的其他职责。

## 第二章　设　立

**第七条**　参与举办独立学院的普通高等学校须具有较高的教学水平和管理水平,较好的办学条件,一般应具有博士学位授予权。

**第八条**　参与举办独立学院的社会组织,应当具有法人资格。注册资金不低于 5000 万元,总资产不少于 3 亿元,净资产不少于 1.2 亿元,资产负债率低于 60%。

参与举办独立学院的个人,应当具有政治权利和完全民事行为能力。个人总资产不低于 3 亿元,其中货币资金不少于 1.2 亿元。

**第九条**　独立学院的设置标准参照普通本科高等学校的设置标准执行。

独立学院应当具备法人条件。

**第十条**　参与举办独立学院的普通高等学校与社会组织或者个人,应当签订合作办学协议。

合作办学协议应当包括办学宗旨、培养目标、出资数额和方式、各方权利义务、合作期限、争议解决办法等内容。

**第十一条**　普通高等学校主要利用学校名称、知识产权、管理资源、教育教学资源等参与办学。社会组织或者个人主要利用资金、实物、土地使用权等参与办学。

国家的资助、向学生收取的学费和独立学院的借款、接受的捐赠财产，不属于独立学院举办者的出资。

**第十二条**　独立学院举办者的出资须经依法验资，于筹设期内过户到独立学院名下。

本办法施行前资产未过户到独立学院名下的，自本办法施行之日起1年内完成过户工作。

**第十三条**　普通高等学校投入办学的无形资产，应当依法作价。无形资产的作价，应当委托具有资产评估资质的评估机构进行评估；无形资产占办学总投入的比例，由合作办学双方按照国家法律、行政法规的有关规定予以约定，并依法办理有关手续。

**第十四条**　独立学院举办者应当依法按时、足额履行出资义务。独立学院存续期间，举办者不得抽逃办学资金，不得挪用办学经费。

**第十五条**　符合条件的普通高等学校一般只可以参与举办1所独立学院。

**第十六条**　设立独立学院，分筹设和正式设立两个阶段。筹设期1至3年，筹设期内不得招生。筹设期满未申请正式设立的，自然终止筹设。

**第十七条**　设立独立学院由参与举办独立学院的普通高等学校向拟设立的独立学院所在地的省级教育行政部门提出申请，按照普通本科高等学校设置程序，报国务院教育行政部门审批。

**第十八条**　申请筹设独立学院，须提交下列材料：

（一）筹设申请书。内容包括：举办者、拟设立独立学院的名称、培养目标、办学规模、办学条件、内部管理体制、经费筹措与管理使用等。

（二）合作办学协议。

（三）普通高等学校的基本办学条件，专业设置、学科建设情况，在校学生、专任教师及管理人员状况，本科教学水平评估情况，博士点设置情况。

（四）社会组织或者个人的法人登记证书或者个人身份证明材料。

（五）资产来源、资金数额及有效证明文件，并载明产权。其中包括不少于500亩的国有土地使用证或国有土地建设用地规划许可证。

（六）普通高等学校主管部门审核同意的意见。

**第十九条**　申请筹设独立学院的,审批机关应当按照民办教育促进法规定的期限,作出是否批准的决定。批准的,发给筹设批准书;不批准的,应当说明理由。

**第二十条**　完成筹设申请正式设立的,应当提交下列材料:

（一）正式设立申请书;

（二）筹设批准书;

（三）筹设情况报告;

（四）独立学院章程,理事会或董事会组成人员名单;

（五）独立学院资产的有效证明文件;

（六）独立学院院长、教师、财会人员的资格证明文件;

（七）省级教育行政部门组织的专家评审意见。

**第二十一条**　独立学院的章程应当规定下列主要事项:

（一）独立学院的名称、地址;

（二）办学宗旨、规模等;

（三）独立学院资产的数额、来源、性质以及财务制度;

（四）出资人是否要求取得合理回报;

（五）理事会或者董事会的产生方法、人员构成、权限、任期、议事规则等;

（六）法定代表人的产生和罢免程序;

（七）独立学院自行终止的事由;

（八）章程修改程序。

**第二十二条**　独立学院的名称前冠以参与举办的普通高等学校的名称,不得使用普通高等学校内设院系和学科的名称。

**第二十三条**　申请正式设立独立学院,审批机关应当按照民办教育促进法规定的期限,作出是否批准的决定。批准的,发给办学许可证;不批准的,应当说明理由。

依法设立的独立学院,应当按照国家有关规定办理法人登记。

**第二十四条**　国务院教育行政部门受理申请筹设和正式设立独立学院的时间为每年第三季度。省级教育行政部门应当在每年 9 月 30 日前完成审核工作并提出申请。

审批机关审批独立学院,应当组织专家评议。专家评议的时间,不计算在审批期限内。

## 第三章　组织与活动

**第二十五条**　独立学院设立理事会或者董事会,作为独立学院的决策机构。理事会或者董事会由参与举办独立学院的普通高等学校代表、社会组织或者个人代表、独立学院院长、教职工代表等人员组成。理事会或者董事会中,普通高等学校的代表不得少于五分之二。

理事会或者董事会由 5 人以上组成,设理事长或者董事长 1 人。理事长、理事或者董事长、董事名单报审批机关备案。

**第二十六条**　独立学院的理事会或者董事会每年至少召开 2 次会议。经三分之一以上组成人员提议,可以召开理事会或者董事会临时会议。

理事会或者董事会会议应由二分之一以上的理事或者董事出席方可举行。

**第二十七条**　独立学院理事会或者董事会应当对所议事项形成记录,出席会议的理事或者董事和记录员应当在记录上签名。

**第二十八条**　独立学院理事会或者董事会会议作出决议,须经全体理事或者董事的过半数通过。但是讨论下列重大事项,须经理事会或者董事会三分之二以上组成人员同意方可通过:

(一)聘任、解聘独立学院院长;

(二)修改独立学院章程;

(三)制定发展规划;

(四)审核预算、决算;

(五)决定独立学院的合并、终止;

(六)独立学院章程规定的其他重大事项。

**第二十九条**　独立学院院长应当具备国家规定的任职条件,年龄不超过 70 岁,由参与举办独立学院的普通高等学校优先推荐,理事会或者董事会聘任,并报审批机关核准。

独立学院院长负责独立学院的教育教学和行政管理工作。

**第三十条**　独立学院应当按照办学许可证核定的名称、办学地址和办学范围组织开展教育教学活动。不得设立分支机构。不得出租、出借办学许可证。

**第三十一条**　独立学院必须根据有关规定,建立健全中国共产党和中国共产主义青年团的基层组织。独立学院党组织应当发挥政治核心作用,独立学院团组织应当发挥团结教育学生的重要作用。

独立学院应当建立教职工代表大会制度,保障教职工参与民主管理和监督。

**第三十二条**　独立学院的法定代表人为学校安全稳定工作第一责任人。独立学院应当建立健全安全稳定工作机制,建立学校安全保卫工作队伍。落实各项维护安全稳定措施,开展校园及周边治安综合治理,维护校园安全和教学秩序。

参与举办独立学院的普通高等学校应当根据独立学院的实际情况,积极采取措施,做好安全稳定工作。

**第三十三条**　独立学院应当按照国家核定的招生规模和国家有关规定招收学生,完善学籍管理制度,做好家庭经济困难学生的资助工作。

**第三十四条**　独立学院应当按照国家有关规定建立学生管理队伍。按不低于1∶200的师生比配备辅导员,每个班级配备1名班主任。

**第三十五条**　独立学院应当建立健全教学管理机构,加强教学管理队伍建设。改进教学方式方法,不断提高教育质量。

**第三十六条**　独立学院应当按照国家有关规定完善教师聘用和管理制度,依法落实和保障教师的相关待遇。

**第三十七条**　独立学院应当根据核定的办学规模充实办学条件,并符合普通本科高等学校基本办学条件指标的各项要求。

**第三十八条**　独立学院对学习期满且成绩合格的学生,颁发毕业证书,并以独立学院名称具印。

独立学院按照国家有关规定申请取得学士学位授予资格,对符合条件的学生颁发独立学院的学士学位证书。

**第三十九条**　独立学院应当按照国家有关规定建立财务、会计制度和资产管理制度。

　　独立学院资产中的国有资产的监督、管理,按照国家有关规定执行。独立学院接受的捐赠财产的使用和管理,按照公益事业捐赠法的有关规定执行。

　　**第四十条**　独立学院使用普通高等学校的管理资源和师资、课程等教育教学资源,其相关费用应当按照双方约定或者国家有关规定,列入独立学院的办学成本。

　　**第四十一条**　独立学院收费项目和标准的确定,按照国家有关规定执行,并在招生简章和广告中载明。

　　**第四十二条**　独立学院存续期间,所有资产由独立学院依法管理和使用,任何组织和个人不得侵占。

　　**第四十三条**　独立学院在扣除办学成本、预留发展基金以及按照国家有关规定提取其他必需的费用后,出资人可以从办学结余中取得合理回报。

　　出资人取得合理回报的标准和程序,按照民办教育促进法实施条例和国家有关规定执行。

## 第四章　管理与监督

　　**第四十四条**　教育行政部门应当加强对独立学院教育教学工作、教师培训工作的指导。

　　参与举办独立学院的普通高等学校,应当按照合作办学协议和国家有关规定,对独立学院的教学和管理工作予以指导,完善独立学院教学水平的监测和评估体系。

　　**第四十五条**　独立学院的招生简章和广告的样本,应当及时报省级教育行政部门备案。

　　未经备案的招生简章和广告,不得发布。

　　**第四十六条**　省级教育行政部门应当按照国家有关规定,加强对独立学院的督导和年检工作,对独立学院的办学质量进行监控。

　　**第四十七条**　独立学院资产的使用和财务管理受审批机关和其他有

关部门的监督。

独立学院应当在每个会计年度结束时制作财务会计报告,委托会计师事务所依法进行审计,并公布审计结果。

## 第五章 变更与终止

**第四十八条** 独立学院变更举办者,须由举办者提出,在进行财务清算后,经独立学院理事会或者董事会同意,报审批机关核准。

独立学院变更地址,应当报审批机关核准。

**第四十九条 独立学院变更名称,应当报审批机关批准。**

**第五十条** 独立学院有下述情形之一的,应当终止:

(一)根据独立学院章程规定要求终止,并经审批机关批准的;

(二)资不抵债无法继续办学的;

(三)被吊销办学许可证的。

**第五十一条** 独立学院终止时,在妥善安置在校学生后,按照民办教育促进法的有关规定进行财务清算和财产清偿。

独立学院举办者未履行出资义务或者抽逃、挪用办学资金造成独立学院资不抵债无法继续办学的,除依法承担相应的法律责任外,须提供在校学生的后续教育经费。

**第五十二条** 独立学院终止时仍未毕业的在校学生由参与举办的普通高等学校托管。对学习期满且成绩合格的学生,发给独立学院的毕业证书;符合学位授予条件的,授予独立学院的学士学位证书。

**第五十三条** 终止的独立学院,除被依法吊销办学许可证的外,按照国家有关规定收回其办学许可证、印章,注销登记。

## 第六章 法律责任

**第五十四条** 审批机关及其工作人员,利用职务上的便利收取他人财物或者获取其他利益,滥用职权、玩忽职守,对不符合本办法规定条件者颁发办学许可证,或者发现违法行为不予以查处,情节严重的,对直接负责的主管人员和其他直接人员,依法给予行政处分;构成犯罪的,依法追究刑事责任。

**第五十五条**　独立学院举办者虚假出资或者在独立学院设立后抽逃资金、挪用办学经费的,由省级教育行政部门会同有关部门责令限期改正,并按照民办教育促进法的有关规定给予处罚。

**第五十六条**　独立学院有下列情形之一的,由省级教育行政部门责令限期改正,并视情节轻重,给予警告、1 至 3 万元的罚款、减少招生计划或者暂停招生的处罚:

(一)独立学院资产不按期过户的;

(二)发布未经备案的招生简章或广告的;

(三)年检不合格的;

(四)违反国家招生计划擅自招收学生的。

**第五十七条**　独立学院违反民办教育促进法以及其他法律法规规定的,由省级教育行政部门或者会同有关部门给予处罚。

## 第七章　附　则

**第五十八条**　本办法施行前设立的独立学院,按照本办法的规定进行调整,充实办学条件,完成有关工作。本办法施行之日起 5 年内,基本符合本办法要求的,由独立学院提出考察验收申请,经省级教育行政部门审核后报国务院教育行政部门组织考察验收,考察验收合格的,核发办学许可证。

**第五十九条**　本办法自 2008 年 4 月 1 日起施行。此前国务院教育行政部门发布的有关独立学院设置与管理的文件与本办法不一致的,以本办法为准。

附录二

# 关于引导部分地方普通本科高校向应用型转变的指导意见

教发〔2015〕7 号

各省、自治区、直辖市教育厅（教委）、发展改革委、财政厅（局），新疆生产建设兵团教育局、发展改革委、财务局：

为贯彻落实党中央、国务院关于引导部分地方普通本科高校向应用型转变（以下简称转型发展）的决策部署，推动高校转型发展，现提出如下意见。

## 一、重要意义

当前，我国已经建成了世界上最大规模的高等教育体系，为现代化建设作出了巨大贡献。但随着经济发展进入新常态，人才供给与需求关系深刻变化，面对经济结构深刻调整、产业升级加快步伐、社会文化建设不断推进特别是创新驱动发展战略的实施，高等教育结构性矛盾更加突出，同质化倾向严重，毕业生就业难和就业质量低的问题仍未有效缓解，生产服务一线紧缺的应用型、复合型、创新型人才培养机制尚未完全建立，人才培养结构和质量尚不适应经济结构调整和产业升级的要求。

积极推进转型发展，必须采取有力举措破解转型发展改革中顶层设计不够、改革动力不足、体制束缚太多等突出问题。特别是紧紧围绕创新驱动发展、中国制造 2025、"互联网＋"、大众创业万众创新等国家重大战略，找准转型发展的着力点、突破口，真正增强地方高校为区域经济社会发展服务的能力，为行业企业技术进步服务的能力，为学习者创造价值的能力。

各地各高校要从适应和引领经济发展新常态、服务创新驱动发展的大局出发,切实增强对转型发展工作重要性、紧迫性的认识,摆在当前工作的重要位置,以改革创新的精神,推动部分普通本科高校转型发展。

## 二、指导思想和基本思路

### 1. 指导思想

贯彻党中央、国务院重大决策,主动适应我国经济发展新常态,主动融入产业转型升级和创新驱动发展,坚持试点引领、示范推动,转变发展理念,增强改革动力,强化评价引导,推动转型发展高校把办学思路真正转到服务地方经济社会发展上来,转到产教融合校企合作上来,转到培养应用型技术技能型人才上来,转到增强学生就业创业能力上来,全面提高学校服务区域经济社会发展和创新驱动发展的能力。

### 2. 基本思路

——坚持顶层设计、综合改革。系统总结近年来高等教育和职业教育改革的成功经验,增强改革的系统性、整体性和协调性。不断完善促进转型发展的政策体系,推动院校设置、招生计划、拨款制度、学校治理结构、学科专业设置、人才培养模式、师资队伍建设、招生考试制度等重点难点领域的改革。充分发挥评估评价制度的导向作用,以评促建、以评促转,使转型高校的教育目标和质量标准更加对接社会需求、更加符合应用型高校的办学定位。

——坚持需求导向、服务地方。发挥政府宏观调控和市场机制作用,推进需求传导式的改革,深化产教融合、校企合作,促进高校科学定位、特色发展,加强一线技术技能人才培养,促进毕业生就业质量显著提高,科技型创业人才培养取得重大突破,将一批高校建成有区域影响力的先进技术转移中心、科技服务中心和技术创新基地。

——坚持试点先行、示范引领。转型的主体是学校。按照试点一批、带动一片的要求,确定一批有条件、有意愿的试点高校率先探索应用型(含应用技术大学、学院)发展模式。充分发挥试点高校的示范引领作用,激发高校转型内生动力活力,带动更多地方高校加快转型步伐,推动高等教育改革和现代职业教育体系建设不断取得新进展。

——坚持省级统筹、协同推进。转型的责任在地方。充分发挥省级政府统筹权,根据区域经济社会发展和高等教育整体布局结构,制定转型发展的实施方案,加强区域内产业、教育、科技资源的统筹和部门之间的协调,积极稳妥推进转型发展工作。

## 三、转型发展的主要任务

### 3. 明确类型定位和转型路径

确立应用型的类型定位和培养应用型技术技能型人才的职责使命,以产教融合、校企合作为突破口,根据所服务区域、行业的发展需求,找准切入点、创新点、增长点,制定改革的时间表、路线图。转型高校要结合"十三五"规划编制工作,切实发扬民主,通过广泛的思想动员,将学校类型定位和转型发展战略通过学校章程、党代会教代会决议的形式予以明确。

### 4. 加快融入区域经济社会发展

建立合作关系,使转型高校更好地与当地创新要素资源对接,与经济开发区、产业聚集区创新发展对接,与行业企业人才培养和技术创新需求对接。积极争取地方政府、行业企业支持,通过建设协同创新中心、工业研究院、创新创业基地等载体和科研、医疗、文化、体育等基础设施共建共享,形成高校和区域经济社会联动发展格局。围绕中国制造2025、京津冀协同发展、长江经济带建设、区域特色优势产业转型升级、社会建设和基本公共服务等重大战略,加快建立人才培养、科技服务、技术创新、万众创业的一体化发展机制。

### 5. 抓住新产业、新业态和新技术发展机遇

创新发展思路,增强把握社会经济技术重大变革趋势的能力,加强战略谋划和布局,实现弯道超车。适应、融入、引领所服务区域的新产业、新业态发展,瞄准当地经济社会发展的新增长点,形成人才培养和技术创新新格局。促进新技术向生产生活广泛渗透、应用,推动"互联网+"战略在当地深入推进,形成人才培养和技术创新新优势。以服务新产业、新业态、新技术为突破口,形成一批服务产业转型升级和先进技术转移应用特色鲜明的应用技术大学、学院。

### 6. 建立行业企业合作发展平台

建立学校、地方、行业、企业和社区共同参与的合作办学、合作治理机制。校企合作的专业集群实现全覆盖。转型高校可以与行业、企业共同组建教育集团,也可以与行业企业、产业集聚区共建共管二级学院。建立有地方、行业和用人单位参与的校、院理事会(董事会)制度、专业指导委员会制度,成员中来自于地方政府、行业、企业和社区的比例不低于50%。支持行业、企业全方位全过程参与学校管理、专业建设、课程设置、人才培养和绩效评价。积极争取地方、行业、企业的经费、项目和资源在学校集聚,合作推动学校转型发展。

### 7. 建立紧密对接产业链、创新链的专业体系

按需重组人才培养结构和流程,围绕产业链、创新链调整专业设置,形成特色专业集群。通过改造传统专业、设立复合型新专业、建立课程超市等方式,大幅度提高复合型技术技能人才培养比重。建立行业和用人单位专家参与的校内专业设置评议制度,形成根据社会需求、学校能力和行业指导依法设置新专业的机制。改变专业设置盲目追求数量的倾向,集中力量办好地方(行业)急需、优势突出、特色鲜明的专业。

### 8. 创新应用型技术技能型人才培养模式

建立以提高实践能力为引领的人才培养流程,率先应用"卓越计划"的改革成果,建立产教融合、协同育人的人才培养模式,实现专业链与产业链、课程内容与职业标准、教学过程与生产过程对接。加强实验、实训、实习环节,实训实习的课时占专业教学总课时的比例达到30%以上,建立实训实习质量保障机制。扩大学生的学习自主权,实施以学生为中心的启发式、合作式、参与式教学,逐步扩大学生自主选择专业和课程的权利。具有培养专业学位研究生资格的转型高校要建立以职业需求为导向、以实践能力培养为重点、以产学结合为途径的专业学位研究生培养模式。工程硕士等有关专业学位类别的研究生教育要瞄准产业先进技术的转移和创新,与行业内领先企业开展联合培养,主要招收在科技应用和创新一线有实际工作经验的学员。

### 9. 深化人才培养方案和课程体系改革

以社会经济发展和产业技术进步驱动课程改革,整合相关的专业基础

课、主干课、核心课、专业技能应用和实验实践课，更加专注培养学习者的技术技能和创新创业能力。认真贯彻落实《关于深化高等学校创新创业教育改革的实施意见》，将创新创业教育融入人才培养全过程，将专业教育和创业教育有机结合。把企业技术革新项目作为人才培养的重要载体，把行业企业的一线需要作为毕业设计选题来源，全面推行案例教学、项目教学。将现代信息技术全面融入教学改革，推动信息化教学、虚拟现实技术、数字仿真实验、在线知识支持、在线教学监测等广泛应用，通过校校合作、校企合作联合开发在线开放课程。

10. 加强实验实训实习基地建设

按照工学结合、知行合一的要求，根据生产、服务的真实技术和流程构建知识教育体系、技术技能训练体系和实验实训实习环境。按照所服务行业先进技术水平，采取企业投资或捐赠、政府购买、学校自筹、融资租赁等多种方式加快实验实训实习基地建设。引进企业科研、生产基地，建立校企一体、产学研一体的大型实验实训实习中心。统筹各类实践教学资源，构建功能集约、资源共享、开放充分、运作高效的专业类或跨专业类实验教学平台。

11. 促进与中职、专科层次高职有机衔接

建立与普通高中教育、中等职业教育和专科层次高等职业教育的衔接机制。有条件的高校要逐步提高招收在职技术技能人员的比例，积极探索建立教育—就业"旋转门"机制，为一线技术技能人才的职业发展、终身学习提供有效支持。适当扩大招收中职、专科层次高职毕业生的比例。制定多样化人才培养方案，根据学习者来源、知识技能基础和培养方向的多样性，全面推进模块化教学和学分制。

12. 广泛开展面向一线技术技能人才的继续教育

瞄准传统产业改造升级、新兴产业发展和新型城镇化过程中一线劳动者技术提升、技能深化、职业转换、城市融入的需求，大力发展促进先进技术应用、形式多样、贴近需求的继续教育。主动承接地方继续教育任务，加强与行业和领先企业合作，使转型高校成为地方政府、行业和企业依赖的继续教育基地，成为适应技术加速进步的加油站、顺应传统产业变革的换乘站、促进新兴产业发展的人才池。

### 13. 深化考试招生制度改革

按照国家考试招生制度改革总体方案,积极探索有利于技术技能人才职业发展的考试招生制度。试点高校招收中、高等职业院校优秀应届毕业生和在职优秀技术技能人员,应当将技术技能测试作为录取的主要依据之一,教育部制定有关考试招生改革实施意见。试点高校考试招生改革办法应当报省级教育行政部门批准并以省为单位报教育部备案。招生计划、方案、过程、结果等要按有关规定向社会公开。

### 14. 加强"双师双能型"教师队伍建设

调整教师结构,改革教师聘任制度和评价办法,积极引进行业公认专才,聘请企业优秀专业技术人才、管理人才和高技能人才作为专业建设带头人、担任专兼职教师。有计划地选送教师到企业接受培训、挂职工作和实践锻炼。通过教学评价、绩效考核、职务(职称)评聘、薪酬激励、校企交流等制度改革,增强教师提高实践能力的主动性、积极性。

### 15. 提升以应用为驱动的创新能力

积极融入以企业为主体的区域、行业技术创新体系,以解决生产生活的实际问题为导向,广泛开展科技服务和应用性创新活动,努力成为区域和行业的科技服务基地、技术创新基地。通过校企合作、校地合作等协同创新方式加强产业技术技能积累,促进先进技术转移、应用和创新。打通先进技术转移、应用、扩散路径,既与高水平大学和科研院所联动,又与中职、专科层次高职联动,广泛开展面向中小微企业的技术服务。

### 16. 完善校内评价制度和信息公开制度

建立适应应用型高校的人才培养、科学研究质量标准、内控体系和评估制度,将学习者实践能力、就业质量和创业能力作为评价教育质量的主要标准,将服务行业企业、服务社区作为绩效评价的重要内容,将先进技术转移、创新和转化应用作为科研评价的主要方面。完善本科教学基本状态数据库,建立本科教学质量、毕业生就业质量年度报告发布制度。

## 四、配套政策和推进机制

### 17. 落实省级政府统筹责任

各地要结合本地本科高校的改革意愿和办学基础，在充分评估试点方案的基础上确定试点高校。试点高校应综合考虑民办本科高校和独立学院。省级改革试点方案要落实和扩大试点高校的考试招生、教师聘任聘用、教师职务（职称）评审、财务管理等方面的自主权。

### 18. 加快推进配套制度改革

建立高校分类体系，实行分类管理，制定应用型高校的设置标准。制定应用型高校评估标准，开展转型发展成效评估，强化对产业和专业结合程度、实验实习实训水平与专业教育的符合程度、双师型教师团队的比例和质量、校企合作的广度和深度等方面的考察，鼓励行业企业等第三方机构开展质量评价。制定试点高校扩大专业设置自主权的改革方案，支持试点高校依法加快设置适应新产业、新业态、新技术发展的新专业。支持地方制定校企合作相关法规制度和配套政策。

### 19. 加大对试点高校的政策支持

通过招生计划的增量倾斜、存量调整，支持试点高校符合产业规划、就业质量高和贡献力强的专业扩大招生。将试点高校"双师双能型"高水平师资培养纳入中央和地方相关人才支持项目。在国家公派青年骨干教师出国研修项目中适当增加试点高校选派计划。支持试点高校开展与国外同类高校合作办学，与教育援外、对外投资等领域的国家重大战略项目相结合走出去办学。充分发挥应用技术大学（学院）联盟等作用，与国外相应联盟、协会开展对等合作交流。

### 20. 加大改革试点的经费支持

各地可结合实际情况，完善相关财政政策，对改革试点统筹给予倾斜支持，加大对产业发展急需、技术性强、办学成本高和艰苦行业相关专业的支持力度。建立以结果为导向的绩效评价机制，中央财政根据改革试点进展和相关评估评价结果，通过中央财政支持地方高校发展等专项资金，适时对改革成效显著的省（区、市）给予奖励。高校要健全多元投入机制，积极争取行业企业和社会各界支持,优化调整经费支出结构,向教育教学改革、实验实训实习和"双师双能型"教师队伍建设等方面倾斜。积极创新支持方式,探索政府和社会资本合作(PPP)等模式,吸引社会投入。

21. 总结推广改革试点典型经验

在省级试点的基础上,总结梳理改革试点的经验和案例,有计划地推广一批试点方案科学、行业企业支持力度较大、实施效果显著的试点典型高校,并加大政策和经费支持力度。教育、发展改革、财政等部门共同建立跟踪检查和评估制度。

22. 营造良好改革氛围和舆论环境

加强对转型发展高校各级领导干部和广大师生员工的思想教育和政策宣传,举办转型试点高校领导干部专题研修班和师资培训班,坚定改革信心,形成改革合力。广泛动员各部门、专家学者和用人单位参与改革方案的设计和政策研究。组织新闻媒体及时宣传报道试点经验。

根据本意见精神,教育部、发展改革委、财政部建立协调工作机制,加强对转型发展工作的指导。

教育部 国家发展改革委 财政部

2015 年 10 月 21 日

附录三

# 浙江省高校校区分布统计表

| 序号 | 学校名称 | 校区名称 | 校区地址 | 占地面积（亩） | 建筑面积（万平方米） | 全日制学生数（千人） | 启用时间 |
|---|---|---|---|---|---|---|---|
| 1 | 浙江大学 | 紫金港校区 | 余杭塘路866号 | 5369 | 83.2 | 25.8 | 2002 |
| | | 玉泉校区 | 浙大路38号 | 1236 | 91.4 | 17.1 | |
| | | 西溪校区 | 天目山路148号 | 500 | 40.4 | 3.1 | |
| | | 华家池校区 | 凯旋路258号 | 998 | 31.0 | 2.7 | |
| | | 之江校区 | 之江路51号 | 654 | 5.3 | 0.7 | |
| | | 海宁校区 | 海宁市海州东路718号 | 1200 | 40.0 | 0.5 | 2016 |
| | | 舟山校区 | 舟山市定海区浙大路1号 | 600 | 19.0 | 0.7 | 2015 |
| | | 其他 | | 59 | 6.2 | 0.748 | |
| 2 | 中国美术学院 | 南山校区 | 杭州市南山路218号 | 65 | 8.4 | 1.0 | 2003 |
| | | 象山校区 | 杭州市转塘象山352号 | 860 | 23.4 | 6.0 | 2007 |
| 3 | 浙江工业大学 | 朝晖校区 | 杭州市潮王路18号 | 497 | 30.0 | 9.3 | 1980 |
| | | 屏峰校区 | 杭州市小和山高教园区 | 1611 | 41.0 | 17.6 | 2003 |
| | | 德清校区（在建） | 湖州市德清县站场新区内 | 996 | 40.0 | 10.0 | 2019 |
| 4 | 浙江师范大学 | 金华本部校区 | 金华市婺城区 | 1999 | 66.0 | 16.3 | 1965 |
| | | 杭州文二路校区 | 杭州市文二路 | 69 | 5.9 | 0.0 | 2001 |
| | | 杭州萧山校区 | 杭州市萧山区 | 407 | 11.1 | 2.1 | 2014 |
| 5 | 宁波大学 | 本部校区 | 江北区风华路818号 | 2738 | 90.9 | 26.7 | 1986 |
| | | 梅山校区（在建） | 北仑区梅山岛 | 600 | 22.0 | 3.3 | 2018 |

续表

| 序号 | 学校名称 | 校区名称 | 校区地址 | 占地面积（亩） | 建筑面积（万平方米） | 全日制学生数（千人） | 启用时间 |
|---|---|---|---|---|---|---|---|
| 6 | 杭州电子科技大学 | 下沙校区 | 下沙经济开发区2号大街1158号 | 1264 | 53.2 | 19.7 | 2000 |
| | | 文一校区 | 西湖区文一路115号 | 128 | 6.9 | 0.0 | 1956 |
| | | 下沙东校区 | 下沙经济开发区6号大街215 | 19 | 2.9 | 0.0 | 2007 |
| 7 | 杭州师范大学 | 仓前校区 | 杭州市余杭区仓前街道余杭塘路2318号 | 3250 | 220.0 | | 2012 |
| | | 玉皇山校区 | 杭州市玉皇山路77号 | | | | |
| | | 古荡湾校区 | 杭州市万塘路古荡湾258号 | 70 | 4.0 | | 1992 |
| 8 | 浙江理工大学 | 下沙校区 | 浙江省杭州市杭州下沙高教园区2号大街928号 | 886 | 60.0 | 21.8 | 2000 |
| 9 | 温州医科大学 | 学院路校区 | 学院西路82号 | 162 | 15.5 | 3.0 | 1958 |
| | | 茶山校区 | 茶山高教园区 | 1301 | 42.2 | 13.0 | 2002 |
| 10 | 浙江工商大学 | 下沙校区 | 江干区下沙高教园区学正街18号 | 1943 | 99.6 | 27.7 | 2000 |
| | | 教工路校区 | 杭州市西湖区教工路149号 | | | | |
| 11 | 浙江中医药大学 | 主校区 | 杭州市滨文路548号 | 367 | 18.0 | 7.2 | 2000 |
| 12 | 浙江农林大学 | 东湖校区 | 浙江省临安市环北路88号 | 2320 | 4.3 | 11.6 | 2002 |
| | | 衣锦校区 | 浙江省临安市衣锦街252号 | 467 | 14.8 | 5.2 | 1958 |
| 13 | 浙江财经大学 | 下沙校区 | 杭州经济开发区下沙学源街18号 | 756 | 29.3 | 15.203（含文华校区） | 2003 |
| | | 文华校区 | 杭州文一西路83号 | 197 | 7.3 | | 1991 |

续表

| 序号 | 学校名称 | 校区名称 | 校区地址 | 占地面积（亩） | 建筑面积（万平方米） | 全日制学生数(千人) | 启用时间 |
|---|---|---|---|---|---|---|---|
| 14 | 中国计量大学 | 主校区 | 杭州市下沙高教园区学源街258号 | 1180 | 46.6 | 16.7 | 2001 |
| | | 学院路校区 | 学院西路82号 | 162 | 15.5 | 3.0 | 1958 |
| 15 | 温州大学 | 茶山校区 | 茶山高教园区 | 1301 | 42.2 | 13.0 | 2002 |
| | | 学院路校区 | 浙江省温州市学院中路276号 | 152 | 6.6 | 0.7 | 1987 |
| 16 | 浙江海洋大学 | 新城校区 | 定海区临城街道海大南路1号 | 805 | 34.0 | 10.6 | 2013 |
| | | 萧山科技学院 | 杭州市萧山区顺坝围垦 | 150 | 0.5 | | 2013 |
| 17 | 宁波诺丁汉大学 | 宁波诺丁汉大学 | 宁波市鄞州区高教园区泰康东路199号 | 887 | 20.0 | 6.0 | 2004 |
| 18 | 浙江科技学院 | 浙江科技学院 | 杭州市留和路318号 | 1690 | 47.0 | 15.0 | 1980 |
| | | 安吉校区 | 浙江省安吉县孝源街道中德路1号 | 500 | 16.5 | 4.0 | 2014 |
| 19 | 湖州师范学院 | 东校区 | 湖州市二环东路759号 | 983 | 35.9 | 10.9 | 2006 |
| 20 | 绍兴文理学院 | 本部校区 | 浙江省绍兴市越城区环城西路508号 | 542 | 21.0 | 5.4 | 1997 |
| | | 南山校区 | 浙江省绍兴市越城区城南大道900号 | 567 | 23.1 | 7.4 | 2003 |
| | | 上虞校区 | 浙江省绍兴市上虞区东山路368号 | 123 | 4.4 | 1.9 | 2000 |
| | | 兰亭校区 | 浙江省绍兴市柯桥区兰亭镇兰亭书法艺术学院 | 136 | 2.5 | 0.3 | 2006 |
| 21 | 浙江万里学院 | 钱湖校区 | 宁波鄞州钱湖南路8号 | 1008 | 48.1 | 16.0 | 2000 |
| | | 回龙校区 | 宁波鄞州邱隘盛莫路1519号 | 379 | 12.2 | 4.0 | 1950 |

| 序号 | 学校名称 | 校区名称 | 校区地址 | 占地面积（亩） | 建筑面积（万平方米） | 全日制学生数（千人） | 启用时间 |
|---|---|---|---|---|---|---|---|
| 22 | 浙江传媒学院 | 浙江传媒学院下沙校区 | 杭州市下沙高教园区学源街998号 | 730 | 40.4 | 8.4 | 2002 |
| | | 浙江传媒学院桐乡校区 | 桐乡市逾桥西路998号 | 575 | 22.9 | 5.3 | 2011 |
| 23 | 浙江音乐学院 | 浙江音乐学院 | 浙江省杭州市西湖区转塘街道浙音路1号 | 602 | 35.0 | 1.7 | 2012 |
| 24 | 温州肯恩大学 | 温州肯恩大学 | 温州市瓯海区丽岙街道大学路88号 | 规划3000，一期1059.4 | 已建成9.8 | 目前1.6 | 2013 |
| 25 | 台州学院 | 临海第二校区 | 临海市东方大道605号 | 628 | 18.5 | 6.2 | 2000 |
| | | 椒江校区 | 椒江区市府大道1139号 | 1124 | 31.6 | 9.1 | 2005 |
| 26 | 嘉兴学院 | 梁林校区 | 嘉兴市嘉杭路118号 | 1345（已征用748,待建596） | 46.2753（已建成3.0753,待建23.2） | 15.0 | 2010 |
| | | 平湖校区 | 平湖市宏建路888号 | 250 | 6.0 | 2.4 | 2007 |
| 27 | 宁波工程学院 | 风华校区 | 风华路201号 | 967 | 39.4 | 11.3 | 一期2007 |
| | | 翠柏校区 | 翠柏路89号 | 261 | 21.7 | 无 | 1983 |
| | | 杭州湾校区 | 滨海二路769号 | 500 | 8.6 | 1.9 | 2014 |
| 28 | 浙江水利水电学院 | 下沙校区 | 杭州下沙高教园区学林街583号 | 585.78 | 28.4 | 9.1 | 2003 |
| | | 江东校区 | 萧山围垦十七公段 | 645 | | | 规划 |
| 29 | 丽水学院 | 丽水学院 | 丽水市学院路1号 | 1007 | 38.7 | 12.6 | 2004 |
| 30 | 浙江外国语学院 | 浙江外国语学院文三路校区 | 杭州市文三路140号 | 89 | 5.9 | 1.8 | 1955 |
| | | 浙江外国语学院小和山校区 | 杭州市留和路299号 | 556 | 17.5 | 6.2 | 2009 |
| 31 | 衢州学院 | 衢州学院 | 浙江省衢州市九华北大道78号 | 704 | 22.2 | 7.4 | 2006 |

续表

| 序号 | 学校名称 | 校区名称 | 校区地址 | 占地面积（亩） | 建筑面积（万平方米） | 全日制学生数(千人) | 启用时间 |
|---|---|---|---|---|---|---|---|
| 32 | 浙江警察学院 | 滨江校区 | 滨江区滨文路555号 | 244.5 | 10.8 | 3.8 | 2000 |
| | | 临安校区 | 临安市锦北街道大学 | 270 | 3.9 | 3.3 | 2016 |
| 33 | 公安海警学院 | 公安海警学院 | 宁波市北仑区振兴西路205号 | 500 | 14.0 | 3.0 | 1983 |
| 34 | 浙江大学城市学院 | 浙江大学城市学院 | 杭州市湖州街51号 | 1000 | 40.0 | 13.1 | 1999 |
| 35 | 浙江大学宁波理工学院 | 浙江大学宁波理工学院 | 宁波市鄞州区高教园区钱湖南路1号 | 1116 | 34.0 | 12.0 | 2001 |
| 36 | 浙江工业大学之江学院 | 柯桥校区 | 绍兴市柯桥区柯华路958号 | 796(其中水域面积221.8) | 21.1 | 7.7 | 2013 |
| 37 | 浙江师范大学行知学院 | 兰溪校区 | 金华市兰溪上华街道 | 800 | 24.0 | 8.0 | 2018 |
| 38 | 宁波大学科学技术学院 | 慈溪校区 | 宁波市慈溪市 | 800 | 一期25.0 | 10.0 | 2018 |
| 39 | 杭州师范大学钱江学院 | 下沙校区 | 杭州市下沙高教园区学林街16号 | 906 | 22.0 | 9.0 | 1999 |
| 40 | 浙江财经大学东方学院 | 海宁校区 | 浙江省海宁市连杭高新区仰山路2号 | 1000 | 31.0 | 10.0 | 1999 |
| 41 | 浙江工商大学杭州商学院 | 桐庐校区 | 桐庐县环城南路66号 | 542 | 23.8 | 7.5 | 2014 |
| 42 | 绍兴文理学院元培学院 | 越城校区 | 绍兴市越城区群贤中路2799号 | 836 | 27.2 | 8.6 | 2012 |
| 43 | 杭州电子科技大学信息工程学院 | 临安青山湖校区 | 临安市青山湖科技城胜联路168号 | 500 | 17.4 | 8.8 | 2016 |
| 44 | 嘉兴学院南湖学院 | 越秀校区 | 嘉兴市越秀南路56号 | 600 | 30.5 | 8.0 | 1986 |

| 序号 | 学校名称 | 校区名称 | 校区地址 | 占地面积（亩） | 建筑面积（万平方米） | 全日制学生数(千人) | 启用时间 |
|---|---|---|---|---|---|---|---|
| 45 | 上海财经大学浙江学院 | 金华校区 | 金华市环城南路99号 | 1005 | 22.0 | 6.0 | 2008 |
| 46 | 浙江海洋学院东海科学技术学院 | 定海校区 | 定海区城东街道东湾村海院路18号 | 350 | 14.4 | 5.5 | 2002 |
| 47 | 中国计量学院现代科技学院 | 桐庐校区（在建） | 杭州市桐庐县 | 500 | 17.5 | 7.0 | 2019 |
| 48 | 湖州师范学院求真学院 | 西校区、中校区 | 湖州市学士路1号 | 644 | 22.1 | 7.2 | 2006 |
| 49 | 温州大学瓯江学院 | 茶山校区 | 温州市茶山高教园区 | 680 | | 7.3 | 2000 |
| 50 | 温州商学院（温州大学城市学院） | 茶山校区 | 浙江省温州市瓯海区茶山镇高教园区 | 760 | 33.5 | 8.1 | 2005；2018 |
| 51 | 浙江农林大学暨阳学院 | 诸暨新校区 | 诸暨市浦阳路77号 | 500 | 26.7 | 6.0 | 2013 |
| 52 | 温州医科大学仁济学院 | 洞头校区 | 温州市洞头区 | 500 | 一期16 | 6.5 | 2017 |
| 53 | 浙江理工大学科技与艺术学院 | 上虞校区 | 杭州湾上虞经济技术开发区(上虞滨海新城观海大道东侧) | 550 | 23.5 | 5.7 | 2017 |
| 54 | 浙江中医药大学滨江学院 | 富阳校区 | 杭州市富阳高教园区 | 500 | 20.4 | 4.7 | 2015 |
| 55 | 同济大学浙江学院 | 嘉兴校区 | 浙江省嘉兴市商务大道168号 | 800 | 38.0 | 9.3 | 2008 |
| 56 | 宁波大红鹰学院 | 本部校区 | 宁波鄞州区学院路899号 | 810 | 46.3 | 12.9 | 2001 |
| | | 杭州湾校区 | 宁波杭州湾新区博华路77号 | 446 | 17.2 | 5.5 | 2008 |
| | | 大宗商品学院（待建） | 宁波杭州湾新区 | 120 | 13.288（规划） | 4（规划） | 2018 |

续表

| 序号 | 学校名称 | 校区名称 | 校区地址 | 占地面积（亩） | 建筑面积（万平方米） | 全日制学生数（千人） | 启用时间 |
|---|---|---|---|---|---|---|---|
| 57 | 浙江树人大学 | 柯桥校区 | 杨汛桥 | 392 | 13.8 | 3.9 | 2016 |
| | | 拱宸桥校区 | 树人街 8 号 | 427 | 32.0 | 11.5 | 1984 |
| 58 | 浙江越秀外国语学院 | 稽山校区 | 绍兴市越城区会稽路 428 号 | 1300 | 42.0 | 16.0 | 2008 |
| | | 镜湖校区 | 绍兴市群贤中路 2801 号 | | | | 2016 |
| 59 | 杭州医学院 | 滨江校区 | 杭州市滨江高教园区 | 167 | 6.2 | 5.4（两个校区总人数） | 1925 |
| | | 临安校区（在建） | | 500 | 20.0 | | 2017 |
| 60 | 宁波职业技术学院 | 北仑校区 | 宁波市北仑区新大路 1069 号 | 690 | 24.4 | 9.1 | 2001 |
| | | 新典校区 | 宁波市海曙区新典路 46 号 | 20 | 1.0 | | 2012 |
| 61 | 浙江工贸职业技术学院 | 府东路校区 | 温州市府东路 717 号 | 488 | 21.7 | 9.0 | 1999 |
| | | 瓯江口校区（在建） | 温州市瓯江口新区 | 863 | 35.1 | 10.3 | 2019 |
| 62 | 浙江商业职业技术学院 | 滨江校区 | 滨江区滨文路 470 号 | 320 | 13.8 | 1.1 | 2000 |
| | | 德胜校区 | 德胜路 238 号 | 39 | 23.0 | 0.0 | 1986 |
| 63 | 浙江邮电职业技术学院 | 越城校区 | 绍兴市亭山路 474 号 | 222 | 10.4 | 3.8 | 1985 |
| | | 上虞校区（在建） | 上虞滨海新城 | 400 | 10.5 | | 2018 |
| 64 | 浙江警官职业学院 | 下沙校区 | 杭州经济技术开发区 2 号大街 688 号 | 324 | 16.0 | 3.4 | 2001 |
| | | 乔司校区（在建） | 省乔司监狱五一路 | 200 | 2.4 | | 2019 |
| 65 | 浙江交通职业技术学院 | 莫干山路校区 | 杭州莫干山路 1515 号 | 592 | 26.3 | 8.8 | 2008 |
| 66 | 浙江旅游职业学院 | 萧山校区 | 耕文路 399 号 | 580 | 22.5 | 10.5 | 2002 |
| | | 千岛湖校区 | 文昌镇翁家村 40 号 | 500 | 4.1 | 0.7 | 2015 |

| 序号 | 学校名称 | 校区名称 | 校区地址 | 占地面积（亩） | 建筑面积（万平方米） | 全日制学生数(千人) | 启用时间 |
|------|----------|----------|----------|------|------|------|------|
| 67 | 绍兴职业技术学院 | 越城老校区 | 绍兴市越城区亭山路526号 | 316 | 12.4 | 11.0 | 2001 |
| | | 越城新校区 | | 196 | 15.6 | | 2016 |
| 68 | 浙江工业职业技术学院 | 梅山校区 | 绍兴市曲屯路151号 | 413 | 24.4 | 8.0 | 1995 |
| | | 镜湖校区 | 绍兴市站前大道2685号 | 499 | 29.6 | 7.0 | 2013 |
| 69 | 浙江经济职业技术学院 | 主校区 | 杭州经济开发区白杨街道学正街66号 | 373 | 14.1 | 8.6 | 2003 |
| | | 学生生活区 | 杭州经济技术开发区学府路508号 | 155 | 10.0 | | 2003 |
| | | 长乐学院（待建） | 杭州市余杭区长乐径山路18号 | 284 | 5.9 | | |
| 70 | 嘉兴职业技术学院 | 桐乡大道校区 | 嘉兴市桐乡大道547号 | 809 | 24.8 | 8.3 | 2005 |
| 71 | 浙江机电职业技术学院 | 滨江校区 | 杭州市滨江区滨文路528号 | 318 | 17.8 | 6.4 | 2001 |
| | | 长安校区 | 浙江省海宁市长安镇青年路999号 | 600 | 15.9 | 4.0 | 2015 |
| 72 | 浙江汽车职业技术学院 | 临海校区 | 浙江省临海市大洋街道曹家路 | 209 | 10.8 | 2.0 | 2006 |
| 73 | 浙江纺织服装职业技术学院 | 风华路校区 | 宁波市风华495号 | 618 | 16.3 | 10.0 | 2003 |
| | | 宁大一村 | 宁波市镇海区毓秀路488号 | | 9.4 | | 2014 |
| 74 | 嘉兴南洋职业技术学院 | 秀洲校区 | 嘉兴市秀洲区大德路999号 | 380 | 15.7 | 4.5 | 2016 |
| 75 | 浙江体育职业技术学院 | 萧山校区 | 杭州市萧山区高教园区 | 465 | 24.8 | 0.3 | 2006 |
| | | 教工路校区 | 杭州市教工路49号 | 60 | 3.4 | 0.3 | 1985 |
| 76 | 金华职业技术学院 | 金华职业技术学院 | 金华市海棠西路888号 | 2216 | 69.0 | 24.0 | 1998 |
| 77 | 浙江艺术职业学院 | 浙江艺术职业学院 | 杭州市滨江区滨文路518号 | 176 | 7.1 | 3.6 | 2002 |

续表

| 序号 | 学校名称 | 校区名称 | 校区地址 | 占地面积（亩） | 建筑面积（万平方米） | 全日制学生数(千人) | 启用时间 |
|---|---|---|---|---|---|---|---|
| 78 | 宁波卫生职业技术学院 | 南高教园校区 | 宁波市鄞州区学府路51号 | 392 | 14.6 | 6.2 | 2002 |
| | | 宁波卫生职业技术学院西北校区 | 宁波市海曙区西北街30号 | 4 | 0.4 | | 1995 |
| 79 | 浙江经贸职业技术学院 | 下沙本部校区 | 学林街280号 | 346 | 16.2 | 9.0 | 2004 |
| 80 | 温州科技职业学院 | 新桥校区（本部） | 六虹桥路1000号 | 418 | 22.1 | 7.1 | 2006 |
| | | 温州种子种苗科技园 | 戍浦北路869号 | 1030 | 1.7 | 0.5 | 2017 |
| 81 | 浙江医药高等专科学校 | 鄞州校区 | 宁波市鄞县大道东段888号 | 233 | 15.6 | 8.0 | 2000 |
| | | 奉化校区 | 宁波市奉化四明中路666号 | 600 | 15.1 | 0.0 | 2018 |
| 82 | 浙江舟山群岛新区旅游与健康职业学院 | 学校本部 | 浙江省舟山市普陀区朱家尖学院路99号 | 235 | 8.1 | 1.8 | 2015 |
| 83 | 杭州科技职业技术学院 | 富阳校区 | 富阳区富春街道高科路198号 | 710 | 33.0 | 9.1 | 2009 |
| | | 建德校区 | 建德市梅城镇环城西路52号 | 86 | 2.9 | 0.4 | 2009 |
| | | 翠苑校区 | 杭州市文一西路37号 | 36 | 3.7 | 0.0 | 2000 |
| 84 | 台州科技职业学院 | 黄岩校区 | 台州市黄岩区嘉木路288号 | 525 | 20.2 | 7.3 | 2009 |
| 85 | 浙江建设职业技术学院 | 萧山校区 | 杭州市萧山高教园区学知路151号 | 522 | 25.5 | 8.0 | 2003 |
| 86 | 湖州职业技术学院 | 湖州职业技术学院 | 湖州市学府路299号 | 601 | 21.2 | 8.8 | 2002 |

| 序号 | 学校名称 | 校区名称 | 校区地址 | 占地面积（亩） | 建筑面积（万平方米） | 全日制学生数（千人） | 启用时间 |
|---|---|---|---|---|---|---|---|
| 87 | 浙江东方职业技术学院 | 甬江路校区 | 温州龙湾区高新园区甬江路1号 | 164 | 12.4 | 5.4 | 1999 |
| | | 金海校区（在建） | 温州经济技术开发区金海园区金海三道433号 | 320 | 14.7 | 0.0 | 2017 |
| 88 | 浙江同济科技职业学院 | 萧山校区 | 杭州市萧山区高教园区耕文路418号 | 998 | 17.7 | 6.0 | 2006 |
| 89 | 义乌工商职业技术学院 | 义乌工商职业技术学院 | 义乌市江东街道学院路2号 | 627 | 28.5 | 8.8 | 1993 |
| 90 | 杭州职业技术学院 | 杭州职业技术学院 | 下沙高教园区学源街68号 | 1000 | 34.3 | 9.9 | 2002 |
| 91 | 浙江工商职业技术学院 | 本部校区 | 宁波市机场路1988号 | 401 | 20.5 | 8.3 | 2000 |
| | | 宁海校区 | 宁海县檀树路809号 | 150 | 3.6 | 1.5 | 2007 |
| 92 | 浙江特殊教育职业学院 | 小和山校区 | 留和路527号 | 141 | 7.4 | 1.0 | 2010 |
| 93 | 浙江长征职业技术学院 | 浙江长征职业技术学院 | 杭州市西湖区留和路525号 | 509 | 37.5 | 11.0 | 2004 |
| 94 | 温州职业技术学院 | 温州职业技术学院 | 温州茶山高教园区 | 837 | 25.8 | 9.7 | 1999 |
| 95 | 宁波城市职业技术学院 | 本部校区 | 宁波市鄞州高教园区 | 503 | 14.0 | 7.1 | 2003 |
| | | 溪口校区 | 奉化市溪口武岭路11号 | 420 | 3.0 | | 2005 |
| | | 杭州湾校区（TAFE学院） | 宁波市杭州湾 | 487 | 一期8.5；二期7.5 | 2.0 | 2016 |
| 96 | 台州职业技术学院 | 台州职业技术学院 | 台州市台州高教园区学院路788号 | 661 | 27.0 | 10.0 | 2001 |
| 97 | 丽水职业技术学院 | 丽水职业技术学院 | 浙江省丽水市莲都区中山街北357号 | 470 | 18.0 | 7.6 | 2006 |

续表

| 序号 | 学校名称 | 校区名称 | 校区地址 | 占地面积（亩） | 建筑面积（万平方米） | 全日制学生数(千人) | 启用时间 |
|---|---|---|---|---|---|---|---|
| 98 | 杭州万向职业技术学院 | 1号校区 | 杭州市西湖区西溪路896号 | 262 | 18.0 | 5.6 | 1950 |
| | | 2号校区 | 杭州市西湖区花坞路3号 | | | | 2012 |
| 99 | 浙江国际海运职业技术学院 | 临城校区 | 舟山市临城新区海天大道268号 | 500 | 11.0 | 5.0 | 2006 |
| 100 | 浙江电力职业技术学院 | 已停招 | | | 7.4 | | |
| 101 | 衢州职业技术学院 | 衢州职业技术学院 | 衢州市柯城区江源路18号 | 387 | 15.6 | 6.2 | 2002 |
| 102 | 浙江广厦建设职业技术学院 | 浙江广厦建设职业技术学院 | 东阳市广福东街1号 | 1000 | 32.0 | 11.0 | 1985 |
| 103 | 浙江安防职业技术学院 | 浙江安防职业技术学院 | 温州市瓯海区瓯海大道2555号 | 规划1000 | 26.5 | 1.1 | 2013 |
| 104 | 浙江农业商贸职业学院 | 浙江农业商贸职业学院 | 绍兴袍江经济开发区世纪东街770号 | 600 | 14.6 | 6.4 | 2009 |
| 105 | 浙江育英职业技术学院 | 浙江育英职业技术学院 | 杭州经济技术开发区4号大街16号 | 200 | | 7.0 | 1998 |
| 106 | 浙江金融职业学院 | 浙江金融职业学院 | 浙江杭州下沙高教园东区学源街118号 | 612(含德清学院) | 33.4 | 9.6 | 1975 |
| 107 | 浙江横店影视职业学院 | 浙江横店影视职业学院 | 浙江省东阳市横店镇都督南街138号 | 580 | 12.0 | 4.0 | 2008 |
| 108 | 浙江科贸职业技术学院 | 浙江科贸职业技术学院 | 金华市婺城区丹光东路456号 | 167 | 6.7 | | 2006 |

注:以上数据截至2018年12月。

附录四

## 浙江省县域高等教育发展现状汇总表

| 地级市 | 非中心县(区) | 县域高等教育类型 研究型 | 应用型 | 职业技能型 | 办学规模 | 学生类型 研究生 | 本科生 | 专科生 | 启用时间 2000年以前 | 2001—2012年 | 2013年至今 | 高等教育类型得分 系数权重×(1.2×研究型+1×应用型+0.8×职业技能型)/(总数×1.2) | 办学规模得分 系数权重×县域人数/最大人数 | 启用时间得分 系数权重×(1.2×2000年以前+1×2001到2012年+0.8×2013年以后)/(总数×1.2) | 总得分(100分) |
|---|---|---|---|---|---|---|---|---|---|---|---|---|---|---|---|
| 杭州 | 富阳区 | 0.00 | 0.00 | 1.00 | 14000.00 | 200.00 | 9500.00 | 9000.00 | 0.00 | 1.00 | 1.00 | 15.00 | 27.01 | 15.00 | 57.01 |
| | 余杭区 | 0.00 | 1.00 | 1.00 | 29278.00 | 2500.00 | 18000.00 | 8778.00 | 0.00 | 1.00 | 1.00 | 15.00 | 56.48 | 15.00 | 86.48 |
| | 建德市 | 0.00 | 0.00 | 1.00 | 400.00 | 0.00 | 0.00 | 400.00 | 0.00 | 1.00 | 0.00 | 13.33 | 0.77 | 16.67 | 30.77 |
| | 临安市 | 0.00 | 4.00 | 0.00 | 31100.00 | 2000.00 | 29100.00 | 0.00 | 1.00 | 0.00 | 3.00 | 16.67 | 60.00 | 15.00 | 91.67 |
| | 桐庐县 | 0.00 | 2.00 | 0.00 | 14528.00 | 0.00 | 14528.00 | 0.00 | 1.00 | 0.00 | 2.00 | 16.67 | 28.03 | 13.33 | 58.03 |
| | 淳安县 | 0.00 | 0.00 | 1.00 | 1200.00 | 1200.00 | 1200.00 | 0.00 | 1.00 | 0.00 | 1.00 | 13.33 | 2.32 | 13.33 | 28.98 |
| 宁波 | 北仑区 | 1.00 | 0.00 | 1.00 | 15416.00 | 1650.00 | 4650.00 | 9116.00 | 0.00 | 1.00 | 0.00 | 16.67 | 29.74 | 13.33 | 59.74 |
| | 奉化区 | 0.00 | 0.00 | 2.00 | 9300.00 | 0.00 | 0.00 | 9300.00 | 0.00 | 1.00 | 0.00 | 13.33 | 17.94 | 16.67 | 47.94 |
| | 余姚市 | 0.00 | 0.00 | 0.00 | 0.00 | 0.00 | 0.00 | 0.00 | 0.00 | 0.00 | 0.00 | 0.00 | 0.00 | 0.00 | 0.00 |
| | 慈溪市(杭州湾) | 0.00 | 3.00 | 1.00 | 18749.00 | 0.00 | 17449.00 | 1300.00 | 0.00 | 1.00 | 1.00 | 15.83 | 36.17 | 13.33 | 65.34 |
| | 象山县 | 0.00 | 1.00 | 0.00 | 3000.00 | 0.00 | 3000.00 | 0.00 | 0.00 | 1.00 | 1.00 | 16.67 | 5.79 | 13.33 | 35.79 |
| | 宁海县 | 0.00 | 0.00 | 1.00 | 1459.00 | 0.00 | 0.00 | 1459.00 | 0.00 | 1.00 | 0.00 | 13.33 | 2.81 | 16.67 | 32.81 |

续表

| 地级市 | 非中心县(区) | 县域高等教育类型 | | | 办学规模 | 学生类型 | | | 启用时间 | | | 高等教育类型得分 系数权重×(1.2×研究型+1×应用型+0.8×职业技能型)/(总数×1.2) | 办学规模得分 系数权重×县域人数/最大人数 | 启用时间得分 系数权重×(1.2×2000年以前+1×2001到2012年+0.8×2013年以后)/(总数×1.2) | 总得分(100分) |
|---|---|---|---|---|---|---|---|---|---|---|---|---|---|---|---|
| | | 研究型 | 应用型 | 职业技能型 | | 研究生 | 本科生 | 专科生 | 2000年以前 | 2001—2012年 | 2013年至今 | | | | |
| 温州 | 洞头区 | 0.00 | 0.00 | 1.00 | 6500.00 | 0.00 | 6500.00 | 0.00 | 0.00 | 0.00 | 1.00 | 13.33 | 12.54 | 13.33 | 39.21 |
| | 瑞安市 | 0.00 | 0.00 | 0.00 | 0.00 | 0.00 | 0.00 | 0.00 | 0.00 | 0.00 | 0.00 | 0.00 | 0.00 | 0.00 | 0.00 |
| | 乐清市 | 0.00 | 0.00 | 0.00 | 0.00 | 0.00 | 0.00 | 0.00 | 0.00 | 0.00 | 0.00 | 0.00 | 0.00 | 0.00 | 0.00 |
| | 永嘉县 | 0.00 | 0.00 | 0.00 | 0.00 | 0.00 | 0.00 | 0.00 | 0.00 | 0.00 | 0.00 | 0.00 | 0.00 | 0.00 | 0.00 |
| | 平阳县 | 0.00 | 0.00 | 0.00 | 0.00 | 0.00 | 0.00 | 0.00 | 0.00 | 0.00 | 0.00 | 0.00 | 0.00 | 0.00 | 0.00 |
| | 苍南县 | 0.00 | 0.00 | 0.00 | 0.00 | 0.00 | 0.00 | 0.00 | 0.00 | 0.00 | 0.00 | 0.00 | 0.00 | 0.00 | 0.00 |
| | 文成县 | 0.00 | 0.00 | 0.00 | 0.00 | 0.00 | 0.00 | 0.00 | 0.00 | 0.00 | 0.00 | 0.00 | 0.00 | 0.00 | 0.00 |
| | 泰顺县 | 0.00 | 0.00 | 0.00 | 0.00 | 0.00 | 0.00 | 0.00 | 0.00 | 0.00 | 0.00 | 0.00 | 0.00 | 0.00 | 0.00 |
| 湖州 | 德清县 | 1.00 | 0.00 | 0.00 | 10000.00 | 5000.00 | 5000.00 | 0.00 | 0.00 | 0.00 | 1.00 | 20.00 | 19.29 | 13.33 | 52.63 |
| | 长兴县 | 0.00 | 0.00 | 0.00 | 0.00 | 0.00 | 0.00 | 0.00 | 0.00 | 0.00 | 0.00 | 0.00 | 0.00 | 0.00 | 0.00 |
| | 安吉县 | 0.00 | 1.00 | 0.00 | 5000.00 | 200.00 | 4800.00 | 0.00 | 0.00 | 0.00 | 1.00 | 16.67 | 9.65 | 13.33 | 39.65 |
| 嘉兴 | 海宁市 | 1.00 | 1.00 | 1.00 | 18681.00 | 2000.00 | 12700.00 | 3981.00 | 0.00 | 0.00 | 1.00 | 16.67 | 36.04 | 13.33 | 66.04 |
| | 平湖市 | 0.00 | 1.00 | 0.00 | 2400.00 | 0.00 | 2400.00 | 0.00 | 0.00 | 1.00 | 0.00 | 16.67 | 4.63 | 16.67 | 37.96 |
| | 桐乡市 | 0.00 | 1.00 | 0.00 | 5281.00 | 0.00 | 5281.00 | 0.00 | 0.00 | 1.00 | 0.00 | 16.67 | 10.19 | 16.67 | 43.52 |
| | 嘉善县 | 0.00 | 0.00 | 0.00 | 0.00 | 0.00 | 0.00 | 0.00 | 0.00 | 0.00 | 0.00 | 0.00 | 0.00 | 0.00 | 0.00 |
| | 海盐县 | 0.00 | 0.00 | 0.00 | 0.00 | 0.00 | 0.00 | 0.00 | 0.00 | 0.00 | 0.00 | 0.00 | 0.00 | 0.00 | 0.00 |

续表

| 地级市 | 非中心县(区) | 县域高等教育类型 研究型 | 应用型 | 职业技能型 | 办学规模 | 学生类型 研究生 | 本科生 | 专科生 | 启用时间 2000年以前 | 2001—2012年 | 2013年至今 | 高等教育类型得分 系数权重×(1.2×研究型+1×应用型+0.8×职业技能型)/(总数×1.2) | 办学规模得分 系数权重×县域人数/县域最大人数 | 启用时间得分 系数权重×(1.2×2000年以前+1×2001到2012+0.8×2013年以后)/(总数×1.2) | 总得分(100分) |
|---|---|---|---|---|---|---|---|---|---|---|---|---|---|---|---|
| 绍兴 | 柯桥区 | 0.00 | 3.00 | 0.00 | 16070.00 | 0.00 | 16070.00 | 0.00 | 0.00 | 1.00 | 2.00 | 16.67 | 31.00 | 14.44 | 62.11 |
| | 上虞区 | 0.00 | 2.00 | 1.00 | 12666.00 | 0.00 | 8666.00 | 4000.00 | 0.00 | 1.00 | 2.00 | 15.56 | 24.44 | 14.44 | 54.44 |
| | 诸暨市 | 0.00 | 1.00 | 0.00 | 6000.00 | 0.00 | 6000.00 | 0.00 | 0.00 | 0.00 | 1.00 | 16.67 | 11.58 | 13.33 | 41.58 |
| | 嵊州市 | 0.00 | 0.00 | 0.00 | 0.00 | 0.00 | 0.00 | 0.00 | 0.00 | 0.00 | 0.00 | 0.00 | 0.00 | 0.00 | 0.00 |
| | 新昌县 | 0.00 | 0.00 | 0.00 | 0.00 | 0.00 | 0.00 | 0.00 | 0.00 | 0.00 | 0.00 | 0.00 | 0.00 | 0.00 | 0.00 |
| | 兰溪市 | 0.00 | 1.00 | 0.00 | 7000.00 | 0.00 | 7000.00 | 0.00 | 1.00 | 0.00 | 1.00 | 16.67 | 13.50 | 13.33 | 43.50 |
| | 义乌市 | 0.00 | 0.00 | 1.00 | 8800.00 | 0.00 | 0.00 | 8800.00 | 1.00 | 0.00 | 0.00 | 13.33 | 16.98 | 20.00 | 50.31 |
| | 东阳市 | 0.00 | 0.00 | 2.00 | 15000.00 | 0.00 | 0.00 | 15000.00 | 0.00 | 2.00 | 0.00 | 13.33 | 28.94 | 16.67 | 58.94 |
| 金华 | 永康市 | 0.00 | 0.00 | 0.00 | 0.00 | 0.00 | 0.00 | 0.00 | 0.00 | 0.00 | 0.00 | 0.00 | 0.00 | 0.00 | 0.00 |
| | 武义县 | 0.00 | 0.00 | 0.00 | 0.00 | 0.00 | 0.00 | 0.00 | 0.00 | 0.00 | 0.00 | 0.00 | 0.00 | 0.00 | 0.00 |
| | 浦江县 | 0.00 | 0.00 | 0.00 | 0.00 | 0.00 | 0.00 | 0.00 | 0.00 | 0.00 | 0.00 | 0.00 | 0.00 | 0.00 | 0.00 |
| | 磐安县 | 0.00 | 0.00 | 0.00 | 0.00 | 0.00 | 0.00 | 0.00 | 0.00 | 0.00 | 0.00 | 0.00 | 0.00 | 0.00 | 0.00 |
| 衢州 | 江山市 | 0.00 | 0.00 | 0.00 | 0.00 | 0.00 | 0.00 | 0.00 | 0.00 | 0.00 | 0.00 | 0.00 | 0.00 | 0.00 | 0.00 |
| | 常山县 | 0.00 | 0.00 | 0.00 | 0.00 | 0.00 | 0.00 | 0.00 | 0.00 | 0.00 | 0.00 | 0.00 | 0.00 | 0.00 | 0.00 |
| | 开化县 | 0.00 | 0.00 | 0.00 | 0.00 | 0.00 | 0.00 | 0.00 | 0.00 | 0.00 | 0.00 | 0.00 | 0.00 | 0.00 | 0.00 |
| | 龙游县 | 0.00 | 0.00 | 0.00 | 0.00 | 0.00 | 0.00 | 0.00 | 0.00 | 0.00 | 0.00 | 0.00 | 0.00 | 0.00 | 0.00 |

续表

| 地级市 | 非中心县(区) | 县域高等教育类型 | | | 办学规模 | 学生类型 | | | 启用时间 | | | 高等教育类型得分 系数权重×(1.2×研究型＋1×应用型＋0.8×职业技能型)/(总数×1.2) | 办学规模得分 系数权重×县域人数/最大人数 | 启用时间得分 系数权重×(1.2×2000年以前＋1×2001到2012＋0.8×2013年以后)/(总数×1.2) | 总得分(100分) |
|---|---|---|---|---|---|---|---|---|---|---|---|---|---|---|---|
| | | 研究型 | 应用型 | 职业技能型 | | 研究生 | 本科生 | 专科生 | 2000年以前 | 2001—2012年 | 2013年至今 | | | | |
| 舟山 | 普陀区 | 0.00 | 0.00 | 1.00 | 1800.00 | 0.00 | 0.00 | 1800.00 | 0.00 | 0.00 | 1.00 | 13.33 | 3.47 | 13.33 | 30.14 |
| | 岱山县 | 0.00 | 0.00 | 0.00 | 0.00 | 0.00 | 0.00 | 0.00 | 0.00 | 0.00 | 0.00 | 0.00 | 0.00 | 0.00 | 0.00 |
| | 嵊泗县 | 0.00 | 0.00 | 0.00 | 0.00 | 0.00 | 0.00 | 0.00 | 0.00 | 0.00 | 0.00 | 0.00 | 0.00 | 0.00 | 0.00 |
| 台州 | 温岭市 | 0.00 | 0.00 | 0.00 | 0.00 | 0.00 | 0.00 | 0.00 | 0.00 | 0.00 | 0.00 | 0.00 | 0.00 | 0.00 | 0.00 |
| | 临海市 | 0.00 | 1.00 | 1.00 | 8268.00 | 0.00 | 6240.00 | 2028.00 | 0.00 | 2.00 | 0.00 | 15.00 | 15.95 | 16.67 | 47.62 |
| | 玉环县 | 0.00 | 0.00 | 0.00 | 0.00 | 0.00 | 0.00 | 0.00 | 0.00 | 0.00 | 0.00 | 0.00 | 0.00 | 0.00 | 0.00 |
| | 三门县 | 0.00 | 0.00 | 0.00 | 0.00 | 0.00 | 0.00 | 0.00 | 0.00 | 0.00 | 0.00 | 0.00 | 0.00 | 0.00 | 0.00 |
| | 天台县 | 0.00 | 0.00 | 0.00 | 0.00 | 0.00 | 0.00 | 0.00 | 0.00 | 0.00 | 0.00 | 0.00 | 0.00 | 0.00 | 0.00 |
| | 仙居县 | 0.00 | 0.00 | 0.00 | 0.00 | 0.00 | 0.00 | 0.00 | 0.00 | 0.00 | 0.00 | 0.00 | 0.00 | 0.00 | 0.00 |
| 丽水市 | 龙泉市 | 0.00 | 0.00 | 0.00 | 0.00 | 0.00 | 0.00 | 0.00 | 0.00 | 0.00 | 0.00 | 0.00 | 0.00 | 0.00 | 0.00 |
| | 青田县 | 0.00 | 0.00 | 0.00 | 0.00 | 0.00 | 0.00 | 0.00 | 0.00 | 0.00 | 0.00 | 0.00 | 0.00 | 0.00 | 0.00 |
| | 云和县 | 0.00 | 0.00 | 0.00 | 0.00 | 0.00 | 0.00 | 0.00 | 0.00 | 0.00 | — | 0.00 | 0.00 | 0.00 | 0.00 |
| | 景宁畲族自治县 | 0.00 | 0.00 | 0.00 | 0.00 | 0.00 | 0.00 | 0.00 | 0.00 | 0.00 | 0.00 | 0.00 | 0.00 | 0.00 | 0.00 |
| | 庆元县 | 0.00 | 0.00 | 0.00 | 0.00 | 0.00 | 0.00 | 0.00 | 0.00 | 0.00 | 0.00 | 0.00 | 0.00 | 0.00 | 0.00 |
| | 缙云县 | 0.00 | 0.00 | 0.00 | 0.00 | 0.00 | 0.00 | 0.00 | 0.00 | 0.00 | 0.00 | 0.00 | 0.00 | 0.00 | 0.00 |
| | 遂昌县 | 0.00 | 0.00 | 0.00 | 0.00 | 0.00 | 0.00 | 0.00 | 0.00 | 0.00 | 0.00 | 0.00 | 0.00 | 0.00 | 0.00 |
| | 松阳县 | 0.00 | 0.00 | 0.00 | 0.00 | 0.00 | 0.00 | 0.00 | 0.00 | 0.00 | 0.00 | 0.00 | 0.00 | 0.00 | 0.00 |

附录五

## 浙江省县域高等教育发展理论指数汇总表

| 地级市 | 非中心城区 | 县域人口（万人） | GDP总值（亿元） | 一般公共预算收入（亿元） | 交通条件 | | 常住人口得分 权重系数×县域人数/最大人数 | GDP得分 权重系数×县域GDP/最大GDP | 一般公共预算 权重系数×县域预算收入/最大预算收入 | 交通条件 有/无 | 总得分（100分） |
|---|---|---|---|---|---|---|---|---|---|---|---|
| | | | | | 高铁站 | 高速路 | | | | | |
| 杭州市 | 富阳区 | 73.35 | 643.60 | 54.32 | 有（筹） | 有 | 12.25 | 13.02 | 7.24 | 25.00 | 57.51 |
| | 余杭区 | 125.89 | 1235.60 | 187.65 | 有 | 有 | 21.02 | 25.00 | 25.00 | 25.00 | 96.02 |
| | 建德市 | 44.65 | 320.36 | 21.19 | 有（筹） | 有 | 7.46 | 6.48 | 2.82 | 25.00 | 41.76 |
| | 临安市 | 58.74 | 466.28 | 32.56 | 无 | 有 | 9.81 | 9.43 | 4.34 | 12.50 | 36.08 |
| | 桐庐县 | 42.20 | 335.84 | 26.97 | 有（筹） | 有 | 7.05 | 6.80 | 3.59 | 25.00 | 42.44 |
| | 淳安县 | 34.91 | 207.99 | 17.14 | 有（筹） | 有 | 5.83 | 4.21 | 2.28 | 25.00 | 37.32 |
| | 北仑区 | 39.55 | 1134.64 | 178.10 | 无 | 有 | 6.60 | 22.96 | 23.73 | 12.50 | 65.79 |
| | 奉化区 | 50.70 | 322.15 | 33.82 | 有 | 有 | 8.47 | 6.52 | 4.51 | 25.00 | 44.49 |
| | 余姚市 | 103.50 | 839.70 | 75.10 | 有 | 有 | 17.28 | 16.99 | 10.01 | 25.00 | 69.28 |
| 宁波市 | 慈溪市（杭州湾） | 149.7 | 1154.57 | 112.26 | 有（余姚北） | 有 | 8.75 | 23.36 | 14.96 | 25.00 | 72.07 |
| | 象山县 | 52.40 | 410.20 | 37.95 | 无 | 有 | 11.34 | 8.30 | 5.06 | 12.50 | 37.19 |
| | 宁海县 | 67.90 | 434.07 | 41.57 | 有 | 有 | 0.00 | 8.78 | 5.54 | 25.00 | 39.32 |

续表

| 地级市 | 非中心城区 | 县域人口（万人） | GDP总值（亿元） | 一般公共预算收入（亿元） | 交通条件 高铁站 | 交通条件 高速路 | 常住人口得分 权重系数×县域人数／最大人数 | GDP得分 权重系数×县域GDP／最大GDP | 一般公共预算 权重系数×县域预算收入／最大预算收入 | 交通条件 有／无 | 总得分（100分） |
|---|---|---|---|---|---|---|---|---|---|---|---|
| 温州市 | 洞头区 | 9.04 | 61.48 | 5.42 | 无 | 有 | 1.51 | 1.24 | 0.72 | 12.50 | 15.98 |
| | 瑞安市 | 139.79 | 720.51 | 54.72 | 有 | 有 | 23.35 | 14.58 | 7.29 | 25.00 | 70.21 |
| | 乐清市 | 142.24 | 766.80 | 64.15 | 有 | 有 | 23.75 | 15.51 | 8.55 | 25.00 | 72.82 |
| | 永嘉县 | 81.10 | 330.92 | 26.36 | 有 | 有 | 13.54 | 6.70 | 3.51 | 25.00 | 48.75 |
| | 平阳县 | 77.86 | 342.49 | 25.70 | 有 | 有 | 13.00 | 6.93 | 3.42 | 25.00 | 48.36 |
| | 苍南县 | 120.26 | 423.55 | 30.02 | 有 | 有 | 20.08 | 8.57 | 4.00 | 25.00 | 57.65 |
| | 文成县 | 23.13 | 71.75 | 7.26 | 无 | 有 | 3.86 | 1.45 | 0.97 | 12.50 | 18.78 |
| | 泰顺县 | 24.25 | 73.59 | 7.15 | 无 | 有 | 4.05 | 1.49 | 0.95 | 12.50 | 18.99 |
| 湖州市 | 德清县 | 43.70 | 392.70 | 37.36 | 有 | 有 | 7.30 | 7.95 | 4.98 | 25.00 | 45.22 |
| | 长兴县 | 62.94 | 473.80 | 43.18 | 有 | 有 | 10.51 | 9.59 | 5.75 | 25.00 | 50.85 |
| | 安吉县 | 47.57 | 303.35 | 33.56 | 有（筹） | 有 | 7.94 | 6.14 | 4.47 | 25.00 | 43.55 |
| 嘉兴市 | 海宁市 | 82.95 | 700.23 | 69.12 | 有 | 有 | 13.85 | 14.17 | 9.21 | 25.00 | 62.23 |
| | 平湖市 | 68.38 | 485.14 | 50.60 | 无 | 有 | 11.42 | 9.82 | 6.74 | 12.50 | 40.48 |
| | 桐乡市 | 83.01 | 652.63 | 55.00 | 有 | 有 | 13.86 | 13.20 | 7.33 | 25.00 | 59.39 |
| | 嘉善县 | 57.06 | 425.54 | 35.55 | 有 | 有 | 9.53 | 8.61 | 4.74 | 25.00 | 47.88 |
| | 海盐县 | 44.28 | 383.50 | 31.63 | 无 | 有 | 7.39 | 7.76 | 4.21 | 12.50 | 31.87 |

续表

| 地级市 | 非中心城区 | 县域人口（万人） | GDP总值（亿元） | 一般公共预算收入（亿元） | 交通条件 高铁站 | 交通条件 高速路 | 常住人口得分 权重系数×县域人数/最大人数 | GDP得分 权重系数×县域GDP/最大GDP | 一般公共预算 权重系数×县域预算收入/最大预算收入 | 交通条件 有/无 | 总得分（100分） |
|---|---|---|---|---|---|---|---|---|---|---|---|
| 绍兴市 | 柯桥区 | 65.36 | 1200.11 | 98.53 | 无 | 有 | 10.92 | 24.28 | 13.13 | 12.50 | 60.82 |
| | 上虞区 | 77.98 | 725.94 | 53.58 | 有 | 有 | 13.02 | 14.69 | 7.14 | 25.00 | 59.85 |
| | 诸暨市 | 107.94 | 1026.78 | 71.30 | 有 | 有 | 18.03 | 20.77 | 9.50 | 25.00 | 73.30 |
| | 嵊州市 | 73.05 | 445.02 | 31.50 | 有（筹） | 有 | 12.20 | 9.00 | 4.20 | 25.00 | 50.40 |
| | 新昌县 | 43.69 | 345.40 | 28.00 | 有（筹） | 有 | 7.30 | 6.99 | 3.73 | 25.00 | 43.02 |
| 金华市 | 兰溪市 | 56.36 | 285.71 | 22.20 | 有（筹） | 有 | 9.41 | 5.78 | 2.96 | 25.00 | 43.15 |
| | 义乌市 | 125.88 | 1046.00 | 79.25 | 有（筹） | 有 | 21.02 | 21.16 | 10.56 | 25.00 | 77.74 |
| | 东阳市 | 83.07 | 464.72 | 48.62 | 无 | 有 | 13.87 | 9.40 | 6.48 | 12.50 | 42.25 |
| | 永康市 | 74.01 | 483.45 | 44.50 | 有 | 有 | 12.36 | 9.78 | 5.93 | 25.00 | 53.07 |
| | 武义县 | 35.76 | 204.50 | 34.87 | 有 | 有 | 5.97 | 4.14 | 4.65 | 25.00 | 39.76 |
| | 浦江县 | 41.77 | 196.60 | 15.16 | 有（筹） | 有 | 6.98 | 3.98 | 2.02 | 25.00 | 37.97 |
| | 磐安县 | 17.78 | 78.30 | 7.32 | 有（筹） | 有 | 2.97 | 1.58 | 0.98 | 25.00 | 30.53 |
| 衢州市 | 江山市 | 61.09 | 258.02 | 15.35 | 有（筹） | 有 | 10.20 | 5.22 | 2.05 | 25.00 | 42.47 |
| | 常山县 | 34.20 | 111.27 | 8.68 | 有 | 有 | 5.71 | 2.25 | 1.16 | 25.00 | 34.12 |
| | 开化县 | 35.99 | 101.61 | 6.88 | 无 | 有 | 6.01 | 2.06 | 0.92 | 12.50 | 21.48 |
| | 龙游县 | 40.51 | 195.86 | 12.66 | 有 | 有 | 6.77 | 3.96 | 1.69 | 25.00 | 37.41 |

续表

| 地级市 | 非中心城区 | 县域人口（万人） | GDP总值（亿元） | 一般公共预算收入（亿元） | 交通条件 | | 常住人口得分 权重系数×县域人数/最大人数 | GDP得分 权重系数×县域GDP/最大GDP | 一般公共预算 权重系数×县域预算收入/最大预算收入 | 交通条件 有/无 | 总得分（100分） |
|---|---|---|---|---|---|---|---|---|---|---|---|
| | | | | | 高铁站 | 高速路 | | | | | |
| 舟山市 | 普陀区 | 89.47 | 352.15 | 25.68 | 无 | 有 | 14.94 | 7.13 | 3.42 | 12.50 | 37.99 |
| | 岱山县 | 18.65 | 207.13 | 12.60 | 无 | 有 | 3.11 | 4.19 | 1.68 | 12.50 | 21.48 |
| | 嵊泗县 | 7.75 | 86.02 | 6.90 | 无 | 有 | 1.29 | 1.74 | 0.92 | 12.50 | 16.45 |
| 台州市 | 温岭市 | 121.53 | 834.37 | 54.12 | 有 | 有 | 20.30 | 16.88 | 7.21 | 25.00 | 69.39 |
| | 临海市 | 119.57 | 463.45 | 38.01 | 有 | 有 | 19.97 | 9.38 | 5.06 | 25.00 | 59.41 |
| | 玉环县 | 43.02 | 438.67 | 34.50 | 有（筹） | 有 | 7.18 | 8.88 | 4.60 | 25.00 | 45.66 |
| | 三门县 | 44.11 | 169.68 | 14.50 | 有（筹） | 有 | 7.37 | 3.43 | 1.93 | 25.00 | 37.73 |
| | 天台县 | 59.37 | 187.08 | 15.03 | 有（筹） | 有 | 9.91 | 3.79 | 2.00 | 25.00 | 40.70 |
| | 仙居县 | 50.60 | 168.29 | 23.46 | 无 | 有 | 8.45 | 3.41 | 3.13 | 25.00 | 39.98 |
| 丽水市 | 龙泉市 | 23.43 | 107.61 | 7.14 | 有 | 有 | 3.91 | 2.18 | 0.95 | 12.50 | 19.54 |
| | 青田县 | 34.52 | 192.60 | 14.93 | 无 | 有 | 5.76 | 3.90 | 1.99 | 25.00 | 36.65 |
| | 云和县 | 11.22 | 54.34 | 4.29 | 有 | 有 | 1.87 | 1.10 | 0.57 | 12.50 | 16.04 |
| | 景宁畲族自治县 | 10.65 | 44.51 | 4.79 | 无 | 有 | 1.78 | 0.90 | 0.64 | 12.50 | 15.82 |
| | 庆元县 | 13.73 | 57.07 | 3.55 | 有（筹） | 有 | 2.29 | 1.15 | 0.47 | 25.00 | 28.92 |
| | 缙云县 | 36.27 | 190.20 | 11.00 | 无 | 有 | 6.06 | 3.85 | 1.47 | 25.00 | 36.37 |
| | 遂昌县 | 18.82 | 88.88 | 7.12 | 无 | 有 | 3.14 | 1.80 | 0.95 | 12.50 | 18.39 |
| | 松阳县 | 18.59 | 85.86 | 5.26 | 无 | 有 | 3.10 | 1.74 | 0.70 | 12.50 | 18.04 |

附录六

# 浙江省县域高等教育发展现状指数汇总表

| 地级市 | 非中心县（区） | 落户高校名称 | 县域高等教育结构 | 办学规模 | 学生分类 | | 启用时间 |
|---|---|---|---|---|---|---|---|
| 杭州 | 富阳区 | 浙江中医药大学富春校区 | 应用型 | 5000 | 研 200 | | 2015 年 |
| | | | | | 本 4800 | | |
| | | 杭州科技职业技术学院 | 职业技能型 | 9000 | 专 9000 | | 2009 年 |
| | 余杭区 | 浙江交通职业技术学院 | 职业技能型 | 8778 | 专 8778 | | 2008 年 |
| | | 杭州师范大学 | 应用型 | 20500 | 本 18000 | | 2014 年 |
| | | | | | 研 2500 | | |
| | 建德市 | 杭州科技职业技术学院（建德校区） | 职业技能型 | 400 | 专 400 | | 2009 年 |
| | 临安市 | 浙江农林大学 | 应用型 | 16800 | 研 2000 | | 1958 年 |
| | | | | | 本 14800 | | |
| | | 浙江警察学院（临安校区） | 应用型 | 3500 | 本 3500 | | 2016 年 |
| | | 杭州医学院临安校区 | 应用型 | 2000 | 本 2000 | | 2017 年 |
| | | 杭州电子科技大学信息工程学院 | 应用型 | 8800 | 本 8800 | | 2016 年 |
| | 桐庐县 | 浙江工商大学杭州商学院 | 应用型 | 7528 | 本 7528 | | 2014 年 |
| | | 中国计量大学现代科技学院 | 应用型 | 7000 | 本 7000 | | 2019 年 |
| | 淳安县 | 浙江旅游职业学院千岛湖校区 | 职业技能型 | 1200 | 专 1200 | | 2015 年 |
| 杭州 | 北仑区 | 宁波大学梅山海洋科教园 | 研究型 | 3300 | 研 1650 | | 2018 年 |
| | | | | | 本 1650 | | |
| | | 公安海警学院 | 应用型 | 3000 | 本 3000 | | 1983 年 |
| | | 宁波职业技术学院 | 职业技能型 | 9116 | 专 9116 | | 1999 年 |
| | 奉化区 | 宁波城市职业技术学院溪口校区 | 职业技能型 | 1300 | 专 1300 | | 2005 年 |
| | | 浙江医药高等专科学校 | 职业技能型 | 8000 | 专 8000 | | 2018 年 |
| | 余姚市 | 无 | | | | | |
| | 慈溪市（杭州湾） | 宁波大学科学技术学院 | 应用型 | 10000 | 本 10000 | | 2018 年 |
| | | 宁波工程学院（杭州湾校区） | 应用型 | 1949 | 本 1949 | | 2014 年 |
| | | 宁波大红鹰学院（杭州湾校区） | 应用型 | 5500 | 本 5500 | | 2008 年 |
| | | 宁波城市职业技术学院 TAFE 学院 | 职业技能型 | 2000 | 专 2000 | | 2016 年 |
| | 象山县 | 宁波大红鹰学院影视学院 | 应用型 | 3000 | 本 3000 | | 2018 年 |
| | 宁海县 | 浙江工商职业技术学院宁海校区 | 职业技能型 | 1459 | 专 1459 | | 2007 年 |

续表

| 地级市 | 非中心县（区） | 落户高校名称 | 县域高等教育结构 | 办学规模 | 学生分类 | 启用时间 |
|---|---|---|---|---|---|---|
| 温州 | 洞头区 | 温州医科大学仁济学院 | 职业技能型 | 6500 | 本 6500 | 2017 年 |
| | 瑞安市 | 无 | | | | |
| | 乐清市 | 无 | | | | |
| | 永嘉县 | 无 | | | | |
| | 平阳县 | 无 | | | | |
| | 苍南县 | 无 | | | | |
| | 文成县 | 无 | | | | |
| | 泰顺县 | 无 | | | | |
| 湖州 | 德清县 | 浙江工业大学德清校区 | 研究型 | 10000 | 研 5000 / 本 5000 | 2019 年 |
| | 长兴县 | 无 | | | | |
| | 安吉县 | 浙江科技学院安吉校区 | 应用型 | 5000 | 硕 200 / 本 4800 | 2014 年 |
| 嘉兴 | 海宁市 | 浙江大学海宁国际校区 | 研究型 | 5000 | 研 2000 / 本 3000 | 2017 年 |
| | | 浙江财经大学东方学院 | 应用型 | 10000 | 本 10000 | 2010 年 |
| | | 浙江机电职业技术学院长安校区 | 职业技能型 | 3981 | 专 3981 | 2015 年 |
| | 平湖市 | 嘉兴学院（平湖校区） | 应用型 | 2400 | 本 2400 | 2007 年 |
| | 桐乡市 | 浙江传媒学院桐乡校区 | 应用型 | 5281 | 本 5281 | 2011 年 |
| | 嘉善县 | 无 | | | | |
| | 海盐县 | 无 | | | | |
| 绍兴 | 柯桥区 | 绍兴文理学院兰亭校区 | 应用型 | 323 | 本 323 | 2006 年 |
| | | 浙江树人大学（柯桥校区） | 应用型 | 8000 | 本 8000 | 2016 年 |
| | | 浙江工业大学之江学院 | 应用型 | 7747 | 本 7747 | 2013 年 |
| | 上虞区 | 绍兴文理学院上虞校区 | 应用型 | 1866 | 本 1866 | 2000 年 |
| | | 浙江理工大学科技与艺术学院 | 应用型 | 6800 | 本 6800 | 2017 年 |
| | | 浙江邮电职业技术学院（上虞校区） | 职业技能型 | 4000 | 专 4000 | 2018 年 |
| | 诸暨市 | 浙江农林大学暨阳学院 | 应用型 | 6000 | 本 6000 | 2013 年 |
| | 嵊州市 | 无 | | | | |
| | 新昌县 | 无 | | | | |

| 地级市 | 非中心县（区） | 落户高校名称 | 县域高等教育结构 | 办学规模 | 学生分类 | 启用时间 |
|---|---|---|---|---|---|---|
| 金华 | 兰溪市 | 浙江师范大学行知学院 | 应用型 | 7000 | 本 7000 | 2018 年 |
| | 义乌市 | 义乌工商职业技术学院 | 职业技能型 | 8800 | 专 8800 | 1993 年 |
| | 东阳市 | 浙江横店影视职业学院 | 职业技能型 | 4000 | 专 4000 | 2008 年 |
| | | 浙江广厦建设职业技术学院 | 职业技能型 | 11000 | 专 11000 | 2003 年 |
| | 永康市 | 无 | | | | |
| | 武义县 | 无 | | | | |
| | 浦江县 | 无 | | | | |
| | 磐安县 | 无 | | | | |
| 衢州 | 江山市 | 无 | | | | |
| | 常山县 | 无 | | | | |
| | 开化县 | 无 | | | | |
| | 龙游县 | 无 | | | | |
| 舟山 | 普陀区 | 浙江舟山群岛新区旅游与健康职业学院 | 职业技能型 | 1800 | 专 1800 | 2015 年 |
| | 岱山县 | 无 | | | | |
| | 嵊泗县 | 无 | | | | |
| 台州 | 温岭市 | 无 | | | | |
| | 临海市 | 台州学院（临海校区） | 应用型 | 6240 | 本 6240 | 2000 年 |
| | | 浙江汽车职业技术学院 | 职业技能型 | 2028 | 专 2028 | 2006 年 |
| | 玉环县 | 无 | | | | |
| | 三门县 | 无 | | | | |
| | 天台县 | 无 | | | | |
| | 仙居县 | 无 | | | | |
| 丽水市 | 龙泉市 | 无 | | | | |
| | 青田县 | 无 | | | | |
| | 云和县 | 无 | | | | |
| | 景宁县 | 无 | | | | |
| | 庆元县 | 无 | | | | |
| | 缙云县 | 无 | | | | |
| | 遂昌县 | 无 | | | | |
| | 松阳县 | 无 | | | | |

附录七

## 浙江省县域高等教育发展理论指数与现状指数对比表

| 地级市 | 县　域 | 理论指数得分 | 现状指数得分 |
|---|---|---|---|
| 杭州市 | 余杭区 | 96.02 | 86.48 |
| 金华市 | 义乌市 | 77.74 | 50.31 |
| 绍兴市 | 诸暨市 | 73.30 | 41.58 |
| 温州市 | 乐清市 | 72.82 | 0 |
| 宁波市 | 慈溪市(杭州湾) | 72.07 | 65.34 |
| 温州市 | 瑞安市 | 70.21 | 0 |
| 台州市 | 温岭市 | 69.39 | 0 |
| 宁波市 | 余姚市 | 69.28 | 0 |
| 宁波市 | 北仑区 | 65.79 | 59.74 |
| 嘉兴市 | 海宁市 | 62.23 | 66.04 |
| 绍兴市 | 柯桥区 | 60.82 | 62.11 |
| 绍兴市 | 上虞区 | 59.85 | 54.44 |
| 台州市 | 临海市 | 59.41 | 47.62 |
| 嘉兴市 | 桐乡市 | 59.39 | 43.52 |
| 温州市 | 苍南县 | 57.65 | 0 |
| 杭州市 | 富阳区 | 57.51 | 57.01 |
| 金华市 | 永康市 | 53.07 | 0 |
| 湖州市 | 长兴县 | 50.85 | 0 |
| 绍兴市 | 嵊州市 | 50.40 | 0 |
| 温州市 | 永嘉县 | 48.75 | 0 |
| 温州市 | 平阳县 | 48.36 | 0 |
| 嘉兴市 | 嘉善县 | 47.88 | 0 |
| 台州市 | 玉环县 | 45.66 | 0 |
| 湖州市 | 德清县 | 45.22 | 52.63 |
| 宁波市 | 奉化区 | 44.49 | 47.94 |
| 湖州市 | 安吉县 | 43.55 | 39.65 |
| 金华市 | 兰溪市 | 43.15 | 43.5 |
| 绍兴市 | 新昌县 | 43.02 | 0 |
| 衢州市 | 江山市 | 42.47 | 0 |

| 地级市 | 县域 | 理论指数得分 | 现状指数得分 |
|---|---|---|---|
| 杭州市 | 桐庐县 | 42.44 | 58.03 |
| 金华市 | 东阳市 | 42.25 | 58.94 |
| 杭州市 | 建德市 | 41.76 | 30.77 |
| 台州市 | 天台县 | 40.70 | 0 |
| 嘉兴市 | 平湖市 | 40.48 | 37.96 |
| 台州市 | 仙居县 | 39.98 | 0 |
| 金华市 | 武义县 | 39.76 | 0 |
| 宁波市 | 宁海县 | 39.32 | 32.81 |
| 舟山市 | 普陀区 | 37.99 | 30.14 |
| 金华市 | 浦江县 | 37.97 | 0 |
| 台州市 | 三门县 | 37.73 | 0 |
| 衢州市 | 龙游县 | 37.41 | 0 |
| 杭州市 | 淳安县 | 37.32 | 28.98 |
| 宁波市 | 象山县 | 37.19 | 35.79 |
| 丽水市 | 青田县 | 36.65 | 0 |
| 丽水市 | 缙云县 | 36.37 | 0 |
| 杭州市 | 临安市 | 36.08 | 91.67 |
| 衢州市 | 常山县 | 34.12 | 0 |
| 嘉兴市 | 海盐县 | 31.87 | 0 |
| 金华市 | 磐安县 | 30.53 | 0 |
| 丽水市 | 庆元县 | 28.92 | 0 |
| 舟山市 | 岱山县 | 21.48 | 0 |
| 衢州市 | 开化县 | 21.48 | 0 |
| 丽水市 | 龙泉市 | 19.54 | 0 |
| 温州市 | 泰顺县 | 18.99 | 0 |
| 温州市 | 文成县 | 18.78 | 0 |
| 丽水市 | 遂昌县 | 18.39 | 0 |
| 丽水市 | 松阳县 | 18.04 | 0 |
| 舟山市 | 嵊泗县 | 16.45 | 0 |
| 丽水市 | 云和县 | 16.04 | 0 |
| 温州市 | 洞头区 | 15.98 | 39.21 |
| 丽水市 | 景宁县 | 15.82 | 0 |

# 后　记

　　高校"县域办学"是浙江省第三次高等教育布局调整的鲜明特征,是浙江省高等教育进入后大众化发展阶段时集中出现的办学现象。在经济发展进入新常态之际,部分经济强县的转型发展对高等教育有着强烈的需求,同样,区域高等教育在进入新常态发展之时,也存在进一步改善办学条件、加大社会办学资源获取能力的内在要求。在浙江省第三次高等教育布局调整过程中,市场机制发挥了对高等教育资源配置的基础性作用,市场正在取代计划成为推动区域高等教育布局调整的主要动力。

　　在 2017 年国家自然科学基金管理学部面上项目"基于指数分析的高校县域办学决策模型研究"(71774090)课题的资助下,本书以浙江省进入高等教育后大众化阶段所出现的高校"县域办学"现象为研究对象,通过对全省高校"县域办学"情况的全面深入研究,第一次系统地梳理了浙江省高校"县域办学"的现状,分析了高校"县域办学"现象出现的社会时代背景,揭示了高校"县域办学"现象的内在特征及形成原因。

　　本书通过对浙江省"县域办学"高校和县域经济社会的样本分析,围绕加强高校"县域办学"的整体性规划、提高高校"县域办学"重大决策的科学性问题,建构了以县域 GDP、常住人口、一般公共预算、交通条件为参数的县域高等教育发展理论指数,以高校办学类型、办学规模、办学时间为参数的县域高等教育发展现状指数,通过层次分析和综合评价,构建了决策分析的理论模型,以指导高等教育区域布局调整,优化浙江县域高等教育与经济社会的互动发展关系。这一决策分析模型也能为全国其他省份高等教育布局调整提供借鉴。

　　研究表明,一方面,当前以"县域办学"为特征的新一轮高等教育布局调整已在浙江省诸经济强县全面展开;另一方面,浙江省高校"县域办学"还缺乏顶层规划与制度设计。浙江省乐清市、瑞安市、温岭市、余姚市这四个县(市)的理论指数进入全省前 8 位,具备发展高等教育的基础条件,但目前还没有高等学校落户,需要在省级层面加强县域高等教育发展的统筹规划,以推动部分经济强县加快经济社会发展的转型,实现从县域经济向都市型经济的升级。

研究发现,当前落户县域的高校对经济社会发展的服务支撑能力还较弱,需要深化县域高校人才培养模式改革和高校管理体制机制改革;高等教育的外部管理需要实现管理重心的进一步下移,以推进高等教育管理的地方化改革;高校落户县域办学,也要以多样化质量观为指导,建立分类发展机制,沿着各自的定位和分类路径有序、可持续发展,形成百花齐放的区域高等教育发展新格局,为浙江省奋力担当新时代全面展示中国特色社会主义制度优越性的重要窗口贡献高教力量。

2021 年 2 月

图书在版编目（CIP）数据

县域办学与高等教育地方化：浙江省高等教育布局
调整研究 / 徐军伟著. —杭州：浙江大学出版社，
2021.5
ISBN 978-7-308-21229-8

Ⅰ. ①县… Ⅱ. ①徐… Ⅲ. ①高等教育－发展－研究
－浙江 Ⅳ. ①G649.21

中国版本图书馆 CIP 数据核字（2021）第 055578 号

**县域办学与高等教育地方化：**

浙江省高等教育布局调整研究

徐军伟　著

| | | |
|---|---|---|
| 责任编辑 | 余健波 | |
| 责任校对 | 何　瑜 | |
| 封面设计 | 周　灵 | |
| 出版发行 | 浙江大学出版社 | |
| | （杭州市天目山路 148 号　邮政编码 310007） | |
| | （网址：http://www.zjupress.com） | |
| 排　　版 | 杭州好友排版工作室 | |
| 印　　刷 | 浙江印刷集团有限公司 | |
| 开　　本 | 710mm×1000mm　1/16 | |
| 印　　张 | 15 | |
| 字　　数 | 239 千 | |
| 版 印 次 | 2021 年 5 月第 1 版　2021 年 5 月第 1 次印刷 | |
| 书　　号 | ISBN 978-7-308-21229-8 | |
| 定　　价 | 58.00 元 | |